Stephan Beissel

Geschichte der Ausstattung der Kirche des heiligen Victor zu Xanten

Stephan Beissel

Geschichte der Ausstattung der Kirche des heiligen Victor zu Xanten

ISBN/EAN: 9783743614932

Hergestellt in Europa, USA, Kanada, Australien, Japan

Cover: Foto ©Lupo / pixelio.de

Weitere Bücher finden Sie auf **www.hansebooks.com**

Geschichte der Ausstattung

der

Kirche des heiligen Victor zu Xanten.

Nach den Originalbaurechnungen und anderen handschriftlichen Quellen

dargestellt von

Stephan Beissel S. J.

Mit sechs Illustrationen.

(Ergänzungshefte zu den „Stimmen aus Maria-Laach". — 37.)

Freiburg im Breisgau.
Herder'sche Verlagshandlung.
1887.
Zweigniederlassungen in Strassburg, München und St. Louis, Mo.
Wien I, Wollzeile 33: B. Herder, Verlag.

Das Recht der Uebersetzung in fremde Sprachen wird vorbehalten.

Buchdruckerei der Herder'schen Verlagshandlung in Freiburg.

Vorwort.

Die Natur bietet im Frühlinge farbenprächtige Blüthen, die sie im Sommer durch neue ersetzt; auch dem Herbste versagt sie nicht den Schmuck der Schönheit. So hat die christliche Kunst in der Kirche des hl. Victor zu Xanten von Jahrhundert zu Jahrhundert Maler, Bildhauer und Kunstarbeiter begeistert und geleitet, daß sie als Kinder ihrer Zeit die alten Gedanken in immer wechselnde Formen kleideten und den Anforderungen des Cultus gerecht wurden, der sich langsam entfaltet und weiterbildet.

Die Kunstübung stieg oder fiel; aber nur dann trat ein Stillstand ein, wenn äußere Gewalt das Geistesleben störte und die Uebung der Religion mit roher Hand niederdrückte.

In zwei vorhergehenden Arbeiten haben wir erzählt, wie der Bau der Victorkirche langsam aufstieg durch vier Jahrhunderte, was die Baumaterialien kosteten und wieviel Lohn die Arbeiter erhielten. Entfalten wir noch einmal die vergilbten Pergamenturkunden und durchblättern wir zum letzten Male die langen Reihen der staubbedeckten Baurechnungen, um zu sehen, was sie uns von der Ausstattung des Innern der Xantener Kirche zu erzählen wissen. Sie bringen uns auch hier eine neue Fülle ungeahnter Nachrichten, welche die alte Kunst und ihre Jünger in einem Lichte zeigen, das ganz anders ist als jenes, in dem sie nur zu oft geschildert werden.

Das Archiv bringt Bewegung in das Innere der Kirche. Es wird lebendig in ihr. Die Statuen, welche sich an die hochaufwachsenden Säulen lehnen, die Altäre und ihre Geräthe, Alles will erzählen von seinem Ursprung, von seiner Geschichte und von den Veränderungen, die der Lauf der Zeiten brachte. Ein Grundton aber klingt überall durch: der Geist des lebendigen Glaubens. Die Urkunden beweisen, daß er die Auftraggeber bewog, Mittel zu neuen Arbeiten zu bieten, und die Künstler aneiferte, Werke zu liefern, die der Kirche würdig seien.

Die letzten Kapitel gehen über die Zeiten des Mittelalters hinaus, geben die Geschichte der späteren Altäre und besprechen die Frage der Restauration.

Wenn es sich nur darum handelte, ob in der Xantener Kirche eine Reihe von Altären erhalten oder der Vernichtung anheimgegeben werden soll, würde diese heikle Controverse hier umgangen worden sein. Indessen liegt hier ein weittragendes Interesse vor. Die Entscheidung hängt ab von der Art, in der man die principielle Frage über den Werth und die Erhaltung nachgothischer Kunstwerke beantwortet. Darum glaubte der Verfasser, es sei nützlich, an dem Beispiele der Victorkirche auch diesen Streitpunkt zu besprechen und einige Worte zur Verständigung beizufügen. Er durfte das um so eher, da er persönlich der Xantener Kirche fern steht und hier keine andere Absicht hat, als der kirchlichen und vaterländischen Kunst zu dienen.

Möchte nirgendwo einseitiger Eifer für die große Kunst des Mittelalters spätere Blüthen abbrechen! Nur gefühlloser Purismus kann Werke zerstören, welche als Kinder ihrer Zeit und als Zeugen der Frömmigkeit späterer Jahrhunderte Achtung und Erhaltung verdienen. Der menschliche Geist ist so reich, daß er in jedem Jahrhundert neue Formen sucht und findet, um in ihnen seine Gedanken auszusprechen. Ohne Noth sollte man nie und nirgends die monumentale Erbschaft zerstören, welche von einer Generation der andern hinterlassen ward.

Die Victorstracht, welche im Jahre 1886 mit Glanz erneuert wurde, bewies, daß die Liebe zu den alten Sitten der Vorzeit noch in den Herzen lebt. Möchte durch diese Arbeit der innere Werth und die tiefe Bedeutung der von unseren Vorfahren errichteten Werke klarer hervortreten, um Künstler und Kunstfreunde zu einer Nachahmung zu kräftigen, welche das Gute alter Zeiten in erneuter Form erstehen läßt.

Inhaltsverzeichniß.

Vorwort III

Erstes Kapitel.
Geschichte des Hochaltares der Victorkirche und seiner nächsten Umgebung . 1

Zweites Kapitel.
Die Steinbilder der Victorkirche 27

Drittes Kapitel.
Die Nebenaltäre der Victorkirche bis zum Ausgange des Mittelalters . 57

Viertes Kapitel.
Die Maler der Victorkirche und die Schule von Kalkar 95

Fünftes Kapitel.
Die Nebenaltäre der Victorkirche seit dem Ausgange des Mittelalters . 117

Schluß.
Die Restauration der Victorkirche 135

Das Verzeichniß der archivalischen Quellen und Hülfsmittel findet sich in der „Baugeschichte der Kirche des hl. Victor zu Xanten" (S. IX—XI) und in der Schrift „Geldwerth und Arbeitslohn im Mittelalter" (S. VI—VIII), welche bei Herder in Freiburg 1883 und 1884 als Ergänzungshefte zu den „Stimmen aus Maria-Laach" (23, 24 und 27) vom Verfasser dieses Heftes herausgegeben wurden. Die Titel der in den Anmerkungen mit einem Wort angeführten Werke sind dort ausführlich gegeben. Ein Sternchen (*) zeigt an, wo handschriftliches Material benutzt und verwerthet worden ist.

Die Ausstattung der Kirche des heiligen Victor zu Xanten.

Erstes Kapitel.
Die Geschichte des Hochaltares der Victorkirche und seiner nächsten Umgebung.

I. Der Hochaltar ist der Mittelpunkt einer katholischen Kirche. Er steht da als Thron der göttlichen Erbarmung; seinetwegen ist das Gotteshaus erbaut, das sich über ihn wölbt und ihn einschließt. Hat nun die christliche Kunst immer ihre besten Kräfte auf die würdige Ausstattung des Hochaltares verwandt, so haben am Altare des hl. Victor im Hochchore des Xantener Domes volle vier Jahrhunderte gearbeitet, bis er die Gestalt erlangte, die er heute besitzt. Sein ältester Theil, der Kern und Mittelpunkt des Aufsatzes, ist jener Prachtschrein, welcher die Gebeine des hl. Victor enthält. Schon in der ersten Hälfte des zwölften Jahrhunderts wurde derselbe mit der goldenen Altartafel, die Erzbischof Bruno, Bruder des Kaisers Otto I., in Auftrag gegeben hatte, dort aufgestellt.

Neben dem Schrein und der goldenen Tafel, die ihm als Untersatz diente, fanden Büsten mit Reliquien ihren Platz. Alles, der Prachtschrein, die goldene Tafel und die Büsten, kam in einen hölzernen Altarschrein, der mit reich vergoldeten Flügelthüren verschlossen werden konnte. Der Altar zeigte also das folgende Schema:

Flügel- } — Victor-Schrein. — { Flügel-
thüre. } Büsten. Goldene Tafel. Büsten. { thüre.
Altartisch.

Der Victor-Schrein litt im Laufe der Zeiten vielen Schaden, weil er oftmals aus dem Altare herausgehoben und weggetragen ward. Bei dem großen Brande von 1372 mußte er von den Canonikern eiligst auf die Schultern genommen und in die Andreaskapelle geflüchtet werden. Die Baurechnung von 1375 sagt, daß man eine Partie (petia) Gold, die vom Schreine und von anderen zerbrochenen Ornamenten stammte, für 11¹⁄₆ Stiftsmark verkaufte. Sie beweist somit, daß bei Gelegenheit des Brandes manche Verzierungen abgebrochen und nicht wieder hergestellt wurden.

Im Jahre 1389 brachte man den Schrein nach Wesel in Sicherheit, aus Furcht, die französischen Heereshaufen würden Xanten überfallen und seine Kirche plündern [1].

Er kam zwar bald nachher zurück, aber in einem Zustande, der jene Erneuerung nothwendig erscheinen ließ, über welche die Baurechnung von 1391 also berichtet:

„Item dem Goldschmiede von Wesel, der nach Xanten kam, um den Victor-Schrein (capsa S. Victoris) in Stand zu setzen, ¼ Mark für seine Ausgaben. Item dem genannten Goldschmiede, der den Schrein erneuerte, für Silber, Kupfer, sonstiges Material und als Arbeitslohn 30 Mark. Item für die Vergoldung zwei englische Goldnobel, im Werthe von 6¼ Mark. Item seinem Gesellen als Trinkgeld ¼ Mark. Item wurde bei der Berechnung getrunken ein Quart Wein für ⅛ Mark."

Der hohe Lohn von ungefähr 37 Mark beweist eine durchgehende Erneuerung. Der Schrein selbst zeigt, daß „der Goldschmied von Wesel", dessen Name leider nicht genannt wird, den ganzen obern Theil umarbeitete. Auf den beiden Dachflächen der großen Reliquienschreine des Mittelalters fand man fast regelmäßig getriebene Bilder mit Scenen aus dem Leben Christi oder eines Heiligen. Der Goldschmied entfernte die alten Basreliefs vom Victor-Schreine und stellte auf eine Seite die fünf weisen Jungfrauen, auf die andere Seite die fünf thörichten. Jede der zehn neuen Figuren umgab er mit einem Vierpaß. Da letzterer in ein Quadrat eingezeichnet ward, entstanden an seinen Außenseiten vier kleinere Flächen, in die reiches Laubwerk und phantastische Thiergestalten kamen. Statt der alten Bekrönung mit romanischen Blättern und Blumen erhielt der First jetzt eine Reihe gothischer Maßwerkfiguren.

Der Meister that sein Bestes, um den Schrein im Geiste und Stile seiner Zeit zu erneuern, hat ihm aber die Einheit der Formen genommen. Für unsern Geschmack stechen die romanisch gebliebenen Langseiten und Giebel in ihrer alterthümlichen Form in unangenehmer Weise ab von den erneuerten Dachflächen und ihrer gothischen Firstbekrönung. Ohne Zweifel würden wir anders „restauriren"; aber man hatte damals keine Idee von dem, was wir unter Restauration verstehen. Was im Mittelalter, ja bis in unser Jahrhundert hinein neu gemacht wurde, sollte in jeder Hinsicht neu sein, auch in Stil und Ausführung. Wir stellen neue Sachen in alten Formen her. Dadurch bekunden wir freilich ein feines Gefühl, das Einheit im Kunstwerk sucht, und kunsthistorische Kenntnisse, die uns

---

[1] Baugeschichte der Kirche des hl. Victor, S. 41. 65. 111. 123.

in den Stand setzen, ältere Werke nachzuahmen. Verrathen wir aber nicht zugleich eine gewisse künstlerische Armuth und Mangel an Selbstvertrauen, indem wir Leistungen und Stile vergangener Zeiten den Formen unseres Jahrhunderts vorziehen und eingestehen, daß wir keine eigenen Kunstformen besitzen, die uns beherrschen und in die wir eingelebt sind?

Sechsundvierzig Jahre nach Erneuerung des Victor-Schreines beschlossen die Canoniker, die alten Flügelthüren ihres Hochaltares mit den glänzenden neuen Dachflächen in Einklang zu bringen. Der Fabrikmeister erzählt darüber Folgendes:

„Im Jahre 1437 am Tage vor Maria Himmelfahrt wurde in Kapitel abgemacht, daß der Maler Jodokus die Flügelthüren und den Altarschrein des hl. Victor erneuern und bemalen solle. Die Sache wurde mir, Johann von Goch (dem zeitigen Fabrikmeister), übertragen.

Einnahmen, die mir, Johann von Goch, im genannten Jahre als Beiträge zur Bestreitung der Kosten dieser Malereien gegeben wurden: Erstens am Tage der Uebertragung des hl. Victor erhielt ich von Herrn Goswin von Isendorn als Beitrag zu den Kosten der Malerei 10 rheinische Gulden. Item am Tage des hl. Otmar, des Bekenners, empfing ich von Herrn Lambert von Arena (von Sand) als Geschenk des Herrn Gerhard von Millingen 5 rheinische Gulden und 9 Krummstert, den Gulden zu 32 Krummstert gerechnet. Item am Donnerstage nach dem Feste der hl. Katharina bekam ich von Johann Kaeck als Geschenk des Herrn Heinrich aus dem Veen 4 rheinische Gulden. Item erhielt ich am Tage der hl. Donatus und Afra von Herrn Engelbert Roylant als Beisteuer zur Malerei 24 Krummstert. Item bekam ich von Aleibis van den Egher 1½ rheinischen Gulden. Item empfing ich von einer Person, die Katharina heißt, einen Petermann, der damals 2 Krummstert weniger galt als ein rheinischer Gulden.

Alle genannten Einnahmen machen zusammen 22½ rheinische Gulden, den Gulden zu 32 Krummstert berechnet.

Ausgabe, die ich für das genannte Werk machte:

Erstens zahlte ich dem Gerhard von Wesel, der die Flügelthüren aus seinem Holze zimmerte, 6 rheinische Gulden. Ich hatte ihn 6 Tage in meinem Hause in Kost und Wohnung, wofür ich der Kirche nichts berechne. Item dem Johann Sparemecker, der die Schlösser und das übrige Eisenwerk zu den neuen und zu den alten Flügelthüren am Altare des hl. Victor fertigte, 34 Krummstert für 8 Gehänge und dergleichen. Item dem genannten Johann Sparemecker, der dem Maler und seinen Gesellen (servus) zwei Schlüssel machte zum Hause des Herrn Arnold de Molendino (von der Mühle, bei der sie wohnten), 2 Krummstert. Item dem Heinrich Wrenger, welcher jenes lange Eisen, womit die Thüren (des Altares) verschlossen werden müssen, und alles, was dazu gehört, schmiedete, 1½ rheinische Gulden und 3 Krummstert, den rheinischen Gulden zu 32 Krummstert gerechnet.

Item dem Maler Conrad (dem Gesellen?), der arbeitete, um die Oeffnungen (menia), die sich unter dem Victor-Schrein finden, zu verschließen, und die Materialien dazu selbst kaufte, 3 Mark. Item gab ich nach und nach dem Maler Jodokus 57 Gulden und 3 Krummstert als Abschlagszahlungen auf sein Gehalt (ad subsidium pretii sui).

Die Summe der genannten Ausgaben beträgt 66 rheinische Gulden. Nach Vergleichung der Ausgaben mit den Einnahmen bleibt das Kapitel dem Fabrikmeister von dem Gelde, das für die Malereien ausgegeben wurde, noch 43 rheinische Gulden und 18 Krummstert schuldig."

Wer war der eben genannte Meister Jodokus? Woher kam er? Hatte man ihn von Köln berufen, wo seit der Mitte des 14. Jahrhunderts die Schule des Meisters Wilhelm blühte, und wo zur Zeit der Anfertigung der Xantener Altarflügel Meister Stephan, der berühmte Maler des Dombildes, seine Künstlerlaufbahn begann? Vielleicht kam der Meister aus Soest, das gerade damals in die engste politische Verbindung mit dem clevischen Lande trat und Köln starke Concurrenz machte. Möglicherweise war er ein Schüler der Gebrüder van Eyck, welche um jene Zeit die Niederlande mit ihrem Ruhme erfüllten. Leider bietet das Archiv von Xanten keinen Anhaltspunkt, um auf die Herkunft des Meisters Jodokus schließen zu können. Wie es damals Sitte war, langte er an, um seine Arbeit zu beginnen, vollendete sie und zog dann wieder zurück in seine Heimath.

Der hohe Preis, den er erhielt, zeigt den Werth seiner Arbeit. Der Fabrikmeister zahlte ihm über 57 Gulden, also mehr denn 90 Xantener Mark, für die man damals in Xanten an 40 Malter Weizen kaufen konnte, die heute an 1200 Mark werth wären. Der Verlust des Kunstwerkes ist also doppelt zu beklagen. Wie so viele Werke der Vorzeit ist es spurlos verschwunden.

Fast gleichzeitig mit den Altarflügeln wurden die eisernen Schranken erneuert, welche das Chorhaupt von den beiden Seitenchörchen abschließen. Als Krönung tragen sie starke Hausteingesimse mit interessanten Inschriften.

Auf der Evangelienseite steht:

   Annis C quater · M semel · X ter jungite septem ✕
   Hoc opus ut munus · donat de fratribus unus ✕
   Gaudeat absque pena · Lambertus ut hinc ab arena. ✕

Die Inschrift der Epistelseite lautet:

   Et datus iste deo · cancellus pro jubilaco ✕
   penta · ter X annis · Goch · C quater · Mque · Johannis ✕
   fratris in ecclesia · pax sibi perpetua. ✕

Der Canonicus Lambert de Arena (von Sand) war 1434 Kellermeister des Stiftes, der Canonicus Johann von Goch aber erscheint von 1435 bis 1441 als Fabrikmeister. Man wird also den zweiten Vers der zweiten Inschrift nicht 5 · 3 + 10, sondern besser 5 + 3 · 10 lesen und dadurch das Jahr 1435 erhalten, in dem Johann von Goch ein Jubiläum feierte, wegen des fünfzigsten Jahres seines Alters oder seines Canonicates oder seiner Weihe. In der Uebersetzung lauten dann die Inschriften:

„Im Jahre 1437 weiht einer der Canoniker, Lambert vom Sand, dieß Werk als Geschenk. Der Strafe ledig, möge er sich im Jenseits erfreuen."

„Diese Chorschranken sind Gott dargebracht im Jahre 1435 zum Jubiläum des Johannes von Goch, eines Canonikers dieser Kirche. Gott verleihe ihm den ewigen Frieden."

Ueber weitere Arbeiten, welche in der Nähe des Hochaltares vorgenommen wurden, geben die Rechnungen hie und da vereinzelte Nachrichten, die hier Platz finden dürfen, weil nur das Sammeln solcher kleinen Notizen zu einem klareren und sichern Einblick in die alte Kunstthätigkeit führen kann.

Die Baurechnung von 1467 meldet:

„Item dem Gerard Sparemecker, welcher zu der Kiste, worin die Siegel des Kapitels hinter dem Hochaltare aufbewahrt werden, und zu dem Schrank, worin der Kelch beim neuen Altare verschlossen wird, Riegel und Schlüssel machte, zusammen 1 Mark 11 Solibi 8 Denare."

Im Mittelalter machte nicht die Unterschrift, sondern die Besiegelung eine Urkunde vollkommen rechtskräftig. Darum war die Aufbewahrung der Siegel eine wichtige Aufgabe. Man hinterlegte sie deßhalb an dem heiligsten Ort, d. h. hinter dem Hochaltar. Derselbe war in Xanten dem hl. Victor geweiht. Wie die wichtigeren Geschäfte unter seinen Schutz gestellt waren, weil alle Urkunden mit dem Siegel bekräftigt wurden, das sein Bild zeigte, so übertrug man ihm auch die Sorge über das Siegel selbst, indem es neben seinem Altare verschlossen ward.

1469—1472 ließ der wackere Canonicus Baick den Boden des Chores mit Steinen von Venloe neu belegen. Da auch die Rechnungen von 1483 bis 1485 von einem Chorbelag reden, so hat Baick wohl nur einen Theil des Chores erneuert und seinem zweiten Nachfolger Gerard von Goch die Instandsetzung des Restes überlassen. Von den Steinen kam das Hundert auf 3½ Mark, d. h. so hoch, als etwa 1½ Malter Weizen kostete, also nach unserem Gelde auf ungefähr 45 Mark. Obgleich sie von Venloe bezogen wurden, ist dennungeachtet immer von pavimentum leodiense, „Lütticher Belag" die Rede. Es wird somit der Ausdruck mehr die Art der Arbeit und der Steine bezeichnen, als ihre Bezugsquelle, und die übliche Benennung für eine bestimmte Art gemusterter Steinböden gewesen sein.

1473—1475 reden die Rechnungen viel von einem neuen Werk oben im Chore (novum opus superius in choro).

„1473. Item dem Gerard Sparemecker für 32 Pfund Eisen, die er zu dem neuen Werke oben im Chore lieferte, das die Herrn Johann von Eyl und J. Moer schenkten, 15 Solibi 3½ Denare.

1474. Item dem Gerard Sparemecker, der 12 Fensterrahmen (glaespyl) zu den neuen Chorfenstern machte, 5 Solibi 4 Denare.

1475. Item bem Gerard Sparemecker für 30½ Pfund Eisen zu den Klammern beim neuen Werk im Chore 15 Stüber.

1477. Item erhielt der Fabrikmeister Gerard Baick von Mechtild Bledinck's 4 rheinische Gulden zum neuen Werk oben im Chore, macht 5⅓ Mark."

Was unter dem „neuen Werke oben im Chore" zu verstehen sei, bleibt unklar. Wahrscheinlich hat man an neue Glasgemälde zu denken.

Das im Jahre 1477 vollendete „neue Werk" zog den Blick empor und ließ den Hochaltar zu niedrig erscheinen. Darum gab der Fabrikmeister in Kalkar einige geschnitzte Bilder in Auftrag, die er auf den Altarschrein stellte, um ihn zu heben und seine Bedeutung zu betonen. Die betreffenden Angaben der Rechnungen sind wichtig als die ältesten sicheren Nachrichten, welche sich bis jetzt über die Bildschnitzer der sogen. Schule von Kalkar gefunden haben. Freilich führt Herr Wolff in seiner dankenswerthen Monographie über die Nikolaikirche zu Kalkar zwei Männer auf, die zu den Jahren 1429 und 1433 urkundlich als holtsnyder bestätigt sind. Die Ausführungen, welche Scholten gegeben hat [1], beweisen indessen, daß beide nicht Bildschnitzer, sondern einfache Holzsäger waren. Der Xantener Fabrikmeister besoldete fast regelmäßig mehrere solcher Holzschneider und bezeichnet sie als sarratores. Der Kistemeker Arnold, den Wolff aus einer Handschrift des Jahres 1453 in Kalkar nachweist, könnte freilich ein Kunstschreiner, selbst ein Bildschnitzer sein. Etwas Sicheres ist aber aus dem Titel Kistemeker nicht zu erweisen. Das Wort spricht eher für einen einfachen Schreinermeister, als für einen Künstler.

Leider nennt die Xantener Rechnung bei der Erwähnung des in Kalkar angefertigten Bildwerkes keinen Künstlernamen. Sie notirt nur:

„1476. Item für das Bild des Erlösers, das in Kalkar gemacht wurde, 6 Mark 9 Solidi. Item dem Theodorich von Ginderich, der dieß Bild bemalte, 2 Mark.

1477. Item für zwei Engel von Holz, die oben auf den Hochaltar gestellt wurden, zahlte ich mit Einschluß der Fracht von Kalkar hierher 7 Mark 7 Solidi 4½ Groschen. Item für zwei neue Leuchter, die vor diese Engel aufgestellt sind, mit Einschluß der Bemalung 2 Mark 5 Solidi 6 Denare 4½ Groschen."

Das Bild des Erlösers blieb zwischen den neuen Engeln und ihren Leuchtern an 50 Jahre stehen; denn bis zum Jahre 1529 hatte das

---

[1] Wolff, Die Nikolai-Pfarrkirche zu Kalkar, S. 23. — Scholten, Die Stadt Cleve, S. 408, Anm. 1.

Kapitel des Victorstiftes alle Mittel und Kräfte aufzuwenden, um die westliche Hälfte seiner Kirche auszubauen und zu vollenden. Kaum war diese Arbeit glücklich zu Ende geführt, so entschloß es sich, den Hochaltar zu erneuern und ihm die Gestalt zu geben, in welcher er noch heute vor uns steht. Versuchen wir ihn zu beschreiben, um dann an der Hand der Urkunden erzählen zu können, wie er entstand und welche Meister seine einzelnen Theile verfertigten.

II. Der Hochaltar der Xantener Kirche hat doppelte Flügelthüren, einen reichen Aufsatz und ruht auf kräftigem Unterbau. Bei voller Verschließung zeigt die Predella vier grau in grau gemalte Bilder der Kirchenväter.

Auf den Flügeln sieht man in gleicher Farbengebung die Patrone des Altares, auf der Evangelienseite die allerseligste Jungfrau zwischen dem hl. Victor und dem hl. Gereon, auf der Epistelseite die hl. Helena zwischen dem Papste Sylvester und ihrem kaiserlichen Sohne Constantin.

Die Reihenfolge dieser sechs Figuren ist in mancher Hinsicht lehrreich und zeigt, daß der Maler sich von den Regeln der mittelalterlichen Ikonographie entfernt hat. Die Alten hätten bei der Anordnung nur den Rang der darzustellenden Personen in Rechnung gezogen und würden die Bilder in folgender Art nebeneinander gestellt haben:

5. Sylvester. 3. Helena. 1. Maria. ‖ 2. Victor. 4. Gereon. 6. Constantin.

Den Hauptpatronen würde die Mitte des Altares geblieben sein und zwar so, daß Maria zur Rechten des hl. Victor gestanden hätte. Der neue Maler hat nicht mehr den Altar, sondern seine Bilder als die Hauptsache angesehen und demzufolge die Ehrenplätze nicht in der Mitte des Altares, sondern in der seiner Bilder gefunden. Ueberdieß hat er den hl. Victor aus dem zweiten Ehrenplatz auf eine untergeordnete Stelle verwiesen, um seine Figuren besser gruppiren zu können und je zwei männliche Heilige neben eine weibliche zu stellen. Seine Anordnung ist demnach die folgende geworden:

2. Victor. 1. Maria. 4. Gereon. ‖ 5. Sylvester. 3. Helena. 6. Constantin.

Auch die hieratische Strenge der alten Darstellungsart ist gewichen. Die sechs Heiligen sind nicht mehr statuarisch dargestellt, sondern zu zwei Conversationsgruppen vereint, wofür sich freilich schon in der Victorkirche selbst am Antoniusaltar ein Vorbild fand. Neben Maria stehen zwei Martyrer, zur Rechten der hl. Victor, als Patron der Kirche, zur Linken der hl. Gereon; die hl. Helena ist begleitet vom Papste, welcher sie taufte, und vom Sohne, welcher sie krönte. So zeigt schon die Anordnung der Außenflügel den Maler der Renaissance, der die ältern Sitten einfach bei Seite setzt, wenn sie seinen neuen künstlerischen Bestrebungen im Wege stehen.

8 Erstes Kapitel.

Öffnet man den Altaraufsatz zum ersten Male, so erscheinen vier große Bilder; die beiden äußeren (I und IV) sind auf der Rückseite der aufgeschlagenen Flügelthüren angebracht, die anderen verdecken noch das Innere. Die Evangelienseite ist als die erste und vorzüglichere behandelt. Ihre Malereien (I und II A) enthalten die Legende des hl. Victor, des Hauptpatrons des Altares und der Kirche; die beiden Tafeln der Epistelseite (III A und IV) sind der zweiten Patronin, der hl. Helena, gewidmet.

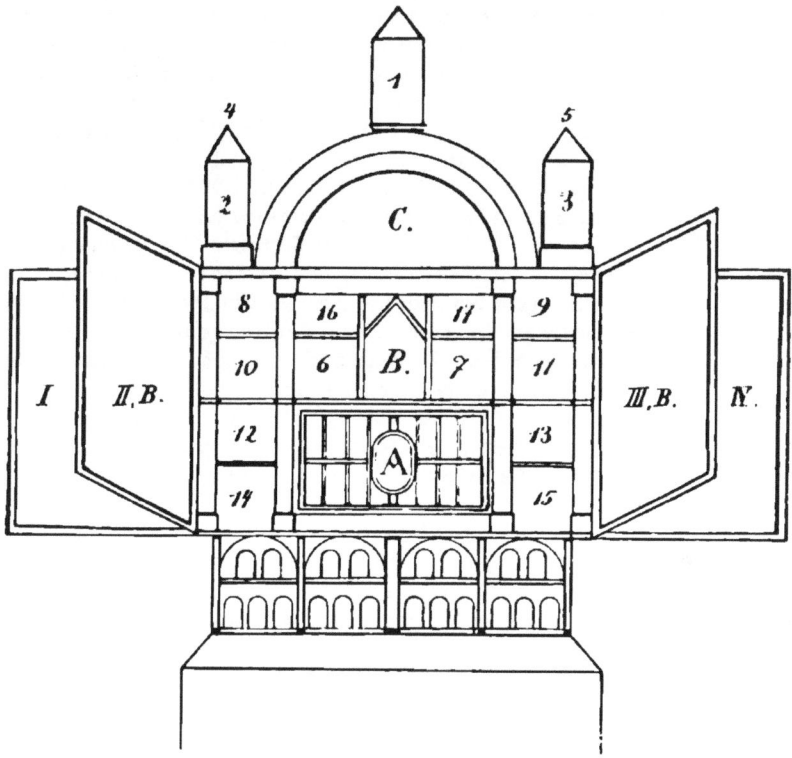

Schema des Hochaltares der Victorkirche.

Die erste Tafel beginnt mit zwei Nebenscenen, die in den oberen Ecken eingetragen sind. Zur Rechten sieht man den Auszug des hl. Victor aus Jerusalem, wo er mit seinen Genossen die heilige Taufe empfangen hatte, zur Linken den Einzug in Rom, wo Papst Marcellinus die tapfern Streiter Christi empfängt und ihnen seinen Segen ertheilt. Im untern Theile der Tafel zeigt die Hauptscene den Abschied des hl. Victor. Der Kaiser Maximinian reicht seinem Obersten die Hand und entläßt ihn zum Zuge rheinabwärts nach Xanten.

Die Nebenscene der folgenden Tafel (II A) schildert, wie Victor ein Götzenbild verachtet, dem ein zahlreicher heidnischer Volkshaufen opfert; die Hauptscene, wie er deßwegen mit seinen Kriegern erschlagen wird. Um anzudeuten, daß dieß bei Xanten geschah, ragt die zur Zeit der Anfertigung dieser Malereien eben vollendete Kirche des Heiligen mit ihren Thürmen hoch empor. Die bemerkenswerthen Ruinen der Colonia Trajana beherrschen malerisch den Hintergrund. Es ist dieß zwar ein Anachronismus, aber ein berechtigter und sinnvoller, der prophetisch die Martyrer ehrt, deren Tod das Bild zeigt. Tafel III A hat drei Nebenscenen um eine Hauptscene geordnet. In den beiden ersten kleinen Scenen suchen Rabbiner die hl. Helena im Judenthume festzuhalten, während der heilige Papst Sylvester durch einen Engel ermahnt wird, gegen dieselben zu streiten. Den Verlauf des Streites sieht man in der Hauptscene, worin Sylvester einem großen schwarzen Ochsen das Leben zurückgibt, das die Rabbiner ihm durch ein in das Ohr geflüstertes Wort nahmen. So zeigt der Papst, daß das Christenthum lebenskräftiger ist als seine Widersacher. Helena bekehrt sich, kniet oben in der dritten Nebenscene vor dem Papste nieder und schwört ihren Irrthum ab. Tafel IV dient der Fortsetzung der Helena=Legende und erzählt die Geschichte der Erfindung des heiligen Kreuzes. Vier Nebenscenen füllen oben den Hintergrund. 1. Ein Jude, der weiß, wo das heilige Kreuz verborgen ist, wird vor die Kaiserin geführt, will ihr aber sein Geheimniß nicht entdecken. 2. Eingeschüchtert durch die Drohung, in einen Brunnen geworfen zu werden, wenn er nicht Alles offenbare, gibt er nach und berichtet. 3. Gemäß seiner Aussage gräbt man auf dem Calvarienberge nach dem heiligen Kreuze. 4. Helena trägt das gefundene Kreuz nach Jerusalem. Im Hauptbilde bringt die Kaiserin Mutter ihrem Sohne einen Theil des heiligen Kreuzes.

Im Vordergrunde der beiden letzten Tafeln sieht man die Bildnisse aller Canoniker des Stiftes, die zur Zeit der Anfertigung dieser Gemälde lebten. Sie begleiten die Kaiserin als reicher Hofstaat; Bürgermeister und Schöffen der Stadt sind nicht vergessen; die Gräfin Emeza, jene alte Wohlthäterin des Stiftes, ist mit den Frauen des Bürgermeisters, des Malers und der Schöffen, sowie mit den Töchtern der Stadt Xanten zur Hofdame der römischen Kaiserin geworden und folgt ihr andächtig nach.

Die Portraits und die klarere und ruhigere Disposition geben den Tafeln der Helena=Legende größeren Werth, als die beiden der Victor=Legende beanspruchen können. Der Fortschritt des Künstlers ist unverkennbar und zeigt sich am klarsten in der Architektur, die reiner wird und sich enger an die bessern Formen der italienischen Renaissance anschließt.

Wenn man die Flügelthüren zum zweiten Male öffnet, wird das Innere des Schreines sichtbar. In seiner Mitte standen zwölf Brustbilder um den Victor=Schrein und die goldene Altartafel. Die geöffnete Thüre der Evangelienseite II, B zeigt neben der Hauptscene, der Verspottung Christi (Ecce homo), in zwei Nebenscenen die Geißelung und

Dornenkrönung. Die Anordnung solcher kleineren Scenen im Hintergrunde oder in der Umrahmung der größeren ist um 1500 am Niederrheine sehr verbreitet; sie wurde schon von den Gebrüdern van Eyck oft angewandt und muß als eine künstlerische Verbesserung des ältern Systems angesehen werden, das solche verschiedene Scenen in gleichartigen Bildern einfach nebeneinander stellte, wie wenn man eine Sammlung von Miniaturen oder Tafelbildern in einen gemeinsamen Rahmen vereinte. Die Verspottung Christi ist in den Xantener Altarbildern als Hauptbild der Leidensgeschichte betont, weil sie nicht nur dem Maler Gelegenheit bot, seine Fertigkeit in Schilderung der Leidenschaftlichkeit der Juden und der unerschütterlichen Ruhe des Herrn zu zeigen, sondern auch einen Höhepunkt des bittern Leidens bezeichnet und die Verurtheilung zum Kreuzestode begründet, ja gleichsam künstlerisch ersetzt. Der gegenüberstehende Flügel III, B auf der Epistelseite bringt die Auferstehung des Herrn, also seinen Sieg über die Spötter und den ungerechten Richter.

Wie die Büsten im Schreine vertheilt wurden, zeigt die folgende Uebersicht, worin die Zahlen und Buchstaben des oben S. 8 gegebenen Schema's erklärt sind:

	4. Soldat.	1. Erlöser.	5. Soldat.	
	2. Victor.	C. Kreuzigung.	3. Helena.	
Vier Flügelbilder	8. Maria.	16. U. Kind. ⎧B. Victor-⎫ 17. U. Kind.	9. Johannes.	Vier Flügelbilder
	10. Mauritius.	6. Victor. ⎨ Schrein. ⎬ 7. Helena.	11. Constantin	
	12. Marcellinus.	⎩A. Goldene Tafel.⎭	13. Sylvester.	
	14. Thebäer.		15. Thebäer.	

Bilder der vier Kirchenväter.

Die ältere (oben S. 1 angegebene) Anordnung wurde, wie man sieht, bedeutend erweitert. Zu den Büsten einiger Martyrer, welche nach dem Berichte des Canonikers Philipp Schön anfangs neben dem Schreine Platz fanden, sind die Brustbilder Mariä und des hl. Johannes gekommen, dann, im Anschluß an die auf den Tafeln I und II dargestellte Legende des hl. Victor, die Bilder des Papstes Marcellinus, des hl. Mauritius und zweier thebäischer Soldaten. Endlich sind aus der Helena-Legende der Tafeln III, A und IV, A die Bilder des Papstes Sylvester und des Kaisers Constantin herübergenommen. Die beiden Büsten der unschuldigen Kinder und deren Reliquien waren schon im ältern Altare aufgestellt und wurden darum beibehalten.

Auch in der neuen Anordnung ist der Victor-Schrein, wie es vormals gewesen war, als Mittelpunkt aufgefaßt. Er ist aber seiner Be-

beutung beraubt und beherrscht den Aufbau nicht mehr. Ehedem war seine ganze Langseite sichtbar gewesen. Sie mißfiel dem 16. Jahrhundert und ward darum in den Altar hineingeschoben. So trat nur die Stirnseite zu Tage, welche die Mitte (bei B) schlecht ausfüllt, weil sie zu unbedeutend ist und viel von ihrer alten Pracht verloren hat. Unter dem Victor-Schrein behielt die goldene Altartafel, das älteste und kostbarste Kleinod des Stiftes, ihren Ehrenplatz.

Eine Inschrift, welche die Festantiphon des Stiftes enthielt, lief ehedem um den innern Rahmen des Altarschreines. Sie wurde gebetet, so oft man das Schreinwerk öffnete, und lautete also:

Ave miles invictissime,   Hymnis tuam devotis observantibus
Ave martyr sanctissime,   Clementiam obtine precibus,
Ave pie protector sancte Victor.   Pils ut adsit omnipotentis gratia.

(Sei gegrüßt, unbesiegtester Krieger, heiligster Martyrer, sei gegrüßt! Sei frommer Schutzherr, St. Victor, gegrüßt! Da wir mit begeistertem Gruße deine Güte anseh'n, erlange durch deine Gebete den Frommen des Allmächtigen Huld und Gnade.)

Mit solcher Innigkeit verehrte man damals die Heiligen, so betete man vor ihren Heiligthümern. Unsere Vorfahren wurden durch die Pracht der Schreine und Altäre aufgemuntert zu andächtigem Gebet. Wir bewundern die Kunst und Schönheit der alten Werke und vergessen nur zu leicht der Heiligen, zu deren Verherrlichung sie entstanden und denen sie dienen sollen. Fordert nicht das katholische Bewußtsein und die den Heiligen geschuldete Ehrfurcht, Reliquienschätze in Kathedralen und Kirchen anders zu zeigen, als Merkwürdigkeiten in Kunstkammern und Museen der öffentlichen Neugierde vorgestellt werden? Soviel thunlich, wäre die Vorzeigung der Reliquien und ihrer kostbaren Umhüllungen in der Art vorzunehmen, die gang und gäbe war, ehe der Glaube erkaltete. Wie leicht würde es sein, eine Kerze anzuzünden, bevor die Reliquienschränke geöffnet werden! Man würde dadurch in einfacher, anspruchsloser Weise an die Gegenwart heiliger Gegenstände erinnern, ohne viele Worte und Ceremonien die katholische Lehre über Reliquienverehrung darstellen und zur Bethätigung des Glaubens aufmuntern[1].

Mitten auf dem Xantener Hochaltare steht (bei C in der Abbildung S. 8) ein prachtvoll geschnitzter, halbkreisförmiger Rahmen. Er umschließt ein Bild der Kreuzigung, welches den Uebergang vom Ecce-homo-Bild des innersten Flügels der Evangelienseite (II, B) zur Auferstehung im Flügel der Epistelseite (III, B) vermittelt. Ein Baldachin mit der Statue des Weltheilandes krönt den Scheitel des Halbkreises; an seinen

---

[1] In dem Buche „Antiquités sacrées à Maestricht par Bock et Willemsen" (p. XXIII und p. LXXX) wird in sehr lehrreicher Weise berichtet, wie ehedem die Maestrichter Reliquien unter bestimmten Ceremonien den Fremden gezeigt wurden.

Fußpunkten erheben sich zwei weitere Baldachine über den geschnitzten Bildern des hl. Victor und der hl. Helena. Sie tragen die Statuen zweier Soldaten, welche an die thebäische Legion erinnern, die gleichsam hier Wache hält.

Alles Holzwerk des Altares ist polychromirt. Die durchsichtig gearbeiteten Ornamente erhielten reiche Vergoldung und hoben sich klar ab von dem blauen Grund, auf dem man sie im Innern des Schreines befestigt hat. Dann folgen die silbernen Büsten mit vergoldetem Haare, Kronen, Mitren, Beizeichen und Gewandsäumen. Sie stehen in rothen Nischen. Auch die äußeren Kehlen des Schreines wurden roth angestrichen. Die Farbenskala des Altares ist also: Gold, Blau, Silber (mit Gold), Roth. Das Roth der Nischen und der äußeren Kehlen leitet über zu den Gemälden der Flügel, in denen ein goldiger, rothbrauner Ton herrscht.

III. Die Geschichte der Herstellung des eben beschriebenen neuen Hochaltares der Victorkirche beginnt mit einer Nachricht der Thesaurarie-Rechnung. Diese besagt, daß die Herren Canoniker von Xanten im Jahre 1529 einen Vertrag über die Errichtung und Verzierung eines neuen Hochaltares abschlossen. Zwei Meister waren herangezogen. Der erstere, Wilhelm von Roermond, wird als Schreiner und Bildschnitzer (arcularius et statuarius) bezeichnet und wohnte zu Köln. Auch der zweite, Meister Bartholomäus genannt, war in Köln ansässig. Die späteren Rechnungen zeigen, daß dieser Bartholomäus kein anderer ist, als der berühmte Bruyn, den Merlo mit Recht „einen wahrhaft großen Maler" nennt, „mit dem gegen 1556 das letzte glänzende Gestirn der kölnischen Malerschule erlosch". Zwei seiner Söhne, Arnt und Bartholomäus, widmeten sich, wie ihr Vater, der Malerei; der dritte trat 1550 in die Abtei Werden ein, wo er als Bruder Paulus lebte und starb.

Zum Glücke hat sich der Vertrag erhalten, den der Maler mit dem Kapitel abschloß, als er die Herstellung der beschriebenen acht Altarbilder übernahm. Schon die Seltenheit solcher Verträge macht dieselben interessant; hier verdoppelt der Werth und die verhältnißmäßig gute Erhaltung des Vertragsobjectes die Bedeutung des Aktenstückes, das also lautet:

To weten dat die werdighe Here van dat Capittel der Kerken tot Xanten met dem ersamen Meister Bartholomeus Bruyn Meelre Burger tot Cölne, guetlick averkomen und verdragen syn in maaten hier nae beschreven. Item soll genennt Meister Bartholomäus die Back mit tween floegelen to beiden syden mette tabernakellen ind voeth nae einem exemplar den Herre vand Capittel ind oen gegeven binnen ind bueten bemaelen, stofferen ind vergolden als sich billicks sülk werkeysth ind geboert, ind dareto allen moegelick arbeidt ind vlysth kieren ind doen, dat sülks künstlich ind walll gemaickt mag warden, waer by godt allmechtig to voernsten ind die Patrone geert ind de Kerk des dank saegen hebben ind eyn werk ungeschant blieven moegen, als die Herre vand Capittel oen genzlick tovertrowen ind heimgeven, ind inde alreneisten dem altair soll Hy maelen thoe rechter Hand inde groyssten Park, ecce Homo ind inde daer by wesende toreyunge der Passien uns lieven Heren, ind inde linkhen syden inde groitzten Park die Vereysenisse ind inde kleinen wes dair by koimpt ind gehoet. Vort inde myddelsten floegellen ther rechte syden die legenda Victoers ind synre gesellschaip ind ter linkhre die legenda sent Helenen ind wes darby behort ind voert baeven up de taeffellen wyth op schwart ther rechtere Hand sent Victor, Helena mydsen Constantinus, ind ther andern syden Sylvester, Helena mydsen Constantinus, ind allet myt oen wapen, tegkenen als sich eyscht ind behoert, oik mede ist bekaldt ind befürwerd, dat Meister Bartholomeus ein sünderlick upsehen heben sall dat die Back metten floegellen ind voeth van Meister Wilhem aingenommen van gueden droegen Hold waill gemaickt ind van yseren gehengen op der Herren vande Cappittels kolst waill verwairt warde wair durch die Herren vande Capitel des tot gheine schaede bliven moege, ind als ditselve werk bereit gemaikt ist sall Hy mitsampt meister Wilhem den seyzeller dat vorste werk tsamen inde schipp leveren, op oen kost anxt ind arbeidt, ind sullen byde mette schip alsdan to Sancten vaeren op der Herren vande cappittels kost in de taeffeln aldair alsdan in eyn anderen setten upheven ind ordiniren helpen, voer welken vorsch: Arbeydt ind kost die vorsch: Herren Meister Bartholomaeus sente victoers mysse neystkommend vyftich golde Gülden, ind Paeschen neist volgen wederumb vyftich golde Gülden tot gueder Rekenschap geven, ind als Hy dat werk gelevert hefft sullen de Herren oen dairto noch vierhondert guede golde gulden eyns geven, maick die summa tsamen vyfhondert golde gulden den golde gulden mit ene Joachimsdaelre dry dicke Pennige ind ein alb off acht ind twintich Rader Albs to moegen betaelen, ind daertoe sullen die Herren oen vur oen ind syne Huysfrowen tot eirre frinitschappen ind guns schenken thien Ellen guetz Doecks itlick tot einen tabberdt van gueden Laicken, up dat Hy oick to vlietiger ind guete Arbeit dair anne kieren sall sonde arglist. Uirkondt der wairheit ist deser Cedulen twee alleens haldende durch A. B. C. D. E. F. gesneden der die Hern vonde Capitel ein, ind Meister Bartholomeus die ander heben. geschiet ind verdinght to Xanten up dienstach nae dem sonnendach Jubilate anno 1529[1].

Die beiden im Contract genannten Meister machten sich an die Arbeit. Schon im Jahre 1533 schickte Wilhelm den Altarschrein in großen, mit Eisen beschlagenen Kasten von Köln. Er folgte seiner Sendung und kam mit Meister Bartholomäus nach Xanten. Das Werk wurde aufgestellt, und der Maler vollendete die Portraits der Stiftsherren,

---

[1] Ueber B. Bruyn siehe: Merlo, Nachrichten von dem Leben kölnischer Künstler, S. 69 f., und: Die Meister der altkölnischen Malerschule, S. 158 f. Merlo druckt den Contract aus der Zeitschrift „Museum" (1836, Nr. 50) ab nach dem jetzt freilich vermißten Originale des Xantener Archives. Ueber die Malereien berichten *De Sandt f. 35 und *Pels II. p. 69.

der Bürger und der Frauen, welche auf den beiden Tafeln der Helena-Legende angebracht sind. Beide Meister blieben an vier Monate in Xanten. Ein großer Stein, welcher auf einer der Tafeln zu Füßen der hl. Helena liegt, zeigt die Jahreszahl 1534 und beweist, daß Bruyn erst damals sein großes Werk beendet. Das Kapitel war mit den Malereien so zufrieden, daß es den ausbedungenen Preis von 500 Goldgulden um 100 Gulden erhöhte, über die Bartholomäus Bruyn eine eigene Quittung ausstellte und von denen der Fabrikmeister in den Jahren 1534 und 1535 je 50 in Rechnung bringt. Meister Wilhelm erhielt als Anerkennung 15 Goldgulden über seinen Lohn, nebst dem Auftrag, ein neues Orgelgehäuse zu machen, das er 1536 aufstellte und vollendete. Die Posten der Stiftsrechnungen, welche dieß melden, lauten also:

„1533. Ausgaben für .. die Hersendung des Schreines (capsae) des Hochaltares, welche Herr Everhard Maeß besorgte, der zu diesem Zwecke durch die Herren vom Kapitel nach Köln gesandt ward. Item für 50 Bretter Tannenbord, um die Kisten (capsae) zu machen, in denen das genannte Schreinswerk verpackt wurde, gab ich 4½ Goldgulden und 13 Weißlinge mit Einschluß der Trinkgelder, des Fuhrlohnes und anderer nöthiger Ausgaben. Item für 4 wagen Eisenwerk, jeder waegh zu 8½ kölnischer Mark, macht mit Einschluß der Fracht 5 Goldgulden und 17 Weißlinge. Item für die Nägel zu den Packkisten 14 Weißlinge. Item für Holz (scheid), das Meister Wilhelm kaufte, 1 Mark. Item für den Einkauf der nöthigen Nahrungsmittel und für alles, was im Schiff bei der Fahrt nöthig war, 9 Goldgulden und 17 Weißlinge. Item dem Schiffsmann, der das Schiff von Köln bis zur Beek führte, als Fahrlohn 17 kölnische Gulden und 1 Raderweißling, überdieß 4 Weißlinge als Trinkgeld. Macht zusammen 10 Goldgulden und 1½ Solidi.

Die Summe aller genannten Ausgaben beträgt 31 Goldgulden, der Gulden zu 41 Weißlingen gerechnet. Davon müssen aber abgezogen werden 10 Goldgulden, die Herr Arnold Goch auf die 20 Mark zahlte, welche Meister Wilhelm von Geldern zu dem Schrein schenkte, 1 Goldgulden, den die Frau des Bernard Burford gab, sowie 1 Heinrichsnobel, den Passenbael brachte. Macht zusammen 13½ Goldgulden. So bleibt als Ausgabe 17½ Goldgulden, macht 30½ Mark.

Item mit Ausschluß derer, die ab- und zugingen, waren Meister Bartholomäus mit den Seinen und Meister Wilhelm mit den Seinen zuweilen 8, zuweilen 6, oft mehr. So berechne ich für jeden Tag 1 Mark (für ihre Beköstigung). Das macht in 14 Wochen und 3 Tagen 101 Mark. Item kaufte ich für sie täglich 1 Quart Wein. Macht 101 Quart. Das Quart zu 28 Heller. Macht 9 Mark 9 Solidi 20 Heller.

1533. Item der Schreinermeister Johann Kael arbeitete 5 Tage am Hochaltar und erhielt für jeden (Sommer-) Tag 5 Weißlinge. Sein Geselle arbeitete 3 Tage und empfing täglich 4 Weißlinge. Macht zusammen 1 Mark 6 Solidi 12 Heller.

Item der Schmied Gisbert erhielt für seine Arbeiten am Hochaltare für Anker und anderes Eisenwerk 10 Mark. Item zahlte ich demselben Gisbert für die beiden eisernen Stützen unter den (geöffneten) Flügeln des Altares für Eisen ½ Goldgulden, für Kupfer 1 Goldgulden 5 Weißlinge und für die Arbeit auf Geheiß des Kapitels 8 Goldgulden. Macht zusammen 16 Mark 5 Solidi [1].

1534. Item im Auftrage meiner ehrwürdigen Herren vom Kapitel zahlte ich dem Meister Bartholomäus Bruyn, dem Maler, 50 Goldgulden, den Gulden zu 36 Weißlingen, macht 75 Mark. Item dem Meister Wilhelm von Roermond 15 Goldgulden, welche die genannten Herren ihm schenkten, macht 22½ Mark.

1535. Item im Auftrage der Herren zahlte ich dem Meister Bartholomäus Bruyns, dem Maler in Köln, 50 Goldgulden, die 75 Mark ausmachen.

1536. Item am britten Sonntage nach Ostern kam Meister Wilhelm, der Schreinarbeiter (cistifex) von Köln, zu Schiff hier an. Er brachte Balken und Bretter, aus denen er das Gehäuse der neuen Orgel herstellen wollte. Ich ließ dieß Holzwerk durch Lambert von On auf drei Wagen zur Kirche fahren und zahlte diesem 6 Solidi.

1536. Item am Tage des heiligen Apostels Jakobus reiste Meister Wilhelm, der Schreinarbeiter (cistifex) von Köln, heimwärts, nachdem er das hölzerne Gehäuse der Orgel, die korff genannt, vollendet hatte. Laut dem Vertrage, den er mit meinen Herren vom Kapitel abgeschlossen hatte, erhielt er für dieß Gehäuse (capsa lignea) 200 Goldgulden. Davon gab ich ihm 37 Goldgulden. Auf Geheiß der Herren zahlte ich seinem ältern Gesellen 2 Goldgulden Trinkgeld, dem jüngern (juveni) 1 Goldgulden und seiner Magd 1 Goldgulden. Macht zusammen 41 Goldgulden, die 61½ Mark betragen. Den Rest der 200 Goldgulden erhielt er von dem Gelde, das die ehrwürdigen Herren Johann inghen Winkel, Propst von Xanten, und Arnold Goltwert, Dechant von Xanten, schenkten."

Aus diesen Auszügen lernen wir drei bedeutende Künstler kennen, welche um das Jahr 1534 am Xantener Hochaltar arbeiteten: den Maler Bartholomäus Bruyn, den Kunstschmied Gisbert und den Kunstschreiner

---

[1] Die beiden hier erwähnten eisernen Stützen haben die Form rechtwinkeliger Dreiecke. Sie bestehen aus drei starken Eisenstangen, welche den Seiten eines solchen Dreieckes entsprechen. Mit der kleinsten Seite hängt jede Stütze in zwei Haken, die in die Chorwand eingelassen sind. Die zweite Seite läuft horizontal von der Wand ab unter die äußerste Ecke eines aufgeschlagenen Altarflügels. Die dritte Seite gleicht einer Vorkragung, welche die Spitze der zweiten unter der Gemälde-Ecke stützt. Ausgeschnittenes und getriebenes Blumen- und Rankenwerk aus Eisen ziert das Innere des Dreieckes. Das Ganze darf als Meisterwerk mittelalterlicher Schmiedekunst bezeichnet werden. Die reiche Vergoldung und der hohe Preis beweisen, daß auch die Zeitgenossen solche Werke zu schätzen wußten.

Wilhelm von Roermond. So reich auch die Schnitzereien sein mögen, mit denen Meister Wilhelm den Altar verzierte, — es waren doch nur Schreinerarbeiten. Der Meister, welcher die Büsten verfertigte, die im Innern des Schreines den Prachtsarg des hl. Victor und die goldene Tafel umgeben, blieb also noch zu suchen. Nach langem Forschen, als fast alle Hoffnung auf Erfolg und Auskunft verloren schien, fand sich endlich in einer Ecke des Archives ein altes Convolut mit Thesaurarie=Rechnungen, welches die aufgewandte Mühe reichlich lohnte und manche Enttäuschung vergütete. Diese Rechnungen erzählen in behaglicher Breite, daß die Büsten des Hochaltares nach und nach in Kalkar geschnitzt und vergoldet wurden, also aus jener Stadt kamen, aus der auch das Bild des Weltheilandes stammt, das 1476 entstand und vom alten Altar auf den neuen übertragen wurde. Es mögen hier die wichtigen Auszüge aus den Thesaurarie=Rechnungen folgen, deren hohe Bedeutung für die rheinische Kunstgeschichte nachher zu erläutern und klarzustellen sein wird.

Thesaurarie=Rechnung. „1533. Bezahlt dem Arnold Duerkoep für die Vergoldung der Stützen unter den neuen Altarflügeln 5½ Goldgulden, dem Bildhauer (statuarius) Heinrich Douvermann für zwei Brustbilder (die Bilder der thebäischen Soldaten 14 und 15, oder die der unschuldigen Kinder 16 und 17 im Hochaltare, Abbildung S. 8) 4 Goldgulden, seinem Sohne als Trinkgeld 7 Weißlinge. Dem Arnold Duerkoep für deren Versilberung 7 Goldgulden.

Diese Bilder sind mit einigen Steinchen verziert, für deren Einsetzung ich dem Goldschmiede 18 Weißlinge zahlte. Dem Johannes, dem Sohne des Bildhauers Heinrich, der die versilberten Bilder von Kalkar nach Xanten zurückbrachte, 2 Batzen, macht 4 Weißlinge 4 Heller. Item verfertigte Heinrich zwei andere Bilder, nämlich die des hl. Victor und der hl. Helena (6 und 7 im Hochaltar, Abbildung S. 8), für die er nach der Uebereinkunft 4 Goldgulden erhielt. Seinem Sohne gab ich als Trinkgeld 7 Weißlinge.

1535. Dem Arnold Duerkoep für die Versilberung der beiden Bilder des hl. Victor und der hl. Helena 7 Goldgulden. Für das Einsetzen von 6 Steinchen 9 Weißlinge. Item schnitzte der Bildhauer Heinrich zwei andere Brustbilder, nämlich die des Sylvester und des Constantin (11 und 13 im Schema des Hochaltares), für die er vertragsmäßig 5 Goldgulden bekam."

Baurechnung. „1535. Item der Schreiner (cistifex) Arnold (von Tricht?) machte den Tritt (pedale) zum Hochaltare."

Thesaurarie=Rechnung. „1536. Ich zahlte dem Arnold Duerkoep für die Versilberung der beiden Bilder des Papstes Sylvester und des Kaisers Constantin 7 Goldgulden. Item dem Goldschmied für die Einsetzung von 6 Steinchen 9 Weißlinge. Item dem Bildhauer Johann (Joanni statuario), der die genannten Bilder von hier (nach Kalkar) brachte und sie jetzt von dort (hierhin nach Xanten) zurückbesorgte, zu verschiedenen Malen 7 Weiß=

linge. Dem Meister Heinrich, dem Bildhauer, für die Statuen (b. h. die Brustbilder) des heiligen Papstes Marcellinus und des heiligen Martyrers Mauritius (12 und 10 im Hochaltare) 5 Goldgulden. Item erhielt sein Sohn als Trinkgeld 3½ Weißlinge. Item zahlte ich dem Meister Arnold Duerkoep 1 Goldgulden für die zweite Bemalung oder Firnisirung (pro secunda coloratione vulgariter vernysting) der vier Büsten, die er vordem versilberte."

„In der Predella des Hochaltares waren vier Abtheilungen ohne Verschluß. Sie standen also weit offen, wenn die Altarflügel den Schrein verschlossen. Herr Arnold Goldwert (der Dechant des Stiftes, welcher in demselben Jahre 1536 schon einen bedeutenden Beitrag zum neuen Orgelgehäuse geschenkt hatte) überwies deßhalb dem Schatzmeister (thesaurarius) alle Rechte, die ihm auf rückständige Gelder und Getreidelieferungen für das Jahr 1536 zustanden. Damit man die Predella in der Fastenzeit verschließen könne (wie die gemalten Altarflügel dann das Innere des Schreines verdecken), soll der Schatzmeister auf Holztafeln die Bilder der vier (lateinischen) Kirchenväter malen lassen. Item erhielt Rütger Krop für die gemalten Bilder der vier Kirchenväter 12 Goldgulden. Der Bildhauer Heinrich Douvermann verfertigte die Bretter, worauf Krop malte. Johann, der Sohn des Heinrich, erhielt als Trinkgeld für Fleiß und Arbeit, die er dabei aufwandte, 5 Weißlinge und 4 Groschen."

1538. „Für die Versilberung der Bilder der hl. Marcellinus und Mauritius zahlte ich dem Meister Arnold Duerkoep 7 Goldgulden."

1540. „Item Meister Heinrich, der Bildschnitzer von Kalkar (statuarius Kalkarensis), verfertigte aus Holz des Kapitels einen Aufsatz, der auf den Schrein des Victoraltares gestellt wurde, um ihn zu zieren und zu heben. (Es ist wohl der runde Rahmen um das Bild C in der Abbildung 1 gemeint.) Er erhielt für seine Arbeit 36 Weißlinge und sein Sohn Johann 4 Weißlinge."

1543. „Für zwei hölzerne Kreuze, die Johann Pasman machte, und für ihre eisernen Halter gab ich 2 Philippsgulden, zu 40 Weißlingen. Ich ließ die Kreuze nach Kalkar zu Meister Rütger Krop bringen. Für ihre Versilberung erhielt er 36 Weißlinge. Item Meister Rütger Krop hat für die zweite Bemalung, b. h. für die Auffrischung oder Firnisirung der Bilder der vier Kirchenlehrer, nichts verlangt."

1544. „Durch den Meister Heinrich zu Kalkar wurden die beiden Bilder der allerseligsten Jungfrau und des heiligen Evangelisten Johannes (8 und 9 in der Abbildung S. 8) gemacht."

Der Schatzmeister erzählt dann weitläufig, wie Meister Arnold Duerkoep die Bilder des Erlösers, des hl. Victor und der hl. Helena (1, 2, 3 des Altarschema's) bemalen sollte, sie aber nur mit Kreidegrund (dealbatio) überzogen hatte. Sie blieben in ihrem unfertigen Zustande längere Zeit zu Kalkar im Kloster der Dominikaner, die mit den dortigen Künstlern eng verbunden waren und auf deren Arbeiten entscheidenden Einfluß übten. Des Wartens müde, brach das Kapitel von Xanten mit Duerkoep ab. Es hätte nun nahe gelegen, dem Rütger Krop, der in Kalkar wohnte und schon bei neuen Kreuze des Victorstiftes versilbert hatte, die Vollendung der angefangenen Arbeit zu übertragen. Der Fabrikmeister überwies sie aber einem andern Meister, der besser arbeitete, dem Theodorich von Duisburg. Dieser ging nach Kalkar, die halb fertigen Bilder abzuholen. Er erhielt sie nur durch lange Verhandlungen, nachdem er dem Duerkoep eine Abschlagszahlung versprochen hatte. Der Thesaurarius schließt an seine Erzählung folgende Ausgabeposten an:

„Item dem Maler Theodorich für die Versilberung zweier der genannten Statuen 6 Thaler, jeder zu 46 Weißlingen."

In der Baurechnung von 1543 ergänzt der Fabrikmeister Everhard Maeß den letztern Posten also:

„Item kam der Maler Theodorich Scherre von Duisburg zu mir in Kost und Wohnung. Durch zwei Herrn vom Kapitel wurde dort mit ihm ein Vertrag abgeschlossen, er solle für 12 Thaler, das ist für 23 Mark, drei Bilder bemalen, welche auf dem Hochaltar stehen.

1549. Item im Auftrage der Herrn vom Kapitel gab ich dem Meister Theodorich Moer für den Schrein, den Arnold N. (von Tricht?) in Kalkar für den Hochaltar (capsa in summo altari) machte, 21 Mark 7½ Solibi."

Der Hauptwerth der eben angeführten Auszüge liegt in der Bereicherung der bis dahin bekannt gewordenen Nachrichten über die sogen. Schule von Kalkar. Herr Wolff, dessen Fleiß und Ausdauer die reichen Schätze des Kalkarer Archives hob und bekannt machte, entdeckte nach jahrelanger vergeblicher Forschung endlich den Namen des Künstlers, welcher das reichste Schnitzwerk der Kalkarer Pfarrkirche fertigte, den „unvergleichlichen" Altar der sieben Schmerzen Mariä. Er fand, daß der Meister Heinrich Douvermann hieß und in Kalkar wohnte. Durch diese erste Nachricht wurde Herr Dr. R. Scholten in Cleve auf den genannten Künstler aufmerksam und brachte aus den dortigen Archiven die Mittheilung bei, daß Heinrich Douvermann auch den Marienaltar der Clever Stiftskirche schnitzte und von Cleve nach Kalkar zog. Diese Entdeckungen werden durch die oben gegebenen Auszüge vervollständigt. Aus ihnen erhellt, daß der tüchtige Meister auch die Brustbilder des Xantener Hochaltares schnitzte, zeitweilig in Xanten wohnte und dort arbeitete[1]. Wichtiger ist die Nachricht, daß er einen Sohn Johann hatte, welcher ebenfalls Holzschnitzer war.

---

[1] Wolff., Nikolaikirche, S. 27; Dr. R. Scholten, Cleve, S. 607; Thesaurarie-Rechnung: 1537. Joanni filio Henrici statuarii effigies deargentatas a Kalkar Xantis reportanti IV alb. IV haller. 1535. Item Joanni statuario praetactas imagines (Silvestri et Constantini) hinc deferenti et nunc huc referenti per vices diversas VII alb. Die Worte „reportanti", „hinc deferenti", „huc referenti" zeigen, daß die Bilder aus Xanten nach Kalkar zum Versilbern gesandt wurden. Sie waren also in Xanten fertig geschnitzt. 1544. In Kalkar per M. Henricum

Der Name des Kalkarer Malers Rütger Krop war bis dahin unbekannt. Wolff berichtet, im Jahre 1541 habe ein Rütger an dem von Arnold von Tricht geschnitzten Johannes-Altar zu Kalkar gearbeitet. Er irrt wohl, wenn er den Meister als Bildschnitzer aufführt; denn es ist höchst wahrscheinlich, daß der 1541 in Kalkar beschäftigte Rütger der Maler Rütger Krop ist, welcher damals für Xanten arbeitete.

Durch die oben mitgetheilten Auszüge aus den Rechnungen gewinnt der schon erwähnte Bericht des Xantener Fabrikmeisters neue Klarheit. Der Genannte schrieb im Jahre 1533:

„Item mit Ausschluß derer, die kamen und gingen, waren Meister Bartholomäus mit den Seinen und Meister Wilhelm mit den Seinen zuweilen acht, zuweilen sechs, oft mehr."

Da saß der berühmte Bruyn, welcher im Senate der Stadt Köln dem Maler Jaspar von Worms als Rathsherr folgte, neben dem Schreiner Wilhelm von Roermond. Von Kalkar kam Heinrich Douvermann mit Duerkoep, aus Xanten selbst war der geschickte Gisbert. Ohne Neid arbeiteten sie zusammen an dem einen Werk. Jeder lieferte seinen Theil. Im Bewußtsein, daß er verantwortlich bleibe für seine Arbeit, suchte er seiner Mitarbeiter sich würdig zu erweisen. Zu den vier Hauptmeistern gesellten sich Rütger Krop, die Gehülfen des Bruyn, vielleicht einer seiner Söhne, oder gar beide, Arnt und Bartholomäus, dann Johann, der Sohn des Douvermann, endlich Meister Theodorich von Duisburg. Alle waren fast gleichzeitig für den Hochaltar beschäftigt.

Kunstwerke, welche die wechselnde Mode überdauern und auch nach Jahrhunderten ihren Werth behalten, mußten entstehen, wo eine solche Reihe von Meistern einträchtig zusammenwirkte. Jeder dieser Meister verstand sein Handwerk und freute sich in gerechtfertigtem Selbstgefühl, daß auch seine Leistung anerkannt ward und einen Theil des großen Ganzen bildete. Was sie lieferten, mußte schon deßhalb volksthümlich werden, weil die Urheber aus dem Volke hervortraten und bei ihm bekannt waren.

Wie fremd und wie verwaist erscheint dagegen heute ein großes Altarwerk plötzlich an seiner Stelle! Es kommt mit der Eisenbahn aus einem Atelier für kirchliche Kunst und steht eines Tages fix und fertig

---

statuarium paratae duae statuae zeigt, daß Douvermann um diese Zeit wieder in Kalkar wohnte. Da die Frage über die Existenz und Bedeutung der „Schule von Kalkar" viel besprochen ist, wird jede urkundliche Nachricht, die einer Lösung förderlich scheint, mit Gewissenhaftigkeit beizubringen sein.

in der Kirche, ohne daß die Leute wissen oder fragen, wer die einzelnen Theile anfertigte und wie sie entstanden. Lohnarbeiter haben sie auf Accord hergestellt nach einer Zeichnung, welche ihnen fremd war, weil der Besitzer des Ateliers, selbst mehr Kaufmann als Künstler, sie irgendwo bestellt oder erborgt hat. Er läßt das fertige Werk aufstellen, streicht seinen Lohn ein und sucht neue Aufträge. Die Arbeiter bleiben ohne Namen, ohne Ehre. Ihr Lohn ist klein, ihre Begeisterung gering. Was sollte sie antreiben, ihre Kräfte anzuspannen, sich auszubilden? Neues dürfen sie nicht erfinden, sie haben sich an die Vorzeichnung zu halten. Man sieht es der Arbeit an, wie sie entstand. Gewinnt sie die Herzen? Ohne Begeisterung ist sie fertig gestellt, wie kann sie Begeisterung erwecken?

Bruyn war doch ein guter Maler. Hat er dem Meister Douvermann Vorlagen geliefert für die Bildhauerarbeiten, dem Meister Gisbert für die Eisenarbeiten Werkzeichnungen gemacht? Krop und Duerloep und Theodorich hätten sich von ihm keine Vorschriften geben lassen über jede Kleinigkeit, die sie lieferten.

Glückliche Zeiten, in denen ächte Kunst lebte und lebendige Blüthen trieb! Wann werden wir zur Auszierung unserer Kirchen und zur Herstellung unserer Altäre wieder Meister haben statt der „Künstler", wann Kunsthandwerker statt der Accordarbeiter, wann freie Männer, die sich begeistern zum Schaffen für Gottes Ehre, statt der Fabrikleute der großen Ateliers für christliche Kunst mit Preislisten und Handlungsreisenden!

Freilich sind zwei Punkte nicht zu übersehen. Erstens sind die alten Werke nicht so rasch fertig geworden, wie die neuen geliefert werden. Im Jahre 1529 wird der erste Vertrag mit Bruyn besprochen und erst 1549 sehen wir die letzte Hand an den Altar gelegt; zweitens belaufen sich die Kosten für das Werk sehr hoch.

Stellt man die Ausgaben zusammen, welche das Xantener Kapitel damals für seinen Hochaltar aufbrachte, so ergibt sich folgende Rechnung:

Dem Meister B. Bruyn für die acht Malereien der Flügel 500 Goldgulden, 100 Gulden besonderer Lohn als Zeichen der Zufriedenheit und 20 Ellen guten Tuches. Macht zusammen ungefähr . . . . 920 Mark.
Dem Meister Wilhelm als besonderer Lohn 15 Goldgulden; der Lohn für seine Arbeit ist unbekannt. Wir setzen an 220 „
Dem Meister Gisbert für die eisernen Stützen, deren Vergoldung und andere kleinere Dinge . . . . 32 „
Dem Meister Heinrich Douvermann für 12 Brustbilder mit Trinkgeld ungefähr . . . . 42 „

1214 Mark.

Die Geschichte des Hochaltares der Victorkirche ꝛc. 21

                                                Uebertrag 1214 Mark.
Dem Meister Duerkoep für die Vergoldung beiläufig . . .   64 „
Dem Meister Theodorich von Duisberg für Bemalung dreier
    Bilder . . . . 23 „
Dem Meister Rütger Krop für die Bilder der Kirchenväter 18 „
                                                Zusammen 1319 Mark.

    Berechnet man die übrigen Ausgaben auf beiläufig 200 Mark, so kostete der ganze Altar an 1500 Kapitelsmark. Um die Zeit von 1530—1550 war ein Kapitelsmalter Weizen ungefähr 2½ Mark werth. Man kaufte also für 1500 Mark ungefähr 600 Malter Weizen. Jeder Malter würde heute ungefähr 30 Mark kosten. Die Herstellungskosten stellen sich also nach unserem Geldwerthe ungefähr auf 18 000 Mark. Der Victorschrein und die goldene Tafel waren wohl doppelt so viel werth. Der ganze Altar müßte also auf 50 000 Mark geschätzt werden.

    So freigebig handelte damals ein Kapitel, das der katholischen Religion treu blieb. Zu derselben Zeit erregten die Prediger der neuen Lehre einen Bildersturm. An vielen Orten, wo sie Macht hatten, wurden zahlreiche Werke der alten Kunst und des vaterländischen Fleißes in wüthender Verblendung zerstört. Unter dem eiteln Vorwande, den Götzendienst der Kirche zu bekämpfen und auszurotten, wurden die Werke der Vorfahren mit Füßen getreten, ihre Frömmigkeit und Freigebigkeit verspottet und die Bilder der Heiligen verbrannt. Die Canoniker von Xanten aber sammelten die letzten deutschen Meister, um ein würdiges Denkmal alter Sitte und alter Glaubenskraft zu errichten.

    Der Hochaltar von Xanten ist ein katholischer Protest gegen die Bilderstürmerei, ein letzter Zeuge mittelalterlicher Kunst und Herrlichkeit, ein Kind seiner Zeit, das die Grenzscheide zweier Perioden bezeichnet. Aus dem Mittelalter hatte er seine Anordnung, seine goldene Tafel und seinen Victorschrein überkommen. Man suchte das alte Schema zu erweitern und zu bereichern, aber man überlud es. Der Altar erhielt nicht weniger als vier Flügel mit acht großen Gemälden, welche thun, was sie können, um den Blick auf sich zu ziehen, die Bedeutung der Gegenstände im Innern des Schreines zu verwischen und die Architektur des Chores zu stören. Der Eindruck des ganzen Werkes ist mehr prächtig als schön, mehr bürgerlich als edel, mehr reich als großartig. Die tüchtigen Arbeiten des Bildschnitzers und des Malers beweisen großes Geschick, aber der ideale Flug und die Naivität älterer Werke fehlen. Von einem einfachen, kindlichen Meister der glaubensvollern frühern Zeit hätte man sich die Legenden des hl. Victor und der hl. Helena gerne erzählen und naiv ausmalen lassen. Bruyn huldigt dem Naturalismus und bringt Portraits der Zeitgenossen in seine Arbeit. Indem er aus dem Reich der Ideale in die Prosa des Lebens herabsteigt, reizt er den Kritiker, ihm auf das nüchterne Gebiet der Geschichtsforschung zu folgen. Man wird unwillkürlich gezwungen, den Inhalt seiner Bilder, der aus den Handschriften des Canonicus Schoen genommen ist, als mit der Geschichte schwer vereinbar zu bezeichnen, die Gemälde ungläubig anzusehen und sich so den Kunstgenuß zu verderben.

Und doch läßt der goldige Pinsel des Meisters Bartholomäus bald wieder zur Anerkennung seiner Verdienste ein. Die ruhige Art der Darstellung, die lebensvollen Bildnisse und reicher Wechsel der Scenen in freundlichen Gegenden, in Kirchen, Burgen und großen Ruinen zeigen den gewandten Künstler. In seinen Bildern ruht noch etwas von der großen Kunst der alten kölnischen Malerschule. Es ist, als ob noch ein Theil vom Geiste des Malers des berühmten Kölner Dombildes aus diesen Tafeln redete, jenes Meisters, in dessen Haus Bruyn diese Flügel für den Hochaltar der Kirche des hl. Victor 100 Jahre nach Vollendung des Dombildes malte [1].

IV. Vor dem Hochaltare glänzt ein großer Leuchterbogen aus Kupfer. Er ist ungefähr 13 m breit, reicht von einer Wand des Chores bis zur andern und zerfällt in drei Theile, einen mittlern und zwei seitliche, die unter sich gleich, von der mittlern Abtheilung aber verschieden sind. Letztere stützt sich auf zwei polierte Säulen, die auf eckigen Sockeln ruhen und deren Kapitäle je eine kleinere gewundene Säule tragen, welche ein Standbild emporhebt, auf der Epistelseite das der hl. Helena, auf der Evangelienseite dasjenige des hl. Victor. Auf dem Kapitäl jeder der beiden größeren Säulen, also am Fuße der kleineren, beugt ein Mann seinen Rücken unter der Last eines Baumstammes. Da die Männer sich gegenüberstehen, zur Mitte des Chores blicken und die reich belaubten Stämme, die auf ihren Schultern ruhen, ihren Blicken folgen, so nähern sich deren Zweige, bis sie vor dem Altare zusammentreffen, sich verschlingen und vereint emporwachsen, um in einem Blüthenkapitäl zu enden, auf dem das Bild der Gottesmutter steht. Auf dem Wege zur Mitte haben sich von jedem Stamme je sechs Zweige abgetrennt, die zu Leuchtern werden und zwölf Lichter tragen. Ohne Zweifel soll das Astwerk an den Stammbaum Jesse erinnern. Die zwölf Lichter wollen ebenso-

---

[1] Merlo, Die Meister der altkölnischen Malerschule, S. 121 u. 158.

viele Könige und Propheten sinnbilden, die Vorfahren Mariä, des hohen Weibes der Geheimen Offenbarung, das von zwölf lichten Sternen umgeben ist. Von jeder der beiden freistehenden Kupfersäulen, welche den eben beschriebenen mittlern Leuchterbogen tragen, geht ein starker kupferner Balken zu den Chormauern. Beide Verbindungsbalken tragen je sechs Leuchter und stützen sich auf je einen flachen Tudorbogen, der mit einer reichen Kreuzblume durch den Querbalken emporstrebt, um das Zeichen der Erlösung in die Mitte der sechs Leuchter zu stellen. Die Zwickel zwischen den Bogenschenkeln und dem Balken, der über sie hergeht, sind mit gothischem Stabwerk, Blumen und Maßwerk vergittert.

Wie ein leicht aufsteigender breitheiliger Triumphbogen steht der Leuchter am Eingange in's Innerste des Chores und vor dem Allerheiligsten des Altarraumes. Zierliche Arbeit verbindet sich mit dem metallischen Glanze des polierten Kupfers, um das Ganze zu einer der schönsten Leistungen der sogen. Dinanterie zu erheben, von der die Niederlande so viele kunstreiche Werke bewahren. Ueber die Zeit der Anfertigung berichtet eine Inschrift am Fuße der beiden freien Säulen. Sie besagt:

„Desen luchter is gemackt to Maystricht anno domini V C en eyn" (1501).

In der Baurechnung von 1556 schreibt der Fabrikmeister: „Ich gab dem Meister Arnold Tricht von Kalkar für das Bild der allerseligsten Jungfrau, welches auf dem ehernen Leuchter im Chore steht, 2 Mark 2 Solidi. Für die Vergoldung durch den Maler Theodorich von Duisberg 5 Mark."

In Herzogenbusch steht ein Taufbrunnen von vorzüglicher Ausführung, der im Jahre 1492 zu Maestricht gegossen ward[1]. „Tricht" aber ist die mittelalterliche Abkürzung für Trajectum und bezieht sich sowohl auf das Trajectum superius ad Mosam, Maas-Tricht, als auf das Trajectum inferius, das untere Tricht, U-trecht. Es läge also nahe, dem Arnold von Tricht nicht nur den in Maestricht verfertigten Xantener Leuchterbogen, sondern auch den Taufbrunnen von Herzogenbusch zuzuschreiben. Gewichtige Gründe verbieten es. Erstens wurde das Marienbild erst 1556 von Arnold geliefert, während der Leuchterbogen 1501 und der Taufbrunnen 1492 entstand. Dann wohnte Arnold in Kalkar. Wir kennen ihn aus den übrigen Nachrichten nur als Bildhauer in Stein und Holz. Hat vielleicht der Vater in Maestricht die beiden Werke gegossen und ist der Sohn nach Kalkar gezogen, wo er den

---

[1] Ueber den Xantener Leuchterbogen vgl. Aus'm Weerth, Kunstdenkmäler, I. S. 42, und *Pels, II. p. 76. Auch die Baurechnungen von 1500—1501 bringen mehrere Posten über das Eisenwerk und die Kosten des candelabrum in choro, ohne jedoch irgend eine Mittheilung von Werth zu bieten. Ueber den Taufbrunnen von Herzogenbusch und seinen Meister vgl. De St. Jans-Kerk te 's Hertogenbosch door Hezenmans, 1866, p. 163.

Beinamen (von) Tricht erhielt und ausnahmsweise als Gelbgießer arbeitete? Die Sache bleibt dunkel. Hoffentlich bringen weitere archivalische Studien neuere Nachrichten und größere Klarheit.

Hinter dem breitheiligen Leuchterbogen stehen zwei große kupferne Leuchter an den Stufen des Xantener Hochaltares. Laut ihrer Inschrift sind sie von „Johannes de Orsor (Orsoy) Canonic." geschenkt. Ueber das Jahr ihrer Anfertigung bringt der Fabrikmeister in seiner Baurechnung die erwünschte Auskunft.

1509. „Item vom Magister Johann von Orsoy erhielt ich für 16 Fuß Münstersteine, aus denen er den Fuß der Chorleuchter machen ließ, 4 Gulden, macht 2½ Mark."

Im Jahre 1520 schenkte Canonicus Aegidius de Platea (von der Straße), welcher 1504—1506 Fabrikmeister war, einen mehr als mannshohen dreiarmigen Chorleuchter, der hinter dem Lettner steht. Die Leuchter sollten ältere ersetzen. Der Fabrikmeister berichtet nämlich zum Jahre 1478, daß er dem Johann Heggs 5½ Mark zahlte für einen großen eisernen Leuchter, der sich im Chore befand und von einem Maler für ½ Mark verziert wurde. Noch 1491 standen (vier?) Säulen um den Hochaltar, die Leuchter trugen. Die alten Handschriften aber reden oft von einem großen radförmigen Kronleuchter vor dem Hochaltar, dessen Kerzen an hohen Festen angezündet wurden.

Unsere Zeit hat keinen Begriff von der Lichtfülle, womit das Mittelalter seine glänzenden Kirchen erhellte. Brannten doch in Xanten in alter Zeit während der Nacht zehn Lichter jahraus jahrein. Mit ihrem stillen Opfer ehrten sie auch in dunkler Nacht den Herrn und seine Heiligen. Die älteste Lampe stammte vom Muttergottes-Altar der alten Krypta, zwei Lichter brannten im Westbau vor dem Marien-Altar und vor St. Victors Grab, sechs andere leuchteten vor den Altären des heiligen Kreuzes und der Heiligen Remigius, Lambertus, Johannes, Nikolaus und Stephanus. Noch im Jahr 1769 wurde dem Kapitel für die Kapelle des Heiligen Geistes die Stiftung des zehnten ewigen Lichtes angeboten.

Außerhalb der Kirche hatte Berenbonck eine Leuchte vor dem heiligen Kreuze am Südportale gestiftet, ein anderes Licht erhellte den Kreuzgang. Es warf seinen Schein auf die Grabsteine, welche Boden und Wände zierten, und auf den viereckigen Platz, in dessen Mitte das Todtenkreuz emporwuchs. Auf dem Kirchhofe vor der Westfaçade wurde endlich eine „Armenseelenleuchte" im Beinhause (beenhuys) angezündet[1].

---

[1] *Pels, II. p. 76: Candelabra aerea in pede altaris 5½ pedes alta sine piedestall Dominus Johannes de Orsoy 1500 donavit muß also in 1509 emendirt

Liturgie und Kunst der katholischen Kirche hatten immer etwas Gemüthvolles. Alles haben sie aufgeboten, damit man sich im Gotteshause heimisch fühle und damit die natürliche Ehrfurcht, welche den Menschen vor Gott und seinen Heiligen ergreift, zwar gestärkt, aber auch gemildert werde zu freudigem Vertrauen. So sollten die Lichter der Victorkirche das Heimweh des christlichen Herzens wecken, das sich sehnt nach der herrlichen Stadt des himmlischen Jerusalems, die erbaut ist aus farbenprächtigen Edelsteinen und glänzendem Golde, und aus der das Licht des Lammes und seiner Heiligen Nacht und Finsterniß verscheucht, um ewiges Licht leuchten zu lassen.

V. Drei Jahrhunderte sind verflossen seit Vollendung des Hochaltares der Victorkirche. Nicht spurlos gingen sie an ihm vorüber. Im Jahre 1761 sollte der Maler Martin Ranz die Gemälde des Bartholomäus Bruyn restauriren. Er hat auf der innersten Seite eines Flügels im Bilde der Auferstehung die Figur des Heilandes und die sie umgebende Glorie so ungeschickt und geschmacklos erneuert, daß nicht nur die Zeichnung, sondern noch mehr das Colorit von den ursprünglichen Theilen grell absticht. Schon vorher, im Jahre 1748, hatten die zwölf Büsten durch eine Restauration ihre alte kunstreichere Versilberung verloren.

Der Victor-Schrein wurde in den Jahren 1593 und 1604 zweimal durch Diebe beraubt, welche viele Edelsteine stahlen und die getriebenen

---

werden. Baurechnung von 1491: Item pro IV candelabris aereis columnis circa summum altare affixis VI½ flor. Ren. curr., fac. VI mrc. VI sol. Item Gerardo Wrenger pro certis instrumentis ad affigenda candelabra praedicta necessaria VI alb., fac. III sol. Item famulo afferenti candelabra VII d. I gr. — *Heimeric. II. f. 93. ex lib. albo fol. 63 Scholari coronam accendenti in summis festis competit quarta pars librae (cerae) de quolibet festo. In Nativitate Domini corona accendetur ad inceptionem primae missae (*Protocolla, p. 334). Thesaurarius tenetur . . procurare et conservare rotas ad cantandum et legendum in choro de cera capituli. Ueber den alten Kronleuchter (luminis candelabrum) vgl. *Schoen p. 81; Scholten, Auszüge, S. 5; Spenrath, 2. S. 26; über die zehn nächtlichen Lichter in der Victorkirche *lib. alb. f. 66; *Heimeric. II. f. 34; *Pels, II. p. 101; über das Licht der Kapelle des heiligen Geistes *Pels, II. p. 394. — Baurechnung von 1505: Item a Mechtilde ingen Alef centum flor. aur. pro certo luminari manutenendo in cimiterio Xanctensi in dat breenbuysken pro fabrica. — 1471. Item Gerardo Smyt in platea Reni reformanti lucernam int beenhuys et facienti sustentacula in choro in quibus ponuntur vexilla IV sol. VI den. — 1518. Item pro reparatione lucernae in cimiterio II horn. — 1537. Item Hermano Bernartz pro incensione candelae positae in cimiterio ex fundatione Mechtildis ingen Aleff 1 maldrum hordei, facit 1 mrc. 11½ sol.

Platten einer Langseite ausbrachen, auf denen die Figuren von sechs Aposteln das Bild der allerseligsten Jungfrau umgaben. Erst im 18. Jahrhundert beauftragte das Kapitel einen Goldschmied, den Schrein zu erneuern. Der Meister vertheilte die sechs Apostelfiguren, welche auf der unverletzten Seite übrig geblieben waren, auf beide Seiten, so daß jede drei Bilder erhielt. Die leeren Flächen zwischen den Bildern füllte er mit einfachen Verzierungen. Zuletzt stellte er das Bild Christi auf die hintere Giebelfläche und schrieb auf seine Arbeit: „Renovatum 1749." Conservativer als die meisten seiner Zeitgenossen, hat er soviel als möglich erhalten. Darum wird es nicht schwer sein, dem altehrwürdigen Schrein seine ursprüngliche Form wiederzugeben.

Unter dem Victor-Schrein, an dem Platze, welchen die goldene Tafel durch mehr als neun Jahrhunderte einnahm, befinden sich heute drei Gemälde. Das mittlere, ein Bild der allerseligsten Jungfrau, ist nach Merlo „in der Art des Mabuse", nach anderen von Jean de Beau gemalt. Die Brustbilder der beiden Bischöfe, die rechts und links neben dem der Gottesmutter aufgestellt sind, sollen nach Merlo aus der altkölnischen Schule stammen, nach anderen italienische Arbeiten des 16. Jahrhunderts sein [1].

Die goldene Tafel, dieses hervorragende Werk der ottonischen Kunstepoche, ist verschwunden. Ein Elfenbeinkästchen der Sakristei, das man hinter einem Altar verborgen fand, birgt eine Anzahl alter Schlüssel. Man erzählt in Xanten, sie gehörten zu den Thüren der alten Kammer, worin die Stiftsherren die Schätze versteckten, als der Krieg sie zur Flucht nöthigte. Drei Canoniker hätten den Küstern, welche die Kleinodien der Kirche trugen, die Augen verbunden und sie Treppe auf Treppe ab durch alle Stiftsgebäude bis zu einer Kammer geführt, deren Lage die Träger nicht wiederfanden, so daß sie nur berichteten, sie hätten geholfen, die Schätze zu verbergen. Die Geistlichen, welche sie geführt hatten, starben in der Fremde und nahmen ihr Geheimniß mit in's Grab. Wie also oben bei Worms die Schätze des Xantener Siegfried im Rhein liegen, so sollen in seiner alten Königsstadt die Kleinodien des Stiftes in der unbekannten Krypta die Zeit erwarten, wo sie wiederum auf den Altären glänzen dürfen.

Oft sind Versuche gemacht worden, jene angebliche Kammer zu finden und die alten Schätze zu heben. So hat man im Jahre 1863,

---

[1] Merlo, Nachrichten, S. 73; Beschreibung der Victorkirche, S. 71.

als das Aeußere der Kirche erneuert wurde, Nachgrabungen zwischen den rechtsseitigen Mittelpfeilern der Kirche unter dem nördlichen Thurm angestellt, um eine Krypta zu finden. Erfolg oder Anhaltspunkte zu weiteren Forschungen haben sich nicht ergeben.

Daß die Kirche einen sichern Raum besaß, worin ihre Schätze während kriegerischer Zeiten verborgen wurden, kann einem Zweifel nicht unterliegen. Die Handschriften des Archivs bezeugen es ausdrücklich[1]. Er ist wahrscheinlich in den tiefen Höhlungen hinter den beiden Altären der westlichen Emporkapellchen zu suchen, die theilweise aufgedeckt sind. Es liegt wenig Grund vor, um an die Existenz verborgener Schätze zu glauben und die Wiederauffindung der goldenen Tafel zu erhoffen. Scholten erzählt, zur Zeit der französischen Revolution sei der Schrein mit den Reliquien des hl. Victor auf das rechte Rheinufer geflüchtet worden.

„Dort standen sie, nebst den prächtigen Meßgewändern, auf dem Kornspeicher der Hübsch, eines preußischen Domänenhofes. Dorthin kamen auch noch Canonici; denn auch einige Stiftsherren waren angefressen von der neuen Aufklärung, und legten jene Gewänder mitgeführten Juden vor, um das an ihnen befindliche Gold zum Einschmelzen zu verkaufen; allein die Juden boten so entsetzlich wenig, daß selbst die Habgier solcher Menschen es nicht der Mühe werth hielt, sich weiter damit zu befassen. So blieben sie, bis man beim Eintritt ruhigerer Zeiten sie wieder an ihre alte Stätte zurückführen konnte." Für die goldene Altartafel hingegen werden die Juden genug geboten haben, und so ist wohl ihr Kunstwerth im Schmelztiegel auf immer vernichtet und untergegangen.

Zweites Kapitel.

Die Steinbilder der Victorkirche.

I. Einsam und verlassen, wie eine Wittwe, ihrer Kinder beraubt, steht die Kirche von Xanten heute in der Mitte eines weiten Ringes von Häusern, in denen meist Fremde wohnen, deren Leben nicht gebunden ist an das Haus Gottes, und die nicht mehr bestimmt sind, ihm ausschließlich zu dienen. Voll stummer Trauer sieht sie herab auf ihre verlorenen Schulgebäude und auf den vereinsamten Kapitelssaal. Vergebens erwartet sie ihren Propst, die lange Reihe der Canoniker und die

---

[1] *De Sandt: 1672. Corpus S. Victoris in capsa ad locum absconditum seu secretum unde 1673 extracta est... 1714. Capsa haec ex loco securiori, ubi propter periculosa belli tempora abscondita fuerat, extracta est. Beschreibung der Victorkirche, S. 77.

Vicare, die ehedem aus diesen Curien heraustraten, um in vieltönenden Stimmen ihre Hallen zu erfüllen mit dem Lobe Gottes.

Einst waren all' diese Häuser wie ein Wall, der sie ringsumher von der Stadt abschloß, ein Wahrzeichen ihrer Freiheit, eine Mahnung an die Geistlichkeit, daß sie nicht mehr der Welt angehörten, sondern Gott und seiner Kirche. Starben die Bürger der Stadt, dann nahm der hohe Dom, in dem sie getauft und wiedergeboren waren zum höhern Leben, ihrer Leichen sich an. Wie eine treue Mutter bettete er ihre Ueberreste im stillen, traulichen Umgang um das hohe Kirchhofskreuz oder auf dem großen Gottesacker vor der Westfaçade, wo die hohen Thürme wachten über die Gräberreihen, der Schatten der Kirche sie deckte, das schwere Geläute der Todtenglocken trauerte und wo aus dem hohen Fenster des Westgiebels der Weltenrichter die Hoffnung der Auferstehung predigte.

Zum tiefen Ernst der Grabesruhe vor der Westfaçade und im Umgange an der Nordseite der Kirche bot die Ostseite den Gegensatz. Da dehnte sich hinter dem Hauptchore ein langgestreckter, mit Bäumen bewachsener Platz aus. Unter dem Laubdach wurden die weltlichen Feste des Kapitels begangen, besonders das Fest der alten Kegelgilde, deren Ursprung sich in die ersten Zeiten des Mittelalters verliert und deren Kegelbahn erst von der französischen Revolution zerstört wurde.

In der südwestlichen Ecke dieses Platzes, wo das Ostchor hervortritt, war von Alters her eine hohe Kreuzigungsgruppe gemalt; in der nordwestlichen Ecke aber diente die sogen. Bannita für die weltlichen Proclamationen und die niedere, nicht geistliche Gerichtsbarkeit. Bei ihr stand ein mehr als lebensgroßes Steinbild des hl. Victor auf einem reichen Sockel. In der Mitte des Sockels war, wie Pels erzählt, der Kopf eines Richters ausgemeißelt. Die Restauration hat ihn zerstört, weil sie nicht wußte, daß er die Richtstätte kennzeichnen sollte.

Von der Bannita und vom östlichen Chorhaupte gingen zwei parallele Straßen aus, welche die Kirche und ihre Nebengebäude im Süden und Norden einschlossen. Sie verbanden die beiden Plätze im Osten und Westen der Kirche, d. h. die Stätten, wo die Lebenden sich freuten und wo die Todten ausruhen von ihren Mühsalen.

Diese beiden Plätze, ihre Verbindungsstraßen und die Häuser, welche die Außenseiten dieser Straßen und Plätze einnahmen und so die mit ihren Nebengebäuden im Mittelpunkte isolirt stehende Kirche umrahmten, bildeten die „Immunität" oder „Stiftsfreiheit". Wie der Name zeigt, war diese ganze Anlage ehemals dem Einflusse der weltlichen Obrigkeit, besonders der

Gewalt des Bürgermeisters der Stadt entzogen und bildete unter dem Propste eine Art geistlicher Republik. Nur zwei Ausgänge führten aus der Immunität in die Stadt. Der erstere lag vor dem Nordportal der Kirche, dem westlichen Arme des Umganges gegenüber, und mündete vor den Armenhöfen des Stiftes, die vor dem nördlichen Kapitelsthore lagen. Der andere befand sich vor dem Südportale unter der Michaelskapelle. Er war als Hauptthor reich und monumental verziert.

Wer vom Stadthause und vom Markte zur Victorkirche gehen wollte, kam zuerst zu einer ziemlich breiten, aber kurzen Straße, vor die sich die Doppelkapelle des hl. Dionysius und des hl. Michael quer hinlegte. Die untere Dionysiuskapelle trat nach Westen so zurück, daß sich unter der Michaelskapelle ein weiter Durchgang öffnete. Derselbe begann mit einer gerundeten Nische, die sich oberhalb des Thorbogens in ein absidenartiges Gewölbe zusammenzog. Dort war das Bild des Weltenrichters, die Majestas Domini, später das jüngste Gericht gemalt.

Die gewölbte Concha ist heute ihres Gemäldes und all' ihres Schmuckes beraubt und harrt besserer Zeiten, die ihr wenigstens einen Theil des alten Glanzes wiedergeben mögen. Neben ihr sind in der Mauer zwei Flachbilder aus gelbgrauem Sandstein eingelassen, die, mehr als einen Meter hoch und etwas weniger als halb so breit, alle Beachtung verdienen, weil sie nicht nur die frühesten Werke der heimischen Kunst sind, die sich in Xanten erhalten haben, sondern auch zu den ältesten plastischen Denkmälern des Mittelalters gehören, die aus dem Beginn der romanischen Periode am Niederrhein übrig blieben. Einerseits erinnern sie an die merkwürdigen Taufsteine von Straelen und Alberkel, die nicht weit von Xanten entfernt liegen, andererseits an die beachtenswerthen Elfenbeinkästchen in Xanten und Kranenburg[1]. Die Stein-

---

[1] Die Elfenbeinkästchen sind abgebildet bei Ernst Aus'm Weerth, Kunstdenkmäler des christlichen Mittelalters in den Rheinlanden, I. Tafel 6, Nr. 8, und Tafel 17, Nr. 2. Vgl. a. a. O. II. S. 4; Organ für christliche Kunst, 1869, Nr. 10, S. 225; Domblatt, 1843, Nr. 38; Mittheilungen der k. k. Centralcommission, IV. S. 325, Tafel 10; Jahrbücher des Vereins von Alterthumsfreunden im Rheinlande, V. S. 369, wo ähnliche, jetzt in Arezzo und Darmstadt befindliche Kästchen beschrieben und besprochen werden. Alle gehören einer Familie an und gleichen sich sehr. Durch die Ornamente und mehr noch durch die griechischen und christlichen Inschriften auf dem Darmstadter Exemplar werden sie als byzantinische Kunstwerke gekennzeichnet. Sie sind zum Theil mit Darstellungen der Arbeiten des Herkules verziert, die älteren Vorbildern entlehnt wurden. Die Krieger auf dem Xantener Kästchen entsprechen in ihrer Rüstung den Figuren jener Sandsteinreliefs, von welchen oben im Texte die Rede war. Ein älteres rundes Elfenbeingefäß der Xantener Sakristei, das hier wenigstens erwähnt werden soll, stammt aus römischer Zeit. Es zeigt zwei Scenen, eine friedliche und eine kriegerische, mit je fünf Personen, die verschieden erklärt werden. Vgl. Aus'm Weerth, I. Tafel 17; Jahrbücher, V. S. 365; Schnaase, II. 2. Aufl. S. 581

sculpturen, welche ziemlich allgemein der Zeit um 1000 zugeschrieben werden, zeigen zwei stehende Ritter in Kettenpanzer, die ihre Linke auf einen kleinen, eiförmigen Schild stützen, wie er auf dem Siegel der Ottone und auf dem Bildwerke der ebengenannten Elfenbeinarbeiten vorkommt. In der Rechten halten die Ritter einen Speer, dessen Ende sie in den Rachen eines Ungethüms drücken, welches sich besiegt unter ihren Füßen windet. Da das erste Thier einen Löwen darstellt, das zweite einen Drachen, so haben wir hier eine Anspielung auf die Verheißung des königlichen Sängers im 90. Psalm:

"Du wirst wandeln über die Schlange und den Basilisken,
Den Löwen und den Drachen wirst du zertreten."

Um von anderen Denkmälern abzusehen, welche ähnliche Darstellungen zeigen, erinnern wir nur an den alterthümlichen Taufstein des Kölner Museums, der die genannten vier Thiere zeigt, wogegen der Getaufte gerüstet wird.

Die Thiergestalten beweisen, daß die sie besiegenden Ritter zu Xanten keineswegs „die letzten Reste der fränkischen Burg und eine lokale Erinnerung an die alte Heldensage von Siegfried" sein können, sondern als religiöse Darstellungen zu deuten sind, welche das Kapitel zur Verzierung des Thorweges anfertigen ließ.

Da die Figuren neben dem Bilde der Majestas Domini und über dem Thorbogen der Michaelskapelle eingemauert waren, so läge es nahe, in ihnen himmlische Streiter Gottes, den Erzengel Michael und einen andern Engel, zu erkennen. Diese Deutung scheint sich um so mehr zu empfehlen, weil auf byzantinischen Werken oftmals zwei wachehabende Engel neben dem Throne Gottes stehen. Gegen diese Deutung spricht aber der Löwe, welcher besiegt zu den Füßen des Ritters liegt. Nach dem Psalm soll dieser nicht von einem Engel, sondern von Christus und von seinen Gerechten zertreten werden. Nun findet sich der heilige Victor auch sonst gleich dem Erzengel Michael und dem hl. Georg als Drachentödter dargestellt. Demnach dürfte das Bild des Ritters, welcher auf dem Drachen steht, auf ihn zu beziehen sein. Der andere Ritter, welcher dem Löwen seinen Speer in den Rachen stößt, wäre dann der hl. Gereon. Victor, der Patron der Kirche, und Gereon, dem eine alte Kapelle des Kapitels gewidmet war, ständen also hier als heilige Wächter am Thore der Stiftsfreiheit, um sich als Schutzpatrone zu bewähren.

Eine Bestätigung dieser Erklärung gibt ein elfenbeinernes Kästchen von elliptischer Grundform, das sich in der Sakristei der Victorkirche findet, und auf dessen Vorderseite Victor und Gereon neben Christus erscheinen, während auf der Rückseite vier andere Soldaten der thebäischen Legion, nämlich Cassius, Florentius, Mallusius und Candidus, um ihren Hauptanführer Mauritius gesammelt sind [1].

---

u. s. w. Ueber die Sandsteinreliefs siehe Aus'm Weerth, I. Tafel 17, Nr. 3, S. 38. Vgl. a. a. O. II. S. 6 und Beschreibung der Victorkirche S. 80.

[1] Das dritte Elfenbeingefäß des Xantener Schatzes ist abgebildet und besprochen bei Ernst Aus'm Weerth, II. Tafel 21, Nr. 4, und im Organ, 1869, Nr. 13, S. 225.

Die Steinbilder der Victorkirche. 31

II. Treten wir durch das eben beschriebene Thor in die Immunität und dann durch das Südportal in die Kirche. Dort geht im Ostchor ein innerer Umgang, ein Laufgang, vor den Oberfenstern her[1]. Er durchbricht die Verbindung der zwölf ältesten Wandpfeiler mit den Umfassungswänden und führt durch Thüröffnungen hinter diesen Pfeilern oder Säulen herum. Oberhalb der Thüren haben die Steinmetzen um das Jahr 1300 eine Reihe abenteuerlicher Thier- und Menschengestalten ausgemeißelt, deren Deutung räthselhaft erscheint.

Bezeichnen wir nach dem am Ende dieses Heftes beigefügten Grundriß die ältesten Säulen mit den Ziffern 1 bis 12. Da jede Thüröffnung nach beiden Seiten hin einen Thürsturz hat, einen östlichen und einen westlichen, so möge der erstere mit a, der letztere mit b angezeigt werden.

Die Bilder der Thüren sind dann folgende:

2 a. Geflügelter Fisch mit bärtigem Manneskopf und Judenhut.	Vogel mit dem Kopfe und Schwanze eines Hundes.	1 a.
2 b. Sirene, das Weib des vorher dargestellten Mannes.	Eule.	1 b.
4 a. Vogel (Adler?).	Fledermaus mit freien Flügeln.	3 a.
4 b. Vogel mit langem Schnabel.	Ein auf den Hinterbeinen stehender Hund.	3 b.
6 a. Vogel.	Fisch mit vier Flossen und menschlichem Angesicht.	5 a.
6 b. Vogel mit Hundekopf (vgl. 1 a).	Vogel mit Schwimmhäuten zwischen den Fußzehen.	5 b.
8 a. Fledermaus, deren Flügel am Leibe und an den Beinen angewachsen sind.	Vogel mit kurzem Schnabel (Adler).	7 a.
8 b. Vogel mit Fratzengesicht.	Mann, der den Pfeiler stützt, welcher über dem Thürsturz sich vorkragt und das Gewölbe tragen hilft.	7 b.
10 a. Vogel mit Maskengesicht (Schleiereule).	Vogel mit langem Schnabel (Storch).	9 a.

---

[1] Mit Rücksicht auf diesen obern Umgang ist ein Irrthum, der in der Baugeschichte S. 149 und S. 211 Platz gefunden hat, zu berichtigen. — Der Text lehnt sich dort an die Abbildung 28 an, die aus der großen Schimmel'schen Aufnahme der Victorkirche stammt, worin die obere Gallerie in dem Anfange des Chorpolygones fehlt. Der Verfasser konnte seine Arbeit nicht in Xanten vollenden, wohin er nur von Zeit zu Zeit reiste, wie seine Studien und Untersuchungen es verlangten, mußte sich also oft mit Photographien und anderen Zeichnungen helfen, wo das Gedächtniß nicht ausreichte. So ist er durch die unrichtige Zeichnung, die ihm vorlag und die er copirte, zu der Angabe verleitet worden, die Gallerie fehle in einem Joche und der Umgang laufe dort hinter der Wand durch.

10 b. Geflügeltes Thier mit Menschengesicht und Kapuze, das sich neben einem liegenden Hunde aufrichtet.	Mann wie bei 7 b.	9 b.
12 a. Zweibeiniges Thier wie bei 11 a, das seine Ohren in eine Zipfelmütze versteckt.	Zweibeiniges geflügeltes Thier mit langem Schwanz und langen Ohren.	11 a.

Die aufgezählten Bilder sind roh und ungeschickt gearbeitet. Es sind eben Arbeiten gewöhnlicher Steinmetzen, die zwar ihr Bestes versuchten, um die Kirche zu verzieren, aber nicht genug gelernt hatten, um es in künstlerisch vollendeter Weise zu Stande zu bringen. Trotzdem haben solche Erzeugnisse des guten Willens und der Handwerkerlaune ihren Werth. Sie beweisen einerseits, daß die Bauherren den Steinmetzen freie Hand ließen, ihre Einfälle zu verwerthen, andererseits, daß die Tendenz der ganzen Zeit auf das Praktische ausging und Naturwahrheit suchte. Bei den dargestellten Fledermäusen und Vögeln zeigt sich die Nachahmung der Natur unverkennbar. Die Sirene ist zwar noch eine Erinnerung an den Symbolismus der ältern Kunst, aber der Einfall, ihr einen Mann beizugeben, erweist die realere und praktischere Lebensauffassung der Steinmetzen, die nicht gleich den tonangebenden Künstlern der romanischen Zeit in stillen Klostermauern unter Gebet und Betrachtung aufwuchsen, sondern sich mitten im Gewühle des Weltlebens bildeten. In 9 b und 7 b hat sich der Baumeister mit seinem ersten Gesellen abkonterfeit. Wir haben also hier das Bild des 1302 und 1307 in den Urkunden der Kirche genannten Steinmetzen Jakob, des Sohnes des Meisters Jakob, und das seines Parlierers.

Eine leitende Idee wird sich schwerlich in der Bilderreihe finden. Die beiden Männer in 9 b und 7 b beweisen, daß sie nicht neben dem Altare, sondern auf der Epistelseite, der Männerseite, in 11 a beginnt und um das Chor herumgeht, so daß 12 a das letzte Bild ist. Auffallender Weise ist die Welt der Vögel und Fische mit Vorliebe verwerthet, vielleicht weil der Rhein und seine Ufer mit ihrer reichen Fisch- und Vogelwelt am meisten dazu anregte. Eulen und Fledermäuse fanden die Steinmetzen so oft auf den Thürmen und unter den Dächern ihrer Kirche, daß sie mit ihnen vertraut waren, wie mit dem Hunde, welcher während der Nacht ihre Hütte bewachte und dem sie darum auch an ihrem Bau einen Platz anwiesen (in 3 b und 10 b).

III. Nur die Thürrahmen der ältesten Theile des Chorumganges (in dem Grundriß mit A, B⁵ und B⁶ bezeichnet) zeigen solche Gebilde der Handwerkerlaune. Dagegen finden sich an allen Säulen oder Pfeilern des Mittelschiffes überlebensgroße Steinfiguren, welche die Apostel und die Patrone des Stifts darstellen.

Bezeichnet man die einzelnen Mittelschiffpfeiler mit den Ziffern 1 bis 24, so ist die Reihenfolge der an ihnen aufgestellten Bilder diese:

Die Steinbilder der Victorkirche.

Evangelienseite.			Epistelseite.	
2.	Johannes.	[Hochaltar.]	Andreas.	1.
4.	Paulus.		Philippus?	3.
6.	Petrus.	[Ende des Chorpolygons.]	Jakobus der Aeltere.	5.
8a.	Maria und Elisabeth.		Jakobus der Jüngere.	7a.
8b.	Maria } Verkündigung.		Apostel.	7b.
10a.	Engel }		Bartholomäus.	9a.
10b.	Thomas?		Matthias?	9b.
12.	Helena.		Victor.	11.
14.	Ambrosius. {		{ Gregorius.	13.
16.	Augustinus. {	[Lettner.]	{ Hieronymus.	15.
18.	Martinus.		Victor.	17.
20.	Erster König.		Cornelius.	19.
22.	Zweiter König.	}	Dritter König.	21.
24.	Maria mit dem Kinde.	}	Christophorus.	23.

Weil die Victorkirche durch den Lettner in zwei Theile geschieden wird, in den östlichen, „das Chor", und den westlichen, „die Kirche", so zerfällt die Reihe dieser 28 Statuen in zwei größere Abtheilungen, 1—16 und 17—24. Die Bilder des Chores gliedern sich dann wiederum in drei Gruppen oder Unterabtheilungen. Die erste, welche den Hoch=altar umgibt, stellt die Apostel mit ihrer Königin dar (1—10b). Sie ist in mehrfacher Hinsicht unregelmäßig und auffallend angeordnet.

In den bedeutenderen gothischen Kirchen hat das Chor 14 Säulen, an denen die Bilder Christi, seiner Mutter und seiner heiligen Zwölfboten auf=gestellt sind. Christus und Maria stehen als Hauptpersonen neben dem Altare, ihnen folgen auf jeder Seite je sechs Apostel. Diese Anordnung war so all=gemein verbreitet, daß man die central angelegte Liebfrauenkirche von Trier auf zwölf freie Säulen stützte, welche mit den gemalten Bildnissen der Apostel verziert wurden. Solche Statuen und Bilder waren keineswegs leere Zierathen oder Anhängsel, sondern symbolische Zeichen, welche die Bedeutung des Ge=bäudes versinnlichen und aussprechen sollten. Das Mittelalter griff überall auf die heilige Schrift zurück: in ihr las es zwei klassische Stellen, durch welche es sich bei den Kirchenbauten leiten ließ. Die erstere fand sich in der Geheimen Offenbarung (3, 12), wo Johannes im Namen Gottes verheißt: „Wer siegt, den will ich zu einer Säule machen im Tempel meines Gottes, und er wird aus ihm nicht mehr herausgehen." Die zweite, wichtigere Stelle bot der Brief an die Galater, in dem der hl. Paulus (2, 9) seine drei großen Mitapostel Petrus, Johannes und Jakobus als Säulen der Kirche bezeichnet.

Die Rücksicht auf solche Schriftstellen brachte die Statuen der Apostel und der Heiligen, welche den geistigen Bau der Kirche tragen, an die Stein=säulen. Ihre Bilder sollten sagen: „Wir stützen die Christenheit, wie diese Pfeilermassen das Gewölbe tragen." Das alte „weiße Buch" des Xantener

Archiv geht so weit, die Säulen einfach „statuae", „Statuen" zu nennen, weil die Bilder der Heiligen sie kennzeichneten und symbolisch erklärten[1].

Gemäß der gewöhnlichen Anordnung steht im Dome von Köln der Heiland auf der Epistelseite (der Männerseite) und Maria zu seiner Rechten auf der Evangelienseite. Dann folgen die drei großen Apostel, die drei ersten Säulen der Kirche, Petrus neben Jesus, Johannes neben Maria. Jakobus begleitet seinen Bruder Johannes, Andreas seinen Bruder Petrus. So kommt der hl. Paulus erst an die achte Stelle. Er ersetzt den hl. Matthias, der fehlt, damit die symbolische Zwölfzahl gewahrt bleibe. Die Anordnung ist demnach im Kölner Dom in übersichtlicher Zusammenstellung also:

Evangelienseite.		Epistelseite.
2. Maria.	[Hochaltar.]	1. Christus.
4. Johannes.		3. Petrus.
6. Jakobus der Aeltere.		5. Andreas.
8. Paulus.		7. Bartholomäus.
10. Philippus.		9. Simon.
12. Thomas.		11. Matthäus.
14. Jakobus der Jüngere.		13. Thaddäus.

Vergleicht man diese klare Kölner Anordnung mit der auf Seite 33 dargestellten von Xanten, so ergeben sich für die Victorkirche zwei große Unregelmäßigkeiten. Erstens fehlt Christus, der Eckstein, und von den Aposteln finden sich nur elf, so daß also nicht einmal die typische Zwölfzahl erreicht wird. Zweitens ist die Mitte der Reihe aus der Gegend des Hochaltares und Chorhauptes auf die Evangelienseite verlegt, wo bei 8 und 10 zwei Scenen aus dem Leben Maria's angebracht sind: die Verkündigung und Heimsuchung. Ihnen folgen nach Osten hin bei 6 und 4 die Apostelfürsten und weiterhin der Lieblingsjünger mit dem Bruder des hl. Petrus, die bei 2 und 1 neben dem Hochaltar stehen.

Wie ist diese auffallende Verschiebung zu erklären? Es scheint, daß sie aus St. Yved stammt, woher der erste Baumeister der Victorkirche mittelbar oder unmittelbar seinen Grundriß entlehnte. Wie zu Xanten, so öffnet sich auch in St. Yved zwischen den Säulen, welche den im Xantener Grundriß mit 8 und 10 bezeichneten entsprechen, das erste nördliche Seitenchörchen (B²). Es war dort der allerseligsten Jungfrau geweiht.

Der erste Baumeister von Xanten beabsichtigte, sein erstes nördliches

---

[1] Liber albus fol. 22. bis. Anno Domini MCCCC edificatio quatuor novarum statuarum in choro incepta fuit et interstitium in medio ecclesiae dividens chorum a reliqua parte ecclesiae factum est. Vgl. Baugeschichte S. 125 ff. In sächsischen Kirchen sind die Säulen oft durch Inschriften als statuae bezeichnet. Der hl. Chrysostomus sagt in seiner Erklärung des Römerbriefes: „Admiror hanc Urbem (Romam) non propter copiam auri, non propter columnas, neque propter aliam quamcunque rerum speciem, sed propter columnas illas Ecclesiae (Petrum et Paulum)." Ueber die Reihenfolge der Apostel ist die Tabelle bei Cahier (Caractéristiques des Saints, I. p. 51) zu vergleichen.

Chörchen ebenso der Mutter Gottes zu widmen. Man stellte darum Marien=
bilder an dessen Säulen. Waren einmal Marienbilder an Mittelschiffsäulen
angebracht, dann mußten sie den Ausgangspunkt der Reihe bestimmen. Die
Statue Christi, die nur neben dem Hochaltar eine passende Stelle findet,
konnte nicht richtig aufgestellt werden, und die Apostel mußten sich in ihrer
Rangordnung dem Bilde der Königin anreihen. Die scheinbar unregelmäßige
Anordnung von Xanten bietet also ein schlagendes Beispiel für die große
Freiheit, womit die mittelalterliche Kunst sich innerhalb der Fesseln der festen
Regeln der Tradition bewegte. Wo dieselbe Schablone unveränderlich wieder=
kehrt, ohne daß neue Gedanken die alte Sitte beleben, da ist kein ächtes
Kunstleben, da regt selten etwas zum Forschen, Fragen und Rathen an. Wo
aber hieratisch=traditionelle Regeln in freier Selbstthätigkeit vom Künstler
verwerthet sind, so daß sich die objective Norm mit subjectiver Eigenarbeit
harmonisch paart, da ist organische Entfaltung und Leben, nur da gedeiht
ächte Kunst, wie das Mittelalter sie sah. Es war weder im todten Schema=
tismus verknöchert, noch hat es der individuellen Laune der Künstler Thür
und Thor geöffnet.

Den 14 Bildern Maria's und der Apostel folgen (bei 11 und 12) die
der Hauptpatrone des Kapitels, des hl. Victor und der hl. Helena. Dann
schließen sich (bei 13—16) die vier lateinischen Kirchenlehrer an. Warum
stehen sie an dieser Stelle?

Unter den Bildern des hl. Augustin und des hl. Hieronymus zieht
sich der die Pfeiler 15 und 16 verbindende Lettner hin. Von ihm aus
ward das Evangelium verkündet, welches von den großen heiligen Kirchen=
lehrern in mustergültiger Art erklärt worden ist. Ihre Bilder umgeben
also mit vollem Recht das Lesepult und den Priester, der, durch ihr
Studium belehrt, dem Volke das Evangelium auslegt.

Westlich vom Lettner bilden acht Statuen einen neuen Cyklus. Sein
Ausgangspunkt liegt unten an der nördlichen Säule (bei 24 im Grund=
riß) neben dem Westchore, wo man die allerseligste Jungfrau mit ihrem
Kinde erblickt. Bei ihr stehen die heiligen drei Könige an den Säulen
20, 21 und 22, deutliche Zeugen für den Einfluß der Kölner Kirche,
von der sie seit 1164 hoch verehrt wurden. Maria gegenüber trägt
der hl. Christophorus das Jesukind. Sein Riesenbild mußte ehemals
in allen Kirchen dem Eintretenden allsogleich in die Augen fallen, weil
man hoffte, ein gläubiger Aufblick werde vor bösem und jähem Tod
bewahren.

Von den drei übrigen Plätzen sind zwei den alten Schutzheiligen
des Stiftes und der Stadt Xanten geweiht, dem hl. Martinus und dem
hl. Victor. Letzterer ist also zweimal dargestellt, im Chore (bei 11) als

Patron der Geistlichkeit und des Kapitels, und (bei 17) in der Kirche als Schutzheiliger der Bürgerschaft. Bei 19 steht der hl. Cornelius, der in Corneli-Münster bei Aachen schon damals einen vielbesuchten Wallfahrtsort hatte.

Die Statuen des Mittelschiffes sind demnach um zwei Mittelpunkte geordnet: im Ostchore um die beiden Scenen der Verkündigung und Heimsuchung (8 a, 8 b und 10 a), westlich in der Kirche aber um die Anbetung der heiligen drei Könige (20, 21, 22, 24). Um den ersten Mittelpunkt im Chore stellen sich elf Apostel so auf, daß rechts von den Bildern Maria's nur einer steht (bei 10 b), links von ihnen nach Osten hin aber zehn folgen, zwischen die der Hochaltar sich einschiebt. Zwischen Maria und dem Hochaltare stehen (an den Säulen 6, 4, 2) die beiden Apostelfürsten mit dem hl. Johannes, jenseits des Hochaltares (bei 1, 3, 5, 7 a, 7 b, 9 a und 9 b) sieben weitere Apostel, an erster Stelle der Bruder des hl. Petrus und am Schlusse Matthias. An die Apostel schließen sich die beiden Hauptpatrone des Stiftes (bei 11 und 12). Der Cyklus des eigentlichen Chores endet am Lettner mit den vier Kirchenvätern. Neben dem Westchore beginnt die zweite Abtheilung wiederum an der Evangelienseite. Um das Marienbild gruppiren sich die drei Könige und vier Heilige: Christophorus, Martinus, Cornelius und Victor, welch letzterer den Schluß bildet, aber auch eine Ehrenstelle einnimmt, weil er in der Kirche die östlichste oder oberste Säule der Epistelseite, d. h. der Männerseite, besetzt hält.

Die alte Strenge der Ikonographie hat alle heiligen Frauen auf die Evangelienseite gebracht, Maria, Elisabeth und Helena. Die Epistelseite, die Seite des Propstes, ist den männlichen Heiligen vorbehalten. Da stehen die heiligen Päpste Gregor und Cornelius, der als Cardinal gekleidete hl. Hieronymus und der Hauptpatron Victor. Diejenigen männlichen Heiligen, welche ehedem einen geringern Rang in der kirchlichen Hierarchie einnahmen, sind auf die übrig gebliebenen Plätze der Frauenseite gebracht, die Bischöfe Ambrosius, Augustinus und Martinus. Ambrosius geht seinem geistigen Sohne Augustinus vor. Der schwarze König steht von Maria am weitesten entfernt. Die Apostelfürsten Petrus und Paulus finden sich auf der Frauenseite, um neben Maria und am Hochaltar einen Ehrenplatz einzunehmen.

Das aufmerksame Studium dieser Reihe von Statuen bietet somit wichtige ikonographische Fingerzeige, die auch noch heute für alle diejenigen von praktischer Bedeutung sind, welche eine Kirche im Sinne der mittelalterlichen Kunst ausstatten wollen. Es haben daher die obigen Auseinandersetzungen nicht nur für den engen Kreis derer, die Xanten besuchen, ein Interesse, sondern auch für alle Freunde der großen Kunst des Mittelalters. Deßhalb durften die Untersuchungen über die Reihenfolge und die Anordnung dieser 28 Bilder etwas weitläufiger besprochen werden.

Wie die Bilder in ikonographischer Beziehung in zwei große Abtheilungen zerfallen, so müssen sie auch bei der kunsthistorischen Betrachtung, welche sich auf ihren Stil, sowie auf Zeit und Ort ihrer Anfertigung richtet, in zwei große Gruppen zerlegt werden. Der ältern sind die Statuen der allerseligsten Jungfrau, der Apostel und der beiden Hauptpatrone (an den Pfeilern 1—12) zuzuweisen; zur jüngern gehören die übrigen, in den Jahren 1486—1551 entstandenen Bilder.

Ueber die Zeit der Anfertigung und die Meister der älteren Bilder hat sich keine urkundliche Nachricht auffinden lassen. Dagegen sind die Baurechnungen reich an Bemerkungen über die jüngeren Statuen.

Der Fabrikmeister schreibt von der Herstellung der Statuen der Kirchenväter:

1470. „Item dem (Tagelöhner) Wilhelm Baumann, welcher das Bild des hl. Hieronymus im Chore (bei 15) aufstellen half, im Umgange arbeitete und die Dachschiefer ordnete, 6 Solidi 2½ Denare."

1486. „Item für den Stein zum Bilde des heiligen Ambrosius (bei 14), welches Herr Johann von Ginderich machen ließ, 4 rheinische gewöhnliche Gulden und 18 Weißlinge; macht 4 Mark 9 Solidi. Der Stein enthielt 19 Fuß, und der Fuß wurde zu 6 Weißlingen berechnet.

Item für den Stein zu dem von Herrn Sander von Galen geschenkten Bilde des hl. Victor (bei 17), das 15 Fuß enthielt, 3 rheinische gewöhnliche Gulden 18 Weißlinge."

1498. „Item dem Meister Johann von Goch für den Münsterstein, woraus das Bild des hl. Martinus (bei 18) gemacht werden sollte, 4 Mark."

Aus diesen Nachrichten folgt, daß die drei Bilder des hl. Victor, des hl. Martinus und des hl. Ambrosius (westlich vom Lettner, bei 17, 18 und 14) in den Jahren 1486—1488 angefertigt sind, und daß die vorhergehende Statue des Kirchenvaters Hieronymus (östlich bei 15) 1470 aufgestellt wurde. Die Bilder des hl. Augustinus und des hl. Gregorius (bei 16 und 13) stehen den vier vorher genannten stilistisch so nahe, daß es keinem Zweifel unterliegen kann, sie seien um dieselbe Zeit gemeißelt. Die Abtheilung der Kirchenväter und der beiden Heiligen, die ihnen folgen (13—18), stammt demnach aus der Zeit von 1470—1490. Vielleicht entstand damals auch der jetzige Lettner.

Weil die Statuen geschenkt wurden, läßt sich aus den Rechnungen nicht unmittelbar ersehen, wer sie machte und wie theuer sie kamen. Indessen kann man doch aus anderweitigen Bemerkungen des Fabrikmeisters weitere Schlüsse ziehen.

Gerard von Goch berichtet in seiner Rechnung von 1489:

„Item einem Schiffer aus Wesel gab ich einmal für den Meister Wilhelm (Backerwerd aus Utrecht, den zeitigen Baumeister der Victorkirche) 12 rheinische Gulden als Abschlagszahlung auf sein gewöhnliches Gehalt. Ein anderes Mal zahlte ich für denselben Meister 3 gleiche Gulden in die Hand des Meisters Johann von Goch, des Steinmetzen von Wesel."

Johann von Goch, welcher dem Fabrikmeister im Jahre 1488 den Steinblock zum Bilde des hl. Martin verkaufte, kam demnach im folgenden Jahre nach Xanten und übte das Gewerbe eines Steinmetzen. Er stand sowohl zu dem Fabrikmeister als auch zu dem leitenden Bautechniker in enger Beziehung. Es liegt also die Vermuthung nahe, daß er das Bild des hl. Martinus verfertigte. Vielleicht brachte er es im Jahre 1489 nach Xanten und erhielt bei dieser Gelegenheit die Abschlagssumme für den Baumeister, welcher sich damals in Wesel aufhielt, um einen größern Bau zu leiten.

Die Rechnung von 1463 bietet eine Bestätigung der obigen Vermuthung. Der zeitige Fabrikmeister Gerhard Baick berichtet in derselben über die Kosten der Erneuerung des Bildes der Bannita in der nordwestlichen Ecke des Kapitelplatzes und schreibt:

„Item für das bei der Bannita aufgestellte Bild des hl. Victor 13 Mark 3 Solidi 9 Denare. Item dem Wilhelm Bouman (Baumann), der das genannte Bild zu Schiff von Wesel nach Xanten brachte, 1 Mark 3 Denare. Item dem Wilhelm Bouman, der das Fundament zur Bannita legte, für 2½ Tag 7 Solidi 6 Denare. Item dem Meister Heinrich (Blankebyl von Wesel), der die Bannita in 12 Tagen machte, für jeden Tag 5 Weißlinge. Macht zusammen 3 Mark 9 Solidi. Item den Dachdeckern, welche das Dach der Bannita deckten, 15 Solidi 9 Denare. Item dem Maler, der sie verzierte, 8 Solidi 1 Denar. Item dem Theodorich Daems und dem Johann Viehoff (den Schreinern der Kirche), welche ein Dach über dem Bilde der Bannita und eine Verkleidung am Altare hinter der Sakristei machten, Theodorich hat 6½ Tag und Johann Viehoff 6 Tage gearbeitet, zusammen 3 Mark."

In diesen Aufzeichnungen ist der Tagelohn des Steinmetzenmeisters zu 3¾ Solidi, der der Schreiner zu fast 3 Solidi berechnet. Das Bild des hl. Victor kostete 159¾ Solidi, also etwa so viel, als ein tüchtiger Handwerker in 50 Tagen verdiente. Rechnet man für den Stein etwa 4 Mark, so bleiben für Arbeitslohn der Statue 9 Mark, d. h. so viel als der Schreinermeister in 36 Tagen verdiente. Der Bildhauer wird nicht viel weniger Zeit zur Vollendung nöthig gehabt haben. Man gab ihm also an Lohn ungefähr soviel, wie andere tüchtigere Handwerker beanspruchten, er ward also nach der Auffassung der Zeit als Kunsthandwerker angesehen und hatte mit unsern akademisch gebildeten Künstlern wenig Aehnlichkeit.

Das Bild der Bannita kam 1468 von Wesel, und Meister Johann von Goch wohnte 1489 in Wesel. Es scheint demnach, daß alle von 1468 bis 1489 entstandenen Steinbilder der Victorkirche in Wesel verfertigt sind[1]. Von dort kam Meister Blankebyl, um in Kalkar und Xanten den Kirchenbau zu leiten; dort arbeitete nicht nur Baumeister Wilhelm Backerwerd, den das Kapitel der Victorkirche aus Utrecht berief, sondern auch Meister Adam, den es aus Köln kommen ließ. Der Kirchenvorstand von Kalkar, das doch reich an einheimischen Künstlern war, beauftragte noch in den Jahren 1505 bis 1508 den in Wesel wohnenden Meister Heinrich Berents, ihm Chorstühle und einen hölzernen Kronleuchter anzufertigen. Daß ein Goldschmied aus Wesel im Jahre 1391 den Victor-Schrein erneuerte, ist oben erzählt worden; ebenso daß Gerhard von Wesel im Jahre 1437 die von Meister Jobokus bemalten Flügelthüren zimmerte. Wie stark in Wesel der Handel in Bausteinen war, welche die Lippe herab aus dem Münsterlande kamen, hat die Baugeschichte der Victorkirche gezeigt.

Wesel erhielt indessen um jene Zeit einen Nebenbuhler an Cleve, das sich gerade damals außerordentlich hob, weil der Hof seines Herzogs durch die enge Verbindung mit Burgund immer glänzender und prachtliebender wurde und demnach viele Künstler anziehen mußte. So versteht man, warum der Xantener Fabrikmeister sich für die folgende Statue des Mittelschiffes an einen Clever Meister, Drieß (Andreas) Holthuys, wandte. Derselbe lieferte 1496 das an der letzten nördlichen Mittelschiffsäule neben dem Westchore stehende Bild der allerseligsten Jungfrau. Das Kapitel war mit seiner Leistung so zufrieden, daß es ihm 20 Solidi über den bedungenen Preis zahlte[2].

Die Bilder der drei Könige, welche das Marienbild umgeben, stammen aus einer Zeit; doch sind die beiden Könige der Evangelienseite weit besser gearbeitet, als der dritte König, der Mohr, bei dem sich die Hand eines andern Meisters verräth. Die Baldachine und Sockel der erstgenannten Könige sind im Stile der deutschen Frührenaissance gehalten, alle anderen Sockel und Baldachine weisen noch gothische Formen auf, freilich um so stärker verbogen und verholzt, je mehr sie sich dem Westchore nähern. Ueber die Anfertigung der beiden bessern Königsbilder und ihrer Baldachine sind folgende schätzenswerthe Sätze in den Baurechnungen erhalten:

1551. „Ich (Everhard Maeß, Fabrikmeister) zahlte dem in Kalkar

---

[1] Daß schon 1476 eine Holzfigur aus Kalkar nach Xanten kam, ist oben S. 6 berichtet.

[2] Die Posten der Baurechnungen, welche sich auf diese Muttergottes-Statue beziehen, lauten: 1495. „Item vehenti lapidem pro imagine gloriosae Virginis a Xancten usque Clivis VII½ sol. 1496. Item magistro Andreae de Clivis, qui fecerat imaginem beatae Virginis, pro augmentatione salarii sui unum flor. Ren. aur. fac. I½ mrc. II sol. Item idem consumpserat in hospitio cum famulo I sol. III gr. Item Keppelman vehenti dictam imaginem a Clivis usque in Xancten VII sol." Ueber den Meister vgl. Scholten, Cleve, S. 407.

wohnhaftẹn (oppidano Kalkariensi) Arnold von Tricht 48⅙ Mark, weil er zwei der im Mittelschiff der Kirche stehenden Bilder der drei Könige, sowie ihre Kapitäle und Baldachine von Münstersteinen machte. In dieser Summe sind die Kosten für den Transport der Steine von Xanten nach Kalkar und der fertigen Arbeit von Kalkar nach Xanten eingeschlossen." (NB. Das große Steinbild des hl. Victor für die Bannita kostete im Jahre 1468 nur 13⁵/₁₆ Mark.)

1553. „Item am Dienstage der Woche, in die das Fest der heiligen Apostel Petrus und Paulus fiel, kam Meister Arnold von Tricht, ein Bürger von Kalkar. Er brachte auf einem Wagen die Baldachine (coronamenta) der Bilder der Könige und anderer (Heiligen), die in der Mitte der Kirche stehen. Mit zwei Gesellen speiste und übernachtete er bei mir (Everhard Maeß, dem Fabrikmeister) am Dienstag, Mittwoch, Donnerstag und Freitag bis nach Tisch. Die Ausgaben für diese drei Männer betragen 2 Mark und 11 Solibi. Auch gab ich dem genannten Meister Arnold für seine Arbeit und die von ihm verwandten, gekauften und bezahlten Steine 16 daler, ferner für die Fracht von Kalkar nach Xanten 40 Weißlinge, außer den Ausgaben und der Kost für den Fuhrmann und seinen Knecht. Macht alles in allem 37 Mark 3 Solibi. Für meine Auslagen zur Beköstigung der Fuhrleute berechne ich der Kirchenfabrik nichts."

An der Console des Bildes des hl. Christophorus ist das von Bemmel'sche Wappen (drei Geigen in Blau) angebracht, das man auch im ersten gemalten Fenster des Mittelschiffes (südwestlich oberhalb des Lettners) sieht. Das Fenster schenkten Goedert van Bemmel mit seiner Hausfrau Lysbet von Cleve. Wahrscheinlich haben sie auch diese Statue gegeben.

IV. Die acht ältesten Statuen des Hochchores stehen auf Sockeln und unter Baldachinen, die vor 1300 entstanden, als man die Chormauern aufführte, in die sie eingefügt sind. Sie müssen also etwas früher als die oben beschriebenen launigen Gestalten über den Thüröffnungen des obern Umganges angefertigt sein.

Bezeichnet man die genannten Chorsäulen wiederum mit den Zahlen 1 bis 8, so haben ihre Sockel folgende bildliche Darstellungen:

	Evangelienseite.	Epistelseite.	
2.	Unter der Statue des hl. Johannes ein Affe.	Ein Mann, der mit gespreizten Beinen sich wider die Wand stemmt und die Last der Statue des hl. Andreas zu tragen scheint.	1.
4.	Unter der Statue des hl. Paulus eine Sirene mit einem Drachen.	Ein Steinmetz, der am Blattwerk meißelt.	3.
6.	Unter der Statue des hl. Petrus zwei Tauben.	Unter der Statue des hl. Jakobus des Aeltern kämpft ein Ritter gegen einen Drachen.	5.

Die Steinbilder der Victorkirche.

8.	Unter den Bildern Maria's und der hl. Elisabeth sieht man auf dem ersten Sockel einen Löwen, welcher gegen einen Drachen kämpft; auf dem zweiten ein Schwein, an dessen Brust ein Affe saugt und das einem Juden in den Hut beißt.	Ein Kampf zwischen zwei Drachen, von denen einer gekrönt ist, also einen Basilisken vorstellt.	7.

Eine Erklärung dieser Bildwerke bietet schon deßhalb Schwierigkeiten, weil es mehr als zweifelhaft ist, ob die Darstellungen der Sockel mit den Statuen in nähere Beziehung gesetzt werden dürfen. Wahrscheinlich sind die Statuen später und unabhängig von den Sockelbildern angefertigt worden, so daß weder der Meister, welcher die Sockel zeichnete, an einen bestimmten Apostel dachte, noch auch derjenige, welcher die Apostel aufstellte, auf die Bilder der Sockel Rücksicht nahm. Bei 1 und 3 hat sich jedenfalls der erste Baumeister der Kirche mit seinem Parlierer abkonterfeit, wie oberhalb am Thürsturz des Laufganges (bei 7b und 9b) ihre Nachfolger sich zu verewigen suchten. In beiden Fällen sind die Bilder der Steinmetzen auf der Epistelseite, d. h. der Männerseite, ausgemeißelt. Der ältere Meister hat sich mit seinem Gesellen an die ersten Plätze neben dem Altar (bei 1 und 3), der jüngere aber an das Ende seiner Reihe (bei 7 und 9) gestellt.

Auch der Ritter steht (bei 5) auf der Männerseite, während die Sirene (bei 4) auf die Frauenseite gekommen ist. Die Scene des Juden mit dem Schweine darf wohl als eine der vielen „antisemitischen Kundgebungen" des Mittelalters angesehen werden. Schwer zu entscheiden ist, ob die Drachen (bei 4, 5 und 7), der Basilisk (bei 7) und der Löwe (bei 8) an Psalm 90, 13 erinnern, diese Thiere also wie die Basreliefs am Thoreingange sinnbilden sollen, daß die auf den Consolen stehenden Heiligen den bösen Feind zertreten und besiegen. Die Kampfescenen (bei 5 und 7) sind vielleicht nur Gebilde, in denen sich der streitlustige Sinn der mittelalterlichen Gesellen spiegelt, könnten aber auch den Kampf zwischen Gut und Böse andeuten. Schwer ist zu entscheiden, ob die Tauben (bei 6) Bilder der Unschuld sein sollen und ob die Sirene (bei 4) die Verführung darstellt. Jedenfalls klingt die alte Symbolik in diesen Darstellungen noch leise wieder, während sie in den Darstellungen über den Thüren des obern Laufganges schon ganz verlassen ist.

Die decorativen Bilderreihen der Sockel und der Thüren des ältesten Theiles der Victorkirche zeigen, wie rasch die neue Kunst sich bei der Wende des 13. Jahrhunderts dem Realismus hingab. Weiterhin erhellt aus ihnen, daß zwischen der Ausführung des Unter- und Oberbaues des Xantener Chorhauptes eine Pause liegt, in welcher die Arbeiter feierten. Dieselbe ist übrigens, wie in der Baugeschichte nachgewiesen wurde, auch durch andere Anzeichen hinlänglich erwiesen. Unseren Begriffen von Kirchenbauten sind solche Unterbrechungen eines Baues ebenso fremd, als sie dem Mittelalter geläufig waren. Sie erscheinen für ein gründliches Verständniß älterer Werke so wichtig, daß immer von Neuem darauf hinzuweisen ist.

V. Zehn kleinere, neben den beiden seitlichen Choreingängen (südlich zwischen den Pfeilern 9 und 11, nördlich zwischen den Säulen 10 und 12) angebrachte Statuen beanspruchen ein hervorragendes kunsthistorisches Interesse, weil über Zeit, Anfertigungsweise und Preis der einen Hälfte derselben die genauesten Rechnungen vorliegen, aus denen erhellt, daß ihr Meister kein Geringerer ist, als der Baumeister der Kirche selbst, der wackere magister Jacobus lapicida, der Bruder des magister Henricus lapicida de Moguntia. Auf der Seite des Dechanten, wo das Evangelium verlesen wird, sieht man zwischen dem Choreingange und den Chorstühlen die vier Bilder des hl. Johannes des Täufers, der hl. Katharina, der hl. Cäcilia und das eines Bischofs (Martinus?). Auf der gegenüberliegenden Männerseite, die dem Propste ihren Namen verdankte (latus praepositi), stehen neben dem reicher gestalteten Eingangsbogen die Statuen des hl. Stephanus und einer Heiligen, welche ein Buch trägt (Barbara?). Zwischen der Thüre und den Sitzen des Propstes und des Scholasticus folgen vier Heilige: Laurentius mit seinem Roste, Apollonia mit einer kleinen eisernen Zange, Servatius von Maestricht mit seinem Petrusschlüssel und Agnes mit ihrem Lämmchen. Die zuletzt genannten Bilder stehen auf reichen Sockeln und unter hohen Baldachinen. Sie werden in den Baurechnungen ausdrücklich erwähnt. Die betreffenden Posten lauten also:

1360. „Item vom Sonntage, auf den das Fest aller Heiligen fiel, bis zum nächsten Sonntage waren sechs Arbeitstage, und ich (Heinrich von Tygel, Fabrikmeister) zahlte dem Meister Jakob nichts, weil er anfing, die Baldachine (thronos) der zweiten Thüre auf der Seite des Propstes (in choro praepositi) für eine bestimmte Summe zu machen. Sein Genosse, der andere Steinmetz, erhielt 8 Solidi und 1 Denar. Item dem Meister Jakob für vier Baldachine, die er an der zweiten Thüre auf der Seite des Propstes machte, 6 Mark."

Gleich nachdem er das Geld empfangen hatte, reiste er weg nach Preußen.

1361. „Item dem Meister Jakob, der aus der Gegend des Preußenlandes zurückkehrte, für vier Bilder neben der Thüre im Chore des Propstes 3 Mark und 12 Denare. Item für eine kleine Zange und das Schwert, welches die genannten Bilder tragen, 12 Denare."

Für die vier Baldachine erhielt Meister Jakob 6 Mark, für die vier Bilder nur $3^1/_{12}$ Mark, im Ganzen also $9^1/_{12}$ Mark, d. h. so viel als ein guter Steinmetz etwa in 75 Sommertagen d. h. in 14 Wochen verdiente. Seine Bilder können schon deßhalb nicht als hervorragende Bildhauerarbeiten be-

zeichnet werden, weil sie zu gedrungen sind, haben aber für die deutsche Kunst=
geschichte Werth, weil in ihnen urkundlich beglaubigte Arbeiten eines mittel=
alterlichen Baumeisters erhalten sind. Sie beweisen, daß jene Steinmetzen=
meister nicht nur mit ihren Gesellen rüstig Hand anlegten, um die Bausteine
zu bearbeiten und aufzuschichten, sondern auch als plastische Künstler thätig waren.

Die Bilder der Evangelienseite, ihre Baldachine und Consolen sind
von den Arbeiten des Meister Jakob so verschieden, daß sie von einer
andern Hand angefertigt sein müssen. Sie haben jüngere Formen und
stammen vielleicht vom Bruder des eben genannten Meisters, also von
Meister Heinrich von Mainz, welcher den Bau der Victorkirche während
der Abwesenheit des erstern leitete.

Bemerkenswerth sind wiederum die launigen Verzierungen, welche die
Chorthüren neben diesen Statuen, sowie die Bogen an den Außenseiten der
Chorschranken schmücken. An der nördlichen Thüre findet man drei Arbeiter,
von denen einer durch seinen großen Hammer als Steinmetz gekennzeichnet ist,
an der südlichen Thüre einen Hund und einen Drachen. Auf den Spitzen der
Bogen ist ein Hund, der Kopf eines Mannes und einer Frau sowie das
Brustbild eines mit einer Kapuze bekleideten Mannes ausgemeißelt. Im
Norden enden die vier Bogen mit einem Hunde, zwei Köpfen und einer Blume.
Diese Bildwerke stammen aus der Zeit des genannten Meisters Jakob und
werden ihn mit seiner Familie und seinen Gesellen darstellen. Der Umstand,
daß die Steinmetzen sich in den ältesten Theilen der Victorkirche nicht weniger
als dreimal darstellten, spricht jedenfalls für ihr Selbstbewußtsein und für
die Achtung, welche der Fabrikmeister und das Kapitel ihnen zollten.

VI. Den letzten Cyklus plastischer Steinwerke im Innern der Xan=
tener Kirche bieten die westlich vom Lettner befindlichen Gewölbe des
Mittelschiffes (H^1 bis H^4).

Oestlich vom Lettner sind die Gewölbe viertheilig. Nur das Chor=
polygon nebst dem vor ihm liegenden Joche hat dort figurirte Schlußsteine.
Im Chorpolygon sammelte der Baumeister die sieben Rippen um das Bild
der Krönung Maria's, und in die Mitte des davor liegenden Joches stellte er
das Lamm Gottes. Das Gewölbe des zweiten Mittelschiffjoches (B^5) schließt
mit einem offenen Ringe, durch den am Himmelfahrtstage die Figur des Er=
lösers heraufgezogen ward, um oberhalb der Gewölbe zu verschwinden, wäh=
rend das Volk ein Lied zu Ehren des in den Himmel auffahrenden Heilandes
sang. In den beiden letzten Jochen des Chores (E^5 und E^6) hat Meister
Gisbert von Kranenburg vor dem Jahre 1437 hängende Schlußsteine mit
Blumen angebracht. Dann kommen die vier Gewölbe der von Meister Langen=
berg vollendeten „Kirche". Zwischen den Gewölben der Kirche und des Chores
hing ein großes Triumphkreuz über dem Lettner. Ein solches Kreuz fehlte
keiner alten Kirche. Ludolph von Sachsen giebt in seinem Leben Christi den
Grund an, warum es sich an dieser Stelle findet, indem er (c. 78) schreibt:

„Ueber den Schranken, welche das Chor von der Kirche trennen, wird ein Kreuz aufgehängt, damit alle, welche in das Chor eintreten wollen, unter dem Kreuze durchgehen müssen. Niemand kann nämlich aus der streitenden Kirche zur triumphirenden kommen außer durch das Kreuz."

Am Aschermittwoch wurde das Triumphkreuz durch ein „Fastentuch"[1] verdeckt, welches vom Gewölbe herabhing und bis an den Lettner reichte. Es zeigte die Geschichte Christi von der Verkündigung bis zur Auferstehung so, daß jedes Geheimniß des Lebens Jesu von Vorbildern und Propheten des Alten Bundes begleitet war, enthielt demnach den Cyklus der Armenbibel und bot dem Volke den reichsten Stoff zur Betrachtung.

Unter dem Triumphkreuze und vor dem Lettner stand der Kreuzaltar, an welchem der Gottesdienst für die Pfarreingesessenen abgehalten ward.

Mit Rücksicht auf diesen Kreuzaltar und das Triumphkreuz sind die Schlußsteine der westlichen Hälfte des Mittelschiffes in Xanten, wie in manchen anderen Kirchen, mit den sogen. Waffen oder Wappen (arma) Christi verziert.

Das Fest der heiligen Lanze und der Nägel Christi, deren Reliquien Karl IV. von seinen Vorfahren geerbt hatte, war schon im Jahre 1353 eingesetzt worden. Die Verehrung der Leidenswerkzeuge nahm in Deutschland einen großen Aufschwung, als die Reichslanze, in die ein Nagel des Herrn verarbeitet war, im Jahre 1424 nach Nürnberg in die Kirche des heiligen Geistes kam[2]. Seit dieser Zeit findet man auf unzähligen Gemälden, Holzschnitten[3] und Sculpturen die Darstellung der sogen. Messe des hl. Gregor, dem der Heiland in Mitte der Leidenswerkzeuge am Altare erschien. Als Abkürzung dieses Bildes dient oftmals die Halbfigur Christi, welche aus dem geöffneten Grabsteine hervorwächst, oder auch die Sammlung der Leidenswerkzeuge. Letztere findet man häufig auf einer Tafel, einer Säule oder auf einer Reihe von Schlußsteinen nebeneinander oder hintereinander abgebildet.

Beispielsweise sind in der großartigen Gewölbedecoration der Kirche des hl. Matthias zu Trier[4] vor der Stelle des alten Lettners in die mittleren Schlußsteine des Mittelschiffes sechs Engel eingemeißelt. Sie tragen Wappenschilde mit den Darstellungen der Leidenswerkzeuge, durch welche Christus

---

[1] Ueber das jetzt leider spurlos verschwundene Fastentuch von Xanten berichtet * Pels (V. p. 554). Dagegen freut sich noch heute in der Kirche von Marienbaum, das etwa 1½ Stunde von Xanten entfernt liegt und mehrere interessante Sculpturen besitzt, das Volk in der Fastenzeit, ein Fastentuch aufgehängt zu sehen. Es ist in später Zeit von den dortigen Klosterfrauen verfertigt worden und zeigt ein großes Bild der Kreuzigung. Das Fastentuch von Telgte bei Münster ist bekannt.

[2] Katholik, Jahrg. 1883, S. 544 f.

[3] Man vergleiche die interessanten „Holzschnitte des 14. und 15. Jahrhunderts im Germanischen Museum zu Nürnberg", welche Essenwein 1875 herausgegeben hat, besonders Tafel 9 und 13.

[4] Diel, Die St. Matthiaskirche bei Trier, S. 51 ff.

im blutigen Kampfe den Teufel besiegt und den Himmel uns erobert hat. Zu den sechs Engeln kommt an siebenter Stelle Veronika, welche das Schweiß=
tuch emporhält. Als Hauptwappen oder Herzschild dient ein Rahmen mit dem durchbohrten Herzen und den verwundeten Füßen und Händen des Heilandes.

Die Rippen der vier westlichen Joche des Xantener Mittelschiffes bilden in der Mitte eines jeden Gewölbes ein Trapez mit vier Schluß=
steinen. Die vier Joche der „Kirche" haben demnach 4 × 4 = 16 Schluß=
steine. Die Hälfte derselben liegt in der Mittellinie, je 4 aber befinden sich zur Rechten und Linken. Die seitlichen Schlußsteine ließ Langenberg mit „Rosen" (rosae) verzieren, d. h. mit krausem, aus Stein gebildetem, an die Durchschnittsstellen der Rippen angeschraubtem Laubwerk. In die acht Schlußsteine der Mittellinie stellte er, von Westen nach Osten gehend, Engel mit den chronologisch angeordneten „Waffen" Christi. Der erste Engel trägt das Schweißtuch Christi, der zweite die Geißelruthe, der dritte die Säule der Geißelung, der vierte zeigt die Dornenkrone, der fünfte Engel breitet den ungenähten Rock Christi aus, der sechste hält Hammer und Zange, der siebente den Speer und den Rohrstab mit dem Schwamm. Auf dem achten und letzten Schlußstein erblickt man zwei Engel neben einem Helm, auf dem Christus, vor seinem Kreuze stehend, die fünf Wunden zeigt. Dann folgt das Triumphkreuz.

Der Name „Wappen Christi" zeigt, daß die sieben ersten Schlußsteine an die einzelnen Abtheilungen eines großen Wappenschildes erinnern, das von dem Helme des achten Steines überragt ist, auf dem das Kreuz und das Bild des Herrn als Helmzierden angebracht sind. Der Gedanke ist durch zwei gothische Engelbilder klarer ausgedrückt, welche im Westbau der Victorkirche neben einem Kreuze stehen. Der erste hält ein Schild, worin ein Kreuz eingezeichnet ist, auf dessen Mitte ein Herz liegt. In den vier Kreuzeswinkeln sieht man 1. zwei Nägel, 2. Zange und Hammer, 3. drei Würfel und 4. die Geißel. Der andere Engel trägt den zum Wappenschilde ge=
hörenden Helm, worauf eine Dornenkrone liegt.

Schaute man nach Osten, so führten die Schlußsteine zum Triumph=
kreuz. Weil der Herr am Kreuze litt, waren die auf ihnen dar=
gestellten Gegenstände Leidenswerkzeuge. Wendete der Blick sich nach Westen, so traf er ehemals das Bild des Weltenrichters, der im Westfenster thronte. Die Leidenswerkzeuge wandelten sich also in Sieges=
zeichen des Richters.

War der eben erklärte doppelte Zusammenhang der Schlußsteine mit dem Triumphkreuz und andererseits mit dem Bilde des Weltgerichtes vom Steinmetzen Langenberg beabsichtigt?

Daß die Schlußsteine inhaltlich von Anfang an mit dem Kreuzes=
bild oberhalb des Lettners zusammenhingen, kann einem Zweifel nicht
unterliegen.

Daß auch die Verbindung der Schlußsteine mit dem Bilde des
Westfensters beabsichtigt war, beweist die Gewölbedecoration in der Kirche
des hl. Servatius zu Maestricht. Sie ist hier vor anderen Beispielen
schon deßhalb herbeizuziehen, weil jene Stadt nicht allzu weit von Xanten
entfernt liegt. Ueberdieß mußte Langenberg öfter dorthin reisen, als der
oben beschriebene kupferne Leuchterbogen in Arbeit war, welchen er im
Jahre 1501 im Chore aufstellte. Die Schlußsteine mit den Wappen
Christi entstanden erst 1514, haben also sicher in denen von Maestricht
ein Vorbild.

Schon das Mittelschiff der Servatiuskirche stellt sich mit seinen reichen
Schlußsteinen der Gewölbedecoration von St. Matthias bei Trier würdig an
die Seite. Noch reicher ist der südliche Querarm ausgestattet. Hier gruppiren
sich in vier concentrischen Kreisen nicht weniger als 28 Schlußsteine um einen
mittlern, worin das Bild des Weltenrichters thront. Die beiden Schlußsteine
zur Rechten und Linken enthalten die Bilder des hl. Johannes des Täufers
und des hl. Petrus, welcher die Stelle einnimmt, auf der Maria sich sonst
befindet. Der Apostelfürst ist durch einen Hahn als reuiger Sünder kennt=
lich gemacht. Zwischen ihm und dem Richter ist in einem Kreise mit der
Umschrift Misericordia („Barmherzigkeit") ein Lamm gemalt. Der Künstler
zeigt dadurch, daß er das Weltgericht als Motiv zur Bekehrung im Sinne
des Dies irae schildern wollte. Den Richter und seine beiden Begleiter um=
gibt ein erster Kreis von sechs Schlußsteinen. In vier derselben halten Engel
Leidenswerkzeuge: die Dornenkrone, den Hammer, die Zange und die Lanze;
im fünften befindet sich ein anbetender Engel, im sechsten kniet die hl. Magda=
lena vor einem auf dem Felsenboden liegenden Kreuze. Wie Petrus erinnert
sie hier an Christi Liebe gegen die Sünder. Ein zweiter, weiterer Kreis von
vier Schlußsteinen zeigt ebensoviele anbetende Engel. Der dritte Kreis ist
der reichste. In seinen acht Schlußsteinen erscheinen sechs Engel mit Musik=
instrumenten, während zwei die Spruchbänder halten, von denen sie den Text
zu der Melodie absingen, welche die übrigen Engel angeben. Der letzte Kreis
endlich ist aus den Consolen der vier Ecken gebildet. Er enthält vier Pro=
pheten, die über den Heiland und sein Gericht weissagten. Die nördliche
Verlängerung zweier Rippen läßt dann noch außerhalb des eigentlichen Ge=
wölbes, aber im Bogen, auf den es sich stützt, in zwei Schlußsteinen die Ver=
anlasser des Weltgerichtes erkennen, Adam und Eva, die Stammeltern der
sündigen Menschheit.

Ein großartiger Gedankengang verbindet somit in Maestricht diese
28 Schlußsteine zu einem Epos in Lapidarstil. Langenberg konnte den ganzen
Cyklus nicht aufnehmen. Er griff deßhalb für Xanten die Engel heraus und

ordnete sie zwischen dem Weltenrichter und dem Gekreuzigten so an, daß sie beiden dienen, also die beiden Angelpunkte der Offenbarungsgeschichte verketten und in einfachster Weise die tiefsten Gedanken verkörpern, die Idee des Leidens und die Idee des Sieges durch das Leiden. Vor dem Kreuze sehen wir Leidenswerkzeuge, vor dem Weltenrichter aber Trophäen und Siegeszeichen. Bei der Restauration ist das Bild des Richters aus dem Westfenster weggeblieben. Der Zusammenhang und die tiefe Bedeutung der Schlußsteine sind damit verloren gegangen.

Ueber die Zeit der Anfertigung der Xantener Schlußsteine, über ihren Preis und ihren Meister berichten die Aufzeichnungen des Fabrikmeisters Gerard von Haffen Folgendes:

1514. „Item für die Anfertigung von sieben Engeln mit den Waffen des Herrn dem Meister Heinrich von Holt in Kalkar 21 hornsche Gulden. Macht 13 Mark 6 Solidi 13 Heller. Item, um die Steine, aus denen sie verfertigt wurden, von Xanten nach Kalkar zu fahren, und die fertige Arbeit nach Xanten zu bringen, 1 Mark."

1517. „Item für die Bemalung der Engel und der Rosen an den Schlußsteinen im Schiffe der Kirche und im Westbaue zwischen den Thürmen zusammen 34 Mark."

Im Westbau sind 6 „Rosen" oder Schlußsteine, im Schiffe 8 Rosen und 8 figurirte Steine. Die Bemalung eines jeden dieser 22 Schlußsteine kostete somit 34 : 22, d. h. etwas mehr als $1^{1}/_{2}$ Mark. Die Steinmetzenarbeit für jeden figurirten Stein kam auf $1^{2}/_{3}$ Mark zu stehen. Sie war also nur wenig theurer als die Polychromie, gewiß ein Beweis für die Sorgfalt und die Kunst, welche der Maler aufwandte.

Die Geschichte der Bildwerke der Xantener Kirche zeigt, daß es wohl kaum eine Kirche gibt, bei der so viele Einzelheiten über die Entstehung ihrer Kunstwerke bekannt sind. Ihre Schlußsteine fertigte Meister Heinrich von Holt aus Kalkar; die jüngsten Statuen des Mittelschiffes kamen um das Jahr 1550 aus Kalkar von Meister Arnold von Tricht; das Standbild der allerseligsten Jungfrau ward 1496 von Andreas Holthuys aus Cleve geliefert; die sechs Bilder des hl. Victor, des hl. Martinus und der Kirchenväter wurden mit dem Bilde der Baunita um 1470 bis 1490 in Wesel gemeißelt. Die älteren Statuen an den Chorsäulen, ihre figurirten Sockel und die Gebilde über den Durchgängen des Laufganges sind in der Hütte des Stiftes entstanden.

Die Steinbilder der Victorkirche zeigen demnach, wie die Theilung der Arbeit, die Decentralisation der Kunst und die Entwicklung der verschiedenen Handwerkszweige sich allmählich vollzog. Die ersten Baumeister, welche wir zu Xanten kennen lernen, waren Steinmetzen und Bildhauer zugleich. Der letzte, Johann Langenberg, war nur mehr Steinmetz und ließ von einer Reihe auswärtiger Bildhauer die Statuen, Sockel und Baldachine ausführen, deren er zum Schmucke der Kirche bedurfte.

Daß auch nicht ein einziges Steinbild der Victorkirche aus Köln kam, ist nicht zu übersehen. Die Orte, aus denen sie stammen, Wesel, Cleve und Kalkar, liegen im nächsten Umkreise. Ohne Zweifel war Köln ein großes Kunstcentrum. Die Rechnungen der Victorkirche beweisen aber, daß unsere Gelehrten zu sehr versucht haben, die Kunstthätigkeit des Mittelalters um solche Centren zu gruppiren.

Allerorts sproßten damals die Blüthen der Kunst kräftig empor. Wer die künstlerische Thätigkeit der früheren Jahrhunderte als die Entwicklung eines schematisirten Organismus schildern will, der aus vereinzelten Quellen sein Leben erhalten habe, trägt unsere Verhältnisse in jene Zeit hinein. Die Kunstthätigkeit war Gemeingut aller Stände und ruhte auf dem breitesten Boden. Sie entfaltete sich überall, wo Handel und Gewerbe Wohlstand brachten, reich und freudig.

VII. Begeben wir uns aus dem Innern der Kirche zu ihrem Süd=portal. Es wurde von Meister Johannes Langenberg aus Köln 1493 gezeichnet und 1494—1509 vollendet. Vor seinem mittlern Pfosten steht das Bild Christi, an den Seiten sind die beiden Apostelfürsten, die vier Evangelisten und andere Statuen in folgender Anordnung aufgestellt:

```
                 3. Paulus. — 1. Der Weltheiland. — 2. Petrus.
    5. Johannes Ev. ⊣                          ⊢ 4. Matthäus.
    7. Lucas. ──────⊣                          ⊢── 6. Marcus.
    9. Victor. ─────⊣                          ⊢── 8. Helena.
   11. Mauritius. ──⊣                          ⊢── 10. (Gereon?)
   13. Maria.                                     12. Engel.
```

Die Bilder 1—7 waren an den Wänden des Portals angebracht, die folgenden an den Stirnseiten der das Portal einschließenden Strebepfeiler übereinander gestellt. Ueber dem hl. Victor stand sein Anführer, der hl. Mauritius, noch höher das Bild Maria's.

Zu Füßen des hl. Johannes liest man die Inschrift:

IOHAS MESMEKER CANONIC · ET...

und unter dem Bilde des Heilandes:

DNS · THE · NYENH' · CANO(N)IC · XANCTEN · OBIIT · AN(N)O · 1503.

Beide Inschriften geben offenbar die Namen der Geschenkgeber dieser Statuen. Sie werden für die rheinische Kunstgeschichte insofern wichtig, als sie helfen, den Namen eines Künstlers zu streichen, der irrthümlicher Weise als eines der hervorragendsten Mitglieder der sogen. Schule von Kalkar bezeichnet worden ist.

Im Johannesaltare der Nikolai=Pfarrkirche zu Kalkar ist auf dem Fuß der werthvollen Holzfigur des Täufers der Name IAN BOEGEL eingegraben. Wolff hat aus den Archiven der genannten Kirche nachgewiesen, daß Boegel 1540 Rathsherr von Kalkar war und 1527—1543 eine bedeutende Rolle in der dortigen Anna=Bruderschaft spielte. So wenig man berechtigt ist, aus den ebenerwähnten Xantener Inschriften zu folgern, daß die beiden in ihnen ge= nannten Canoniker Bildschnitzer waren, ebenso wenig folgt offenbar aus der Namensinschrift in Kalkar, daß der Rathsherr Jan Boegel die Statue des hl. Johannes verfertigte, die sein Zeichen und seinen Namen trägt. Merlo, der mit staunenswerthem Fleiße die Kölner Archive durchforschte und die Kunst= geschichte seiner Stadt dadurch bedeutend förderte, hatte wohl Grund, sich zu freuen, als er den Namen des Jan Boegel auf der Statue der Nikolaikirche entdeckte. Es lag nahe, an die Maler zu denken, die Namen und Mono= gramm auf ihre Bilder setzen, und man konnte demnach auch hier einen Künstlernamen vermuthen. Die archivalischen Nachrichten über die bürger= liche Stellung des Boegel, der Mangel auch nur einer Andeutung, die ihn als Künstler kennzeichnete, und die Analogie der Xantener Statuen zeigen indessen, daß es nicht hinreichend begründet war, wenn Ernst aus'm Weerth sich berechtigt glaubte, „der Kunstgeschichte mit Sicherheit zu verkünden, daß die Johannesstatue ein Werk Jan Boegels ist". Wolff nennt Johann Boegel einen „Meister". Weil die vorzügliche Statue mit seinem Namen und mit seiner Hausmarke bezeichnet ist, hat er ihn sogar zu einem der bedeutendsten Bildschnitzer der Kalkarer Schule gemacht[1]. Auch in der schönen, neuer= dings restaurirten Kirche von Sinzig steht auf dem heiligen Grabe der Name des Geschenkgebers und seiner Frau. Es lassen sich wohl bei einigem Suchen noch viele Beispiele finden, die beweisen, daß man beim Ausgange des Mittel= alters den Namen der Stifter auf den von ihnen geschenkten plastischen Werken eingrub. Zu einer längern Inschrift fehlte der Raum, und man wollte die Stifter nicht mehr in kleiner Figur neben dem Bilde des Heiligen darstellen, wie es ehedem häufig geschah.

VIII. Neben und vor dem Südportale stehen fünf Gruppen, deren Figuren mehr als Lebensgröße haben und zum Besten gehören, was die deutsche Plastik in der ersten Hälfte des 16. Jahrhunderts hervorbrachte. Die heilige und einfache Schönheit der keuschen Plastik gothischer Kunst ist in ihnen gepaart mit der technischen Vollkommenheit und anatomischen Richtigkeit der Renaissance. Es sind Werke des Ueberganges aus der

---

[1] Für die Statue und ihre Inschriften vgl. Aus'm Weerth, Kunstdenkmäler, II. S. 1 u. 3; Wolff, Nikolaikirche, S. 24 u. 34; für die Meister, welche am Süd= portal arbeiteten, Baugeschichte, S. 199.

mittelalterlichen Kunstfertigkeit in die neuere Zeit. Darum vermochte ihr Meister die Vorzüge einer doppelten Kunstblüthe zu harmonischer Schönheit zu vereinen. Inhaltlich geben sie den Cyklus des Leidens des Herrn. Sie beginnen mit dem Gebete im Oelgarten, zeigen sodann die Verspottung Christi, die Kreuzigung, die Grablegung und endigen mit der Auferstehung. Die Kreuzigungsgruppe steigt auf einem an 8 m breiten Unterbau bis zu 7 m empor. Die vier anderen Gruppen stehen in Nischen von durchschnittlich 2,50 m Breite und Höhe.

In der Mitte der ersten Station kniet der göttliche Heiland. Flehentlich erhebt er Hände und Augen zum Engel, der mit dem Leidenskelche von der Felsenwand herabschwebt, welche die rechte Seite füllt. Hinter dem Rücken des Herrn öffnet sich auf der gegenüberliegenden Seite eine Thüre, aus der Judas mit verschmitztem Gesichte hervortritt. In der Linken hält der Verräther den Beutel, die Rechte ist heimtückisch erhoben, um mit dem Zeigefinger dem vornehmen Manne, der vorsichtig neben ihm einhergeht, den Meister kenntlich zu machen. Hinter Judas drängen sich die gewappneten Knechte in der Thüre des Gartens. Sie sehen neugierig auf den Herrn herab und sind voll Begierde, über ihr Opfer herzufallen, um es zu ergreifen. Die bewegten Gruppen des Engels, welcher den betenden Heiland stärkt, und des Judas mit seiner Begleitung stehen im Gegensatze zu dem Vordergrunde des Bildes, in dem die drei vornehmsten Apostel schlafen. Zur Rechten schlummert der Jünger der Liebe. Der Schlaf übermannte ihn, als er sein Buch schloß, in den Schooß legte und das müde Haupt sorgenvoll an den kalten Felsen lehnte, um einen Augenblick zu ruhen. Er befindet sich gerade unter dem Engel, welchem er gleicht, und vor dem Herrn, an dessen Brust er geruht hatte. Ihm gegenüber, hinter dem Heilande und unter der Thüre, durch die Judas mit seiner Rotte einbringt, hat Jakobus seinen Mantel wie eine Kapuze über das Haupt gezogen, um sich vor der nächtlichen Kälte zu schützen. Während er seine gekreuzten Arme auf die Kniee stützte und in tiefer Trauer über alles nachdachte, was er vom Verräther gehört hatte und von ihm fürchtete, hat der Schlaf dem kräftigen Mann die Augen geschlossen. Zwischen den Söhnen des Zebedäus, die sitzend einschliefen, hat Petrus sich auf den Boden ausgestreckt. Er stützt sein schönes Haupt, dem vorne nur eine Haarlocke blieb, auf die Rechte, während die Linke noch im Schlafe krampfhaft das Schwert umfaßt und zeigt, wie er von kräftigem Widerstande träumt. Er schläft am tiefsten und wird am tiefsten fallen! Noch einen Augenblick, und Judas thut einen Schritt nach vorne, die Rotte stürzt herein, die Apostel werden plötzlich vom Schlafe aufgeschreckt und sehen ihren Meister verrathen.

Im Gegensatze zu vielen Künstlern seiner Zeit, die sich an blutigen Scenen und rohen Henkern erfreuten, hat unser Meister die Geißelung und Dornenkrönung nur in kleinen Nebenscenen dargestellt. Sie sind im Hintergrunde der zweiten Station nach Art von Wandbildern angebracht. Dagegen schildert er ausführlich, wie Pilatus den Heiland dem Volke zeigt. Der Herr befindet sich auf einer hohen Estrade fast entblößt, mit gebundenen Händen, mit Dornen gekrönt, im Purpurmantel. Zu seiner armen und zerschlagenen Gestalt steht Pilatus im vollsten Gegensatze. Reich mit den Zeichen seiner hohen Würde bekleidet tritt der Landpfleger neben den Herrn. Mit der Linken schlägt er dessen zerrissenen Purpurmantel zurück, mit der Rechten zeigt er die Wunden: „Ecce homo", „Seht einen Menschen".

Von Mitleid will das Volk, welches sich unten zur Estrade hindrängt, nichts wissen. In der ersten Reihe stehen zwei Aelteste. Durch spöttisches Mienenspiel und höhnische Handbewegung geben sie ihrer Schadenfreude und ihrem Hasse Ausdruck. Stand und Erziehung erlauben ihnen nicht, ihre Leidenschaften stärker hervortreten zu lassen. Soldaten und Leute aus dem Volke, welche hinter den Aeltesten stehen, kennen solche Schranken nicht. Sie greifen zu drastischeren Mitteln, um Jesu ihre Verachtung zu beweisen. Vom gemeinen Haufen haben sich zwei Männer abgesondert. Da sie die beiden Ecken des Vordergrundes einnehmen, ziehen sie den Blick des Beschauers auf sich. Der erste steht zur Rechten, Jesus und Pilatus gegenüber, neben der Gruppe der Aeltesten und ihres Gefolges. Es ist ein beleibter Mann in Mönchskleidung, der den Heiland vor allem Volke verspottet und seine Hand gegen ihn erhebt. Sein Gesichtsausdruck paßt zur Verzierung des großen Beutels, den er am Gürtel trägt und auf dem der Kopf eines bösen Raub= vogels abgebildet ist. In Xanten hat das Volk von seinen Vorfahren gehört, dieser Mönch solle Luther darstellen. Ihm und der Gruppe der Spötter steht in der andern Ecke eine zweite einzelne Person gegenüber, die ihre hagere Gestalt in einen weiten Mantel hüllt. Ihr böses Gesicht schaut aus der reichen Kapuze heraus, womit sie das Haupt bedeckt hat. Es soll nach der alten Erklärung ein Bild Calvins sein.

Da die ganze Gruppe im Jahre 1531 entstanden ist, also zu einer Zeit, in der die Wogen der Reformation alle Gemüther bewegten, und da der Stifter dieser Gruppe entschieden die katholische Sache vertheidigte, so hat die Erklärung der beiden Figuren viel Beifall gefunden. Sie kann aber doch nicht richtig sein, weil Calvin zur Zeit der Anfertigung dieses Bild= werkes noch keine hervorragende Rolle spielte.

Als dritte Station dient die Gruppe der Kreuzigung, die frei auf einem Unterbau längs des Weges, der vom Markte zum Südportal führt, auf= gebaut ist. Die nicht nur in lateinischer, sondern auch in griechischer Sprache eingemeißelte Kreuzesinschrift zeigt, daß der Humanismus in Xanten be= geisterte Jünger hatte. Sie erinnert so an den berühmten Pighius, der etwas später (1575) Scholasticus des Stiftes ward. Zur Rechten steht das Kreuz des guten Schächers, dessen Seele ein Engel aus dem halb geöffneten Munde hebt, um sie der Verheißung gemäß in's Paradies zu tragen. Am linken Kreuze bemächtigt ein häßlicher Teufel sich der Seele des bösen Schächers. Zwischen dem Kreuze des reuigen Verbrechers und dem des Herrn hält Jo= hannes die tiefbetrübte Mutter, die ohnmächtig zusammenbricht. Auf der andern Seite betet Magdalena in reicher Kleidung, von Schmerz gebeugt und voll Mitleid. Hinter ihr kniet der Stifter in feierlicher Chorkleidung. Eine

Inschrift auf der Vorderseite des Sockels nennt seinen Namen und lobt seine Tugenden:

> Gerardo Berendonck canonico senio(ri): omnium
> Saeculorum memoria dignissimo, omnibus
> Charo, cui delectabile ingenium ac praecipuae
> Animi et corporis dotes, quibus per omnem
> Aetatem inter mortales pollebat, sola
> Mors invidit. Anno Domini 1553 die 15 Julii,
> aetatis 67.
> Valete superstites, mortalitatis non immemores.

„Dem Gerard Berenbond, dem ältesten Canonicus (dieses Stiftes), welcher auf immer ein gesegnetes Andenken verdient, allen lieb war, ein frohes Gemüth und vorzügliche Gaben des Geistes und des Körpers besaß, wodurch er sich sein Leben lang vor den Sterblichen auszeichnete, dem nur der Tod feind war. (Er starb) im Jahre des Herrn 1553 am 15. Juli im 67. Jahre seines Alters.

Lebet wohl, ihr Zurückbleibenden; vergesset nicht, daß ihr sterblich seid!"

Auf dem Fuße des Kreuzes liest man: „1525", und darunter: Renovatum 1873.

Auf der Rückseite des Sockels ist folgende Inschrift eingegraben:

> Heu tu: siste, viator,   Quis sim · suspice · fixus
> Pro te conditor orbis   Culpam morte plavi
> Restat · poplite flexo   Denudes caput atque
> Servatoris adores   Immortale tropheum.
> Gerardus Berendonck Canonicus Xanct. f. c. 1525.

„Stille stehe, o Wanderer, und siehe! Der Schöpfer der Welten,
Festgenagelt am Kreuz, büßt deine schreckliche Schuld.
Inbrunst beuge das Knie und Andacht entblöße das Haupt dir,
Ehre das Banner des Heils, das solchen Sieg uns gewann!
Gerhard Berenbond, Canonicus von Xanten, ließ dieß (Kreuz) errichten. 1525."

Ueber die vierte Gruppe hat der Künstler die reinste Schönheit und unvergleichlich edle Anmuth ausgegossen. Diese Perle des Cyklus zeigt die Gottesmutter in tiefer, aber gottergebener Trauer hinter dem Grabe, in das Nikodemus und Joseph von Arimathäa die theure Leiche ihres Sohnes betten. Sie stützt sich auch hier auf Johannes, der schon jetzt Sohnesstelle bei ihr vertritt. Neben ihr weinen zur Rechten und Linken Maria Kleophae und Maria Salome. Die vierte Maria, die von Magdala ihren Beinamen erhielt, kniet vor dem Grabe. Mit der Linken hält sie die Hand des todten Meisters, mit der Rechten legt sie fast furchtsam zitternd vor Ehrfurcht und in zartester Andacht ein Weihrauchkorn in seine tiefe Wunde. Der Stifter, Canonicus Berendonck, steht als Leidtragender neben Joseph. Die majestätische Ruhe, womit Joseph und Nikodemus das Leintuch halten, die sinnige Art der Magdalena, der Schmerz der Mutter und ihrer Begleiterinnen: Alles ist in tiefgefühlter Wahrheit geschildert. Die burleske Natürlichkeit, welche sich besonders in den Niederlanden in vielen Bildwerken derselben Zeit breit macht, ist ebenso fern gehalten, als die übertriebene Rücksicht auf Anatomie und Anspannung der Muskelkraft, welche auf der berühmten Grablegung Raphaels, die dieser Xantener Gruppe der Zeit nach nahe steht, stark betont ist. Wie fromm ist Magdalena hier dargestellt, indem sie vorsichtig einen Theil ihrer Spezereien in die heilige Wunde legt!

Die letzte Station steht in doppeltem Gegensatze zur ersten. Während der Herr dort leidet und betet, tritt er hier siegreich aus seinem Grabe. Hat der Künstler dort geschildert, wie die drei Apostel in verschiedener Weise dem Schlafe verfielen, so zeigt er hier, wie die sechs Wächter erwachen, indem er alle Uebergänge vom tiefsten Schlafe bis zur eiligsten Flucht ebenso naturwahr als edel schildert. Zwei Soldaten stützen ihr Haupt auf die Linke und schlafen zur Rechten und Linken des Grabes, ohne zu ahnen, was vorgeht; ein dritter wird eben geweckt; ein vierter liegt auf dem Boden und betrachtet mit weit geöffneten Augen voll Schrecken den Erstandenen, dessen Licht ihn blendet. Der fünfte hat sich zwar schon vollständig erhoben, blickt aber den Sieger an, ohne zu wissen, was er thun soll, während der Krebs in seinem Schilde dem Zuschauer zeigt, welche Richtung er einschlagen wird. Der sechste flieht im höchsten Schrecken und voll Eile.

Man würde kaum geglaubt haben, daß ein Meister, der eben in der Grablegung so viel mystische Tiefe verrieth, auch für mehr naturalistische Aufgaben ein so hohes Talent beweisen könne.

Die Inschrift der beiden letzten Stationsbilder lautet:

   Corpus ubi exanimum justus deponit Joseph
   Sindone convolvens : alter aroma parat.
   Myrrha aloe inunctum concludunt mausoleo.
   Funerae aspectant : fletibus usque piis :
   Attamen inferni disruptis ille catenis
   Emicat in lucem : victor ubique potens.
   Emptus ad excubias miles : deprehendit inanes
   Semper enim Domini splendida verba manent :
   Gerardus Berendonck Canonicus Xanct. f. c. 1536.

„Als der gerechte Joseph den todten Leib (Christi vom Kreuze) abgenommen und in seine Leinwand gehüllt hatte, bereitete ein anderer (Nicodemus) Spezereien.

In Myrrhe und Aloe einbalsamirt, verschließen sie ihn in's Grabmal, während die Frauen mit frommen Thränen der Bestattung zusehen.

Er aber zerreißt die Fesseln der Hölle, tritt als licht=strahlender, allüberall mächtiger Sieger hervor, überrascht die zu vergeblicher Wache gedungenen Krieger;

Denn ewig bleibt die lichte Wahrheit der Worte des Herrn.

Gerhard Berendonck, Canonicus von Xanten, ließ (dieß Denkmal) errichten 1536."

Aus den Inschriften erhellt, daß Canonicus Berendonck diese fünf Stationsbilder in den Jahren 1525—1536 auf seine Kosten herstellen ließ. Leider ist es trotz angestrengten und zeitraubenden Suchens bis dahin noch nicht gelungen, den Namen des Meisters zu finden, dessen Berendonck sich bediente. Indessen blieben die Forschungen nicht ganz erfolglos. Sie brachten allmählich eine Menge von Nachrichten, welche die Geschichte dieser herrlichen Gruppen in manchen Punkten klarstellt.

Aus den Handschriften des Canonicus Pels ergab sich zunächst, daß Berendonck im Jahre 1528 folgende Zahlungen machte:

für den Sockel der Kreuzigungsgruppe	50	Philippsgulben,
für die drei Bilder unter dem Kreuze	40	"
für ihre Bemalung	9	"
für die Bilder der Gruppe des Ecce homo	60	"
für ihre Bemalung	11	"
für die Gehäuse dreier Gruppen	56	"
dem Meister Adolph für Bemalung (pro illuminatione)	10	"
Berechnen wir für das vierte Gehäuse und seine Bemalung	22	"
für die drei übrigen Gruppen (1, 4 und 5) und ihre Bemalung	213	"
für die drei Kreuze und ihre Figuren	100	"

Gesammtkosten der fünf Stationen 571 Philippsgulden.

Ein Philippsgulben galt damals ungefähr 1½ Kapitelsmark. Demnach waren 571 Gulden gleich 856 Kapitelsmark. Da ferner ein guter Handwerkermeister in derselben Zeit als Sommertaglohn durchschnittlich 3 Solidi (¼ Mark) verdiente, so vertreten 856 Mark den Werth von 3424 Arbeitstagen eines tüchtigen Handwerkermeisters. Ein Malter Weizen kostete 1520 bis 1530 durchschnittlich 2, ein Malter Roggen 1½ und ein Malter Gerste 1⅓ Stiftsmark. Sie würden heute mit 30, 20 und 18 Mark bezahlt werden. Demnach wären die 856 Stiftsmark, welche Berendonck für seine fünf Stationsgruppen zahlte, soviel, als heute etwa 13 000 Mark gelten.

Woher kamen die fünf von Berendonck gestifteten Stationsbilder? Wie heißt der große Künstler, welchem sie ihre Entstehung verdanken? Zur Beantwortung dieser Frage ist vor Allem die Uebereinstimmung der Gruppirung dieser Bildwerke mit den entsprechenden Scenen in den Schnitzereien und Gemälden des Kalkarer Hochaltares zu betonen.

Bei der Darstellung der Gefangennehmung Christi schlafen die drei Apostel in Kalkar im Vordergrunde wie in Xanten, der Engel schwebt auch dort von rechts den Felsen herab, und links kommt Judas mit seiner Begleitung durch das Thor des Gartens. Das Ecce-homo-Bild ist in Kalkar nicht geschnitzt, sondern auf den Altarflügeln gemalt, aber auch da steht Jesus auf einem Piedestal neben Pilatus; nur schlägt dort der Henker dem Herrn den Mantel zurück. Die Vorbilder zu den Figuren, nach denen der Meister angeblich Luther und Calvin bildete, sind in Kalkar unverkennbar. In gleicher Weise sind die Figuren, welche in Xanten unter dem Kreuze stehen, mit denen der Kalkarer Kreuzesabnahme übereinstimmend gezeichnet. Im Bilde der Grablegung kniet Magdalena zu Kalkar fast wie in Xanten. Bei der Auferstehung sind die schlafenden, erwachenden oder fliehenden Soldaten von Xanten wie in den Malereien des Jan von Kalkar skizzirt.

Freilich bestand um 1500 ein bestimmter Typus, der sich in den genannten Scenen an manchen Orten wiederfindet. Die Darstellungen in Kalkar und Xanten gleichen sich indessen in Einzelheiten so sehr, daß ein Einfluß des Kalkarer Hochaltars auf die Xantener Stationsbilder kaum in Abrede gestellt werden dürfte.

Das Verdienst des Xantener Meisters wird durch die Benutzung älterer Vorbilder nicht geschmälert. Er verwerthete seine Vorlagen in ächt künstlerischer Weise, verbesserte und vereinfachte die Zeichnung, drängte das malerische Element, welches in Kalkar nicht nur in den Gemälden, sondern auch in den Schnitzereien des Hochaltares herrscht, zurück und strebte mit Erfolg und Glück nach größerer plastischer Ruhe, Einheit und Würde.

Gibt man zu, daß der Meister der Xantener Gruppen den Hochaltar von Kalkar genau studirt hat und daß sein Werk sich durch höhere plastische Kunstfertigkeit auszeichnet, so liegt es nahe, in Kalkar nach einem Kunstwerke zu suchen, das sich durch ähnliche Vorzüge hervorthut. Dort steht nun kein Bild den Xantener Gruppen so nahe, als die großartige Gruppe des Anna-Altares. In dem genannten Altare von Kalkar sitzt die hl. Anna auf einem Throne mit hoher Rücklehne neben ihrer Tochter, die ihr das göttliche Kind reicht. Hinter Anna sieht man die drei bekannten Männer, hinter Maria ihren Bräutigam, oberhalb des Thrones Gott den Vater inmitten vieler Engel. Wichtig ist, daß die Rückwand des Thrones dasselbe Maßwerk hat, wie die Vorderwand des Grabes Christi in Xanten. Es ist freilich wiederum wahr, die Maßwerksformen derselben Zeit gleichen sich in einer Gegend sehr. Ihre Uebereinstimmung in zwei Werken beweist darum noch nicht den gleichen Ursprung. Es ist aber nicht zu läugnen, daß übereinstimmendes Maßwerk der spätgothischen Epoche einen Anhaltspunkt zu weiteren Schlüssen bieten kann und in einer Kette von Gründen eine Erwähnung verdient.

Wäre freilich der Kalkarer Anna-Altar wirklich schon im Jahre 1490 durch Derick Boegert vollendet worden, dann lägen 35 Jahre zwischen ihm und der ersten Station von Xanten. Es wäre also schwer anzunehmen, daß die erst 1536 vollendeten Stationen von Boegert geliefert wurden. Man müßte also an einen seiner Schüler denken, der die Schätze der Kalkarer Kirche genau studirt und seinen Meister erreicht, wenn nicht übertroffen hätte.

Soll man nicht eine andere Vermuthung vorziehen und dem Heinrich Douvermann und seinem Sohne Johann einen Antheil an der Herstellung der Xantener Stationsgruppen zuschreiben? Beide lieferten 1533 bis 1544 die Brustbilder für den Hochaltar der Victorkirche. Sie waren demnach um die Zeit der Errichtung der Stationen (1525 bis 1536) in Xanten bekannt und mit Aufträgen beehrt. Nichtsdestoweniger ist der Stil der sicher beglaubigten Arbeiten der Douvermann von dem der Stationsgruppen so verschieden, daß man darauf verzichten muß, diese großen Steinwerke als Arbeiten ihrer Werkstätte anzusehen.

Im Umgange der Victorkirche sind zwei Epitaphien eingemauert, die ben Stationsgruppen stark gleichen. Das erstere gehört zum Grabe des im Jahre 1528 verstorbenen Canonicus de Platea. Es ist ein Basrelief der Auferstehung, das in seiner ganzen Composition mit der um 1536 errichteten fünften Station übereinstimmt, jedoch viel belebter und unruhiger gezeichnet ist und sich enger an das Bild der Auferstehung anlehnt, welches in den Jahren 1505—1508 durch Jan von Kalkar für die Flügel des dortigen Hochaltares gemalt wurde.

Das zweite Epitaphium entstand im Jahre 1539, befindet sich über dem Grabe des Heinrich Bronckhusen (Bruchhausen) und zeigt die Verspottung Christi, wie sie in der zweiten Xantener Stationsgruppe von 1531 dargestellt ist. Der Meister des Epitaphiums glaubte seinen großen Vorgänger über= treffen zu können, wenn er die Gruppe reicher ausstatte, hat aber dadurch be= wiesen, daß ihm das rechte Verständniß für die Schönheit seines Vorbildes fehlte. Er war eben von der Strömung seiner Zeit beherrscht, die fast immer dem Malerischen vor den Anforderungen der Plastik den Vorzug gab.

Berenboncks herrliche Stationsbilder umgeben das Südportal der Victorkirche. Der freigebige Stifter wohnte dem Portal gegenüber in dem großen, an die Westseite der alten Michaelskapelle angebauten Hause. Von seinem Fenster aus blickte er herab auf seine Bildwerke. Mit Recht freute er sich, wenn Einheimische und Fremde sie bewunderten und dann hinknieten vor dem Kreuze. Er hatte eine Reliquie vom Kreuze Christi darin eingefügt, ließ es vom apostolischen Nuntius von Köln, den er nach Xanten einlud, weihen, erlangte im Jahre 1532 von Clemens VII. einen Ablaß für alle, die davor beten würden, und vermachte eine Rente, aus deren Ertrag die Kosten der Lichter bestritten wurden, die in dunkler Nacht vor den Gruppen brannten. Eine zweite Rente von 2½ Gold= gulden sollte unter die Stiftsgeistlichen vertheilt werden, wenn sie am Charfreitage in Prozession zum Kreuze zögen, um in liturgischen Gesängen den Tod ihres Heilandes zu beklagen.

Im Jahre 1553 ließen seine Testamentsvollstrecker die Kreuzigungsgruppe durch den Malermeister Derick Scherre von Duisburg neu polychromiren und zahlten 14 daler für Arbeit, außer Kost, Wohnungsentschädigung und Materialien.

Die Fabrikrechnung erzählt, in demselben Jahre sei die erste Station vom Kirchhofe an ihre jetzige Stelle versetzt worden. Die betreffenden Posten verdienen Beachtung, weil in ihnen der Bildhauer Arnold von Tricht wiederum genannt wird. Sie lauten in der Uebersetzung also:

1553. „Die unten benannten Steinmetzen arbeiteten vor dem Hause des Robert Wachtendunk, um das Stationsbild (oratorium) zu versetzen, das dort auf dem Kirchhofe steht. Item Thomas von Aspergen, der Fuhrmann, führte die Steine der Gruppe vom Kirchhofe aus der Nähe des Hauses, in dem jetzt Robert Wachtendunk wohnt, bis vor die (Garten=) Mauer des ge=

nannten Herrn Wachtendunk. Item zahlte ich (der Fabrikmeister Everhard Maeß) dem Meister Arnold von Tricht und seinen beiden Gesellen (famulis) von Kalkar und dem Johann Michaelis, die am Bilde des Herrn arbeiteten, es erneuerten und in die Mauer des Herrn Robert Wachtendunk setzten, für 1½ Tag zusammen 1⅓ Mark." [1]

Seit 1771 ist die Kreuzigungsgruppe von einem starken Eisengitter umgeben. Damals wurde sie mit einer grauen Oelfarbe überstrichen, die ihr einen guten Theil ihres Glanzes nahm und öfters erneuert worden ist. Hoffentlich gewöhnt sich das geschwächte Auge unserer Zeitgenossen allmählich wieder an kräftige Farben. Dann wird ein neuer Berendonck nicht fehlen, der einem tüchtigen Künstler den ehrenvollen Auftrag gibt, die herrlichen Werke in ihrer ehemaligen Farbenpracht wiederherzustellen. Eine gute Polychromie muß den Eindruck, welchen die Bilder auch heute noch machen, bedeutend steigern. Sie wird bewirken, daß das katholische Volk sich besto inniger freut über Kunstwerke, die ihm ein alter Canonicus vor mehr denn 300 Jahren errichten ließ, und zu deren Erhaltung er einen großen Theil seines Vermögens hergab. Berendonck ruht unter dem großen Grabstein vor dem majestätischen Kreuze, das er seinem Herrn errichtete. Die Vorzeit vereinte Kunst und Religion. Es ging so viel von der ewigen Dauer und von der himmlischen Würde der Offenbarung auf die Kunst über, weil sie eine so edle Schwester gewonnen hatte.

Drittes Kapitel.

Die Nebenaltäre der Victorkirche bis zum Ende des Mittelalters.

I. Große Basiliken fand man während der ersten Jahrhunderte nach Constantin in den einflußreichen Städten des weiten Römerreiches besonders dort, wo kaiserliche Freigebigkeit einer bedeutenden Anzahl von Christen mit Wohlwollen entgegengekommen war. Später bauten die Abteien weite Kirchen, in denen nicht nur die Mönche, sondern auch das Volk der Umgegend den feierlichen Ceremonien beiwohnen konnte. Meist waren jedoch die Kirchen klein und nur mit einem Altare ausgestattet; dieß um

---

[1] Ueber den Canonicus Berendonck vgl. „Stimmen aus Maria-Laach", Jahrgang 1882, Bd. XXIII. S. 68—82; über die Stationen Beschr. d. Victorkirche, S. 58 f., Aus'm Weerth, I. Tafel 19, S. 43 und die Urkunden, welche die Stationsbilder betreffen, im *Rep. I. Nr. 1586. 1870. 1880. 1894. 1903. 1920. 1984. 2044; *Rep. II. Nr. 591. 611. 638. 714 aus den Jahren 1532—1554. Weitere Nachrichten im *Registrum receptorum et expositorum per executores testamenti quondam Gerardi Berendonck und bei *Pels I. p. 135 und II. p. 60.

so mehr, als die alten Klöster und Stifter mehrere Kirchen oder Kapellen innerhalb ihres Mauerringes umschlossen und nur eine beschränkte Zahl von Priestern besaßen.

Mit der Größe der Kirchen mußte die Zahl der Altäre schon deßhalb wachsen, weil die Architektur die Seitenschiffe in Nebenchören abschloß, die ihren Altar verlangten; dann aber auch, weil die Geistlichkeit sich zum Psalmengebet hinter die Chorschranken zurückzog, wo sie ungestört blieb, und dafür dem Volke einen eigenen Pfarraltar baute, der vor dem Lettner allen sichtbar aufgestellt ward.

Das Anwachsen der Priesterschaft, die häufigere Feier der heiligen Messe, die steigende Verehrung zahlreicherer Heiligen, die Stiftung von Beneficien und Vicarien vermehrten wiederum die Zahl der Altäre. Schon im Jahre 1128 hatte die Victorkirche deren sieben.

Ihr **Hauptaltar** stand immer in der Mitte des Ostchores und war der allerseligsten Jungfrau, dem hl. Victor und der hl. Helena geweiht.

Als **2. Altar** galt der Kreuzaltar vor dem Lettner. Er wurde später Pfarraltar oder Sacramentsaltar genannt.

Dazu kam **3. der kleine Altar hinter dem Hauptaltar** an der östlichen Wand des hohen Chores. Vielleicht wird er mit dem Allerseelenaltare zu identificiren sein, welcher nach Ausweis der Urkunden und Handschriften in der Nähe des Hochaltares stand. In allen größeren Kirchen durfte nur die höhere Geistlichkeit am Hochaltare celebriren. Dieselbe ließ sich immer mehr von den Vikaren vertreten, wollte diese jedoch nicht zum Hochaltare zulassen, um nicht alte aristokratische Privilegien aufgeben zu müssen. In Folge dessen wurde den Vikaren ein Altar vor oder hinter dem Hochaltar erbaut, an dem sie stellvertretend walteten. Darin liegt wohl die Erklärung für jene kleinen Altäre, welche man in großen Kirchen so oft hinter dem Hauptaltare findet.

Zu diesen drei Altären in der Mitte des Hauptschiffes kamen vier Nebenaltäre, die schon von einer Urkunde des Jahres 1261 als Altäre zweiten Ranges bezeichnet sind.

4. Der Altar der hl. Katharina und des hl. Lambertus;

5. Der Altar der hll. Nikolaus, Sylvester und Gregor;

6. Der Altar der heiligen Apostel Petrus, Paulus und Johannes;

7. Der Altar der heiligen Erzmärtyrer Stephanus und Laurentius.

Für die Geschichte der Kunstgeschichte und Hagiologie ist bemerkenswerth, daß keiner dieser älteren, lange vor dem 13. Jahrhundert errichteten Altäre einen deutschen Heiligen als Patron aufweist. Weder der hl. Ludgerus, der hl. Bonifatius, der hl. Willibrordus, noch einer der anderen Glaubensboten des Unterrheines oder der vielen Kölner Heiligen und Martyrer ist auf einem der älteren Altäre der Victorkirche verehrt worden.

Vier „erste Vikare" waren für die ebengenannten Nebenaltäre angestellt; ihnen kamen die Vikare der vier größeren Kapellen des Stiftes an Ansehen gleich. Die erste dieser Kapellen lag vor der Stadt. Sie war dem hl. Gereon geweiht. Die zweite, die Doppelkapelle der hll. Dionysius und Michael, befand sich vor dem Südportal der Kirche. Eine dritte, dem hl. Andreas gewidmet, erhob sich nicht fern vom Ostchore der Victorkirche und wurde den Karthäusern überwiesen, als diese 1648 in Folge der Reformation aus der Gegend von Wesel nach Xanten flüchteten. Die dem hl. Johannes geweihte Taufkapelle, welche neben dem nordwestlichen Thurme der Victorkirche lag, mußte abgebrochen werden, als man an ihrer Stelle das jetzige nördliche Seitenschiff erbaute. Ihr Altar kam in dieß Seitenschiff, ungefähr an denselben Platz zu stehen, den er in der Kapelle eingenommen hatte, und galt als 8. Altar der Kirche.

Ein 9. Altar steht in der sich an die Nordseite der Victorkirche anlehnenden und mit ihr in unmittelbarer Verbindung stehenden Kapelle des Heiligen Geistes. Nach dem Jahre 1609 wurde er den Jesuiten überwiesen, welche seitdem in der Seelsorge für die Stiftsgeistlichkeit und die Stadtbevölkerung aushalfen.

Rechnet man noch die kleine Kapelle des hl. Bartholomäus im Hospitale und die für die Aussätzigen bestimmte Kapelle des hl. Antonius vor dem Cleverthore in der Nähe der alten Burg und der alten römischen Stadt hinzu, so besaß das Kapitel sieben Kapellen.

Obgleich schon der Hochaltar neben dem Namen des Hauptpatrones der Kirche auch den der allerseligsten Jungfrau trug, so weihte doch bereits 1128 der hl. Norbert einen Marienaltar (10.) in der Krypta. Dieser Altar kam später in's Westchor und dann in's südliche Seitenschiff.

Allmählich vergrößerte sich die Zahl der Altäre mehr und mehr, weil die Andacht des Volkes oder die Frömmigkeit einzelner Geschenkgeber neue Vikarien stiftete und die Verehrung einzelner Heiligen in den Vordergrund stellte.

So entstanden nach und nach die folgenden Altäre:

11. Der Altar der hll. Barbara, Georg und Remigius. Im Jahre 1263 stand er im nordwestlichen Thurm, dem Thurm der hl. Barbara, jetzt ist er etwas nach Osten gerückt und unten im nördlicheren Seitenschiffe aufgestellt.

12. Der Altar der hll. Helena und Apollonia, nördlich neben dem Lettner.

13. Der Altar der hll. Agatha und Elisabeth.

14. Der Altar der heiligen drei Könige und des hl. Paulus ist bereits in einer Urkunde vom Jahre 1342 erwähnt.

15. Der Altar der hll. Antonius, Thomas, Dionysius und Magdalena, im nördlichen Seitenschiffe, wird 1374 genannt.

16. Der Altar der hll. Ludgerus, Andreas und Rochus ward im Jahre 1483 gestiftet.

17. Der Altar der hll. Martinus und Bonifatius wurde 1485, zwei Jahre nach dem Ludgerusaltar errichtet. Damals hob sich die Verehrung der Landesheiligen: gewiß spät, wenn man bedenkt, welche Verdienste Bonifatius und Ludgerus sich um die Gegend erworben hatten.

18. Der Altar der hll. Matthias, Cornelius und Servatius ist 1525 dotirt worden.

19. Der Altar der heiligen 10 000 Martyrer, der allerseligsten Jungfrau und der hll. Christophorus, Erasmus, Georg und Bartholomäus wurde 1526 mit Renten ausgestattet.

20. Etwas früher, nämlich im Jahre 1506, wird der Altar der hl. Anna erwähnt. Er dürfte wenig älter sein, da die Verehrung der heiligen Mutter Anna erst gegen Ende des 15. Jahrhunderts am Niederrhein volksthümlich wurde.

21. Der Altar des hl. Blasius wird 1468 auch Kreuzaltar genannt, weil das wunderbare Kreuz der Victorkirche damals auf ihm stand. Er ist vom Kreuzaltar vor dem Lettner zu unterscheiden.

22. Vielen Heiligen der Gegend war jener Altar gewidmet, welcher die hll. Agnes, Bonifatius, Servatius, Georg, Martinus, Ursula und ihre Gefährtinnen zu Patronen hatte, obwohl Martinus nnd Bonifatius schon ihren eigenen Altar besaßen (Nr. 17) und auch der heilige Bischof Servatius von Tongern und Maestricht schon bei einem andern Altare (Nr. 18) Mitpatron war.

23. Der Altar der hll. Crispin, Crispinian und Clemens gehörte der Schustergilde. Die Schneider sammelten sich um den Altar der hl. Anna (Nr. 20), die Tuchweber um den der hl. Katharina (Nr. 4), die Brauer und Bäcker um den Altar der beiden Erzmartyrer (Nr. 7). Der hl. Antonius (Nr. 15) ward von den Landleuten, Kranken und Schiffern verehrt. Die Leineweber kamen zum hl. Severus, dem der 24. Altar gehörte.

24. Der Altar der hll. Quirinus, Mauritius, Severus, Sebastian und Fabian wird 1467 erwähnt.

Die bis dahin genannten Altäre waren mit Vikarien oder Stiftungen ausgestattet; drei weitere Altäre blieben ohne Renten.

25. 26. 27. Der Altar der Sakristei, der des hl. Victor in einer der beiden Emporkapellen der Westthürme und ein unbenannter Altar in der zweiten Emporkapelle.

Früh hatten die Vikare der Victorkirche eine Bruderschaft des hl. Johannes gestiftet, wodurch sie zu gegenseitigem Schutze und wechselseitiger Hülfe verbunden waren. So standen sie fest geeint zusammen, während auch die Canoniker durch die Stiftsverfassung zusammengehalten wurden und ihre Interessen und alten Vorrechte eifersüchtig bewachten.

Zur Fraternitas S. Johannis Evangelistae vicariorum ecclesiae Xanctensis gehörten im Jahre 1334 zwölf Vikare und Altaristen, die vier Vikare der älteren Altäre (Nr. 4—7), die Vikare der vier Kapellen der hll. Gereon, Johannes, Andreas und Michael und die vier Vikare der schon damals gestifteten jüngeren Altäre (Nr. 10—13). Bis zum Jahre 1404 waren drei neue Altäre entstanden. Da ihre Vikare in die Bruderschaft aufgenommen wurden, zählte diese jetzt 15 Mitglieder. Im Jahre 1538 war die Zahl auf 22 gestiegen, weil der Pfarrer, die beiden Priester, welche das Evangelium und die Epistel beim Stiftshochamte sangen und denen die Einkünfte des Blasiusaltares zukamen, sowie die Inhaber der seither gestifteten Altäre hinzugekommen waren.

Die Victorkirche besitzt noch alle ihre Altäre. Wenige sind ohne Aufsatz, so daß sie nicht mehr zur Feier der heiligen Messe benutzt werden können[1]. Es gab aber im Mittelalter viele Kirchen, die noch reicher ausgestattet waren. Beispielsweise besaßen die Nikolaikirche von Jüterbogk, sowie die Frauenkirche zu München 30 Altäre, der Dom zu Meißen hatte 32, die Kirche der Cistercienser zu Ebersbach 35, die Marienkirche von Frankfurt a. d. O. 36, die Marienkirche von Stralsund 44, die von Danzig 46, der Dom von Magdeburg zählte sogar 48 Altäre.

Da die Geschichte des Hochaltares im ersten Kapitel ausführlich behandelt wurde, bleibt hier noch die der Nebenaltäre zu erzählen. Sie hat nach dem Zweck dieser Arbeit das Hauptaugenmerk auf die Darstellung der Baugeschichte ihrer Aufsätze zu richten. Wir werden demnach in diesem Kapitel an der Hand der Quellen die Schicksale der gothischen Altaraufsätze schildern und in einem folgenden Kapitel die Geschichte der späteren Altaraufsätze geben.

II. Der Antoniusaltar besitzt den ältesten noch erhaltenen Aufsatz der Xantener Kirche. Er steht im nördlichen Seitenschiffe (bei 44, zwischen D² und D³ im Grundrisse), dort, wo im Jahre 1372 die Bauthätigkeit des Meisters Jakob, den der Brand der Westfaçade zu anderer Arbeit abrief, endete, und wo Meister Konrad von Cleve im Jahre 1384 den Weiterbau begann. Da der Altar schon 1374 erwähnt wird, muß er errichtet sein, ehe noch die 1385 vollendeten Gewölbe über ihm geschlossen waren. In dem genannten Jahre dotirte Goswin von Tyel (Tighel, Thiela), der Dechant der Kirche, den Altar. Er übertrug denselben im folgenden Jahre dem Johannes Duystein und ließ ihn in die Reihe der Altäre der Vikarie-Bruderschaft des hl. Johannes aufnehmen. Zu derselben Zeit wurden, nach Ausweis der Baurechnungen, Bänke vor

---

[1] Ueber die Zahl der alten Altäre vgl. *Protocolla II. p. 303; über die ältesten Vikarien s. Binterim, Diöcese 3. S. 286, und Spenrath 2. § 17; über die Nebenaltäre anderer Kirchen vgl. Otte, Handb. der kirchlichen Kunstarchäologie, 5. Aufl. S. 129.

dem neuen Altare aufgestellt, und die Rheinschiffer kamen oft zu ihm, um seinem Heiligen eine Kerze anzuzünden und so eine glückliche Fahrt zu erbitten. Am Freitage sammelten sich die armen Leute um den Altar, weil der Vikar durch seine Stiftungsurkunde verbunden war, ihnen an diesem Tage für fünf Denare Weißbrod zu vertheilen. Erst im Jahre 1387 bestätigte Erzbischof Friedrich von Saarwerden durch eine förmliche Urkunde die Errichtung und Stiftung des Altares[1]. Man hat also hier eines der vielen Beispiele, die zeigen, wie sehr man im Mittelalter eilte, um zu einem vorläufigen Abschluß zu kommen, der den Gebrauch eines Altares und eines Theiles der Kirche gestattete, und wie lange man sich doch auch wieder geduldete, bevor die endgültige Fertigstellung erreicht war.

Wie der erste Aufsatz des Altares beschaffen war, wird nicht gemeldet. Der jetzige entstand mehr als 100 Jahre nach Errichtung des Altares. Sein Schema (Abbildung 2) zeigt einen Flügelaltar mit drei größeren

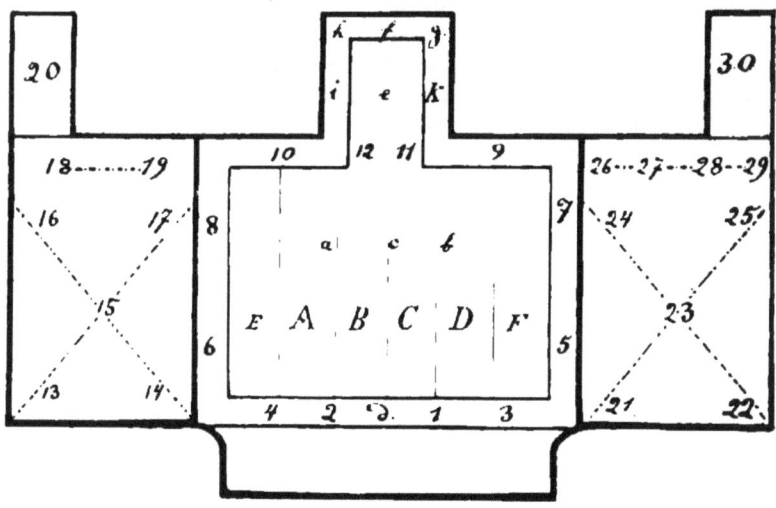

2. Schema des Antonius-Altares.

und zwei kleineren Holzfiguren. Die Figuren sind von reich geschnitztem Leistenwerk umgeben, worin der Stammbaum Jesse mit zwölf Königen aufsteigt. Er endet in Maria, die von zwei Propheten begleitet wird und auf die Gott Vater, von Engeln umgeben, herabsieht. Die Anordnung ist diese:

---

[1] Die wichtigsten Urkunden über den Antoniusaltar finden sich im *Rep. I. Nr. 695. 696. 701. 892. 1125. 1581; II. Nr. 48. 63. 136. — Vgl. *Pels II. p. 78 u. 420.

Die Nebenaltäre der Victorkirche bis zum Ende des Mittelalters.

	Engel h.	Gott f.	Engel g.	
	Prophet i.	Maria e.	Prophet k.	
— König 10.	— König 12.	König 11.	— König 9.	—
8.	A.	B.	C.	D.	...	7.
König.	E.	St.	St.	St.	F.	König.
6.	St.	(Victor a)	(Helena c)	(Heilige b)	Ein	5.
König.	Hieron.	Thomas.	Dionys.	Anton.	Magdal. Apostel.	König.
—	König 4.	David 2.	Jesse d.	Salomo 1.	König 3.	—

Mit wahrer Meisterhand ist das Holz an diesem Altare geschnitzt. Der Künstler verstand es, dem knorrigen Material Formen zu geben, in die es sich gerne fügt und die sich willig mit ihm vereinen. Die alten Holzschneider vergaßen nie, welchen Stoff sie zu bearbeiten hatten. Darum wurden die Ausläufer ihrer Baldachine astartig und ihre Fialen leichter und gelenkiger, als die der Steinmetzen und Goldarbeiter, welche härteres und spröderes Material gliedern mußten. Viele, die heute „gothische" Altäre zu liefern vorgeben, dürften von den Alten lernen, daß es für Holzarbeiten nicht genügt, Baldachine und Tabernakel einer Kathedrale zu copiren. Diese oder jene Fialen und Profile können am Dom von Köln sehr schön sein, weil sie den spröden Stein des Siebengebirges nach den Grundsätzen der Gothik in vorzüglicher Weise behandeln, aber dennoch an einem Holzaltare unkünstlerisch und geschmacklos werden. Sie hören dort auf, gothisch zu sein, weil nie und nimmer ein Meister der gothischen Kunstepoche eine solche Fiale an seinem Holzaltar angebracht hätte. Maßwerk, Rosetten und Thürmchen begründen nicht das Wesen der Gothik. Sie sind nur da gothisch, wo sie vernünftig bleiben. Vernünftig erscheinen sie nur, wenn ihre Formen sich dem Material anpassen. Niemand hat der edlen Gothik mehr geschadet und mehr dazu gethan, sie in Verruf zu bringen, ja sie Manchem zu verleiden, als die Schaar der Dilettanten, die ohne Sinn und Verständniß mit erborgten Formen spielen und nach ihren schablonirten Zeichnungen Eisen, Holz, Stein und Gold unterschiedslos in Formen zwängen, die für einen bestimmten Stoff, nicht aber für jedes beliebige Material oder Surrogat passen.

Die Hauptfiguren des Xantener Antoniusaltares, der Altarpatron und der hl. Dionysius, stehen in der Mitte des Schreines unter kunstvoll verzweigtem Astwerk, das zu Baldachinen verwächst. Die alte Kapelle des zuletzt genannten Heiligen, welche vor dem Südportal unter der Michaelskapelle erbaut ist, beweist, daß seine Verehrung sehr früh aus Frankreich herüberkam, wo man ihn als Apostelschüler und ersten Bischof von Paris verehrte. Die Legende erzählt, er sei um des Namens Jesu willen enthauptet worden und habe nach der Hinrichtung sein Haupt aufgehoben, in die Hände genommen und vor den erstaunten Soldaten eine Strecke weit getragen. Das Bild des Heiligen hat den Künstlern viele Schwierigkeit bereitet. Ihn stehend so darzustellen, daß der blutige Rumpf sich ohne Haupt zeigt, widerstrebt dem Schönheitsgefühl. Bildeten die Künstler den Heiligen in seiner vollen Gestalt und gaben ihm als Zeichen des Martertodes ein Evangelienbuch in die Hand, worauf das abgeschlagene Haupt gelegt war, das er für dieß Evangelium hingab, dann hatte der Heilige zwei Köpfe. Dies mußte um so widersinniger erscheinen, je mehr beide nach einer Form gebildet wurden. Der Bildschnitzer des Xantener Altares vermied beide Klippen. Er stellte den Heiligen auf einen Sockel, etwas höher als die Figuren zur Rechten und Linken, und gab ihm sein Haupt so in die Hände, daß es fast in die Höhe der Häupter der nebenstehenden Bilder kommt. Auf den ersten Blick hat es den Anschein, als ob der Heilige in etwas gebückter Haltung dargestellt sei. Bei näherem Zusehen entdeckt man, daß er enthauptet ist; dann ist aber der Verstand schon so weit in Thätigkeit, daß er das Abstoßende einer enthaupteten Figur überwindet. Dieß wird ihm erleichtert, weil die blutende Wunde verdeckt ist.

Neben dem hl. Dionysius tritt der hl. Antonius auf einen Drachen, um anzuzeigen, daß er alle jene Anfechtungen des Teufels siegreich überwand, die auf den Altarflügeln in epischer Breite geschildert sind.

Jesus hatte den Teufeln erlaubt, in die Schweine der Gerasener zu fahren und dieselben zu Grunde zu richten. Das Volk verallgemeinerte diese Thatsache und schrieb den bösen Geistern eine besondere Gewalt über solche unreine Thiere zu. Dann suchte es nach Hülfe und glaubte diese im hl. Antonius zu finden. Der Heilige hatte die Teufel so oft besiegt und fern von den Menschen in der Einsamkeit, d. h. nach deutschmittelalterlichen Begriffen in hohen, einsamen Eichenwäldern gelebt, wo die ältesten deutschen Mönche sich niederließen und wo das Volk seine Einsiedler fand.

In den reichen Waldungen um Xanten trieben Tausende von Schweinen sich herum, wenn die Eicheln reiften. Vom Erfolge der Mast, die vielen Gefahren und Zufälligkeiten ausgesetzt war, hing das Vermögen mancher Familien ab. Daß somit die Landbevölkerung den hl. Antonius eifrig verehrte, kann nicht Wunder nehmen. Wurde dem Heiligen der Erfolg der Schweinezucht anbefohlen, so mußte der plastische Sinn der Zeit eines dieser Thiere unter seinem Mantel Schutz suchend darstellen.

Der Eifer des Volkes, dem hl. Antonius die Hut seines lebenden Eigenthums zu empfehlen, führte zu einer Sitte, die anfänglich auffällt, bei ruhigem Nachdenken aber rührend wird. Man hatte in manchen Städten und Dörfern, z. B. in Wesel, sogen. „Antonius-Schweine", deren Ertrag den Armen oder einer Stiftung zukam. Sie trugen eine Schelle am Halse, liefen durch die Straßen und bettelten durch ihr Geläute um Nahrung, welche mitleidige Seelen ihnen hinwarfen, um den Zweck zu fördern, dem die Thiere dienten[1].

Als drittes Kennzeichen des hl. Antonius dient ein großer Stab, der ihn als Altvater kennzeichnen soll. Derselbe läuft meist in eine doppelte Krücke aus. So wird er zum Taustabe (T-Stabe), welcher vordem bei Bischöfen und Aebten öfters den Hirtenstab ersetzte. An jeden der beiden Arme des Antoniusstabes hängte man ein Glöckchen. Eines derselben sollte wiederum an die Zucht der Schweine erinnern, die in den Wäldern eine Schelle trugen, um leichter wiedergefunden zu werden. Das zweite weist den Heiligen als Patron der Pestkranken aus. Ihre Krankheit, im Volksmunde „Antoniusfeuer" genannt, zwang sie, sich durch Klappern oder Läuten kenntlich zu machen, um die Gesunden vor Annäherung und Ansteckung zu bewahren. Wenn man mit Eifer die Zeichen und Symbole der alten mythologischen Figuren aller Erdtheile studirt, weil sich dadurch ein tieferer Einblick in die Cultur der Völker erreichen läßt, dann sind sicherlich die Heiligenbilder des Mittelalters werthvoll, um die Cultur unserer Voreltern gründlicher zu erfassen, jener Bildungsstufe, deren Früchte wir heute noch genießen.

Alle Figuren und Ornamente des Antoniusaltares sind vergoldet und bemalt. Vier Jahrhunderte lagerten ihren Staub auf die Farben ab, raubten dem Golde seinen Glanz und brachten einzelne Theile in Verlust. Trotzdem ist soviel erhalten, daß das Werk mit Leichtigkeit die alte Pracht und Würde wieder gewinnen kann, wenn es einem erprobten Meister zur Erneuerung übergeben wird.

Die Besprechung der Altarflügel muß zwischen dem dargestellten Gegenstande und der Art der Ausführung unterscheiden. Den Gegenstand nahm der Maler im Wesentlichen aus der Lebensbeschreibung, die der große Athanasius, der muthige Bischof von Alexandrien, verfaßte, und die schon zur Zeit des hl. Hieronymus in's Lateinische übersetzt worden war[2].

Die Malereien beginnen auf der Evangelienseite in der äußersten Ecke des Flügelbildes (bei 13 in der Abbildung S. 62). Dort steht ein feiner Jüngling unter dem vornehmen Eingangsthore einer thurmreichen Burg. Das bunte Barett sitzt leicht auf seinem reichen goldigen Haare. Es ist

---

[1] Scholten, Cleve S. 239. 173. 555; Ephenrath III. S. 41; Janssen, Geschichte des deutschen Volkes I. S. 284. 293.

[2] Im Folgenden ist diese Lebensgeschichte nach der lateinischen Uebersetzung Acta SS. Jan. II. p. 120 sq. citirt, weil diese von den mittelalterlichen Künstlern benutzt ward. Die auf den hl. Antonius bezüglichen Stellen aus den Collationen des Cassian sind bei den Bollandisten p. 141 sq. abgedruckt.

Antonius. Eben kehrt er aus der Kirche heim, um der Mahnung zu folgen, die er aus dem Evangelium vernommen: „Geh' hin, verkaufe alles, was du hast, und gib es den Armen." Einem Krüppel, der auf den lahmen Knieen herankriecht, reicht er ein Kleid, dem Blinden, den ein wohlgestalteter Knabe ihm zuführt, gibt er ein Goldstück, während ein armes Weib bittend ihre Hand ausstreckt, die sie nicht leer zurückziehen wird.

In der gegenüberliegenden Ecke der Tafel bildet (bei 14) ein Kloster in malerischer Weise das Gegenstück zur eben erwähnten Burg. Der Bau ist einfacher als das vornehme Schloß, in dem Antonius wohnte, aber doch mit künstlerischer Freiheit verziert. Vor dem Portale stehen vier Mönche in schwarzen Mänteln und dunkelblauen Kleidern: zwei ältere, der Abt und der Prior, mit großen Tonsuren, und zwei jüngere. Antonius, der all' sein Vermögen hingegeben hat, kniet in liebenswürdiger Einfalt vor dem Abt und bittet um Aufnahme in's Kloster. Der Greis heißt ihn aufstehen, während die anderen Mönche voll Bewunderung auf den Bittsteller hinblicken.

Die historische Wahrheit ist freilich in dieser zweiten Scene nicht genügend beachtet. Der hl. Athanasius sagt (Nr. 6) ausdrücklich, als Antonius die Welt verließ, habe es noch keine eigentlichen Klöster gegeben. Von einer Bitte, wie sie hier dargestellt ist, konnte also nicht die Rede sein. Die Idee bleibt indessen wahr; denn Antonius bat ältere Geisteslehrer, seine Leitung zu übernehmen, und trat so in's Ordensleben ein.

Mit Meisterhand ist auf der einen Seite des Bildes in Miene und Haltung der Bettler die Erwartung, auf der andern die Bitte des Antonius geschildert. Der Abt zeigt ruhige Würde, der Prior einladende Freundlichkeit, und beide sind doch so kindlich naiv geschildert, wie ihre beiden jüngeren Begleiter. Bettler, Krüppel und das arme Weib treten trotz ihrer Lumpen und zerrissenen Kleider so ordentlich und reinlich auf, daß der Zweck eines solchen Altarbildes gewahrt bleibt und ihre Armuth mehr angedeutet als dargestellt ist. Die vier Mönche erinnern zwar an Gestalten, die man in alten Klöstern fand, sind aber doch so veredelt und verklärt, daß sie zu Typen des reinsten Wohlwollens und des heitersten Seelenfriedens werden. Das Geschick des Malers verräth sich auch in der Anordnung, womit er die beschriebenen Scenen gegenüberstellt. Er gibt jeder derselben ein Gebäude als Rückhalt, öffnet die Thore der beiden Bauten gegen einander und führt vor den Eingängen rechts und links je fünf Personen handelnd ein. So bringt er beide Scenen in's Gleichgewicht und verbindet sie durch die gleichartige Architektur und die gleiche Hauptperson.

Die beiden Gebäude in den Ecken, Schloß und Kloster, sowie die eng gesammelten Gruppen geben dem Bilde eine feste Grundlage. Ueber ihnen ist in der Mitte des zweiten Planes, im Durchschnitt zweier Diagonalen, die dritte Scene angebracht (Nr. 15). Antonius betet mit ausgebreiteten Armen vor einem weiß gekleideten Engel. Der Heilige trägt die Kleidung der Mönche, die ihn aufnahmen, und lebt in der Wüste. Dort wurde er, wie Cassian (Nr. 27) erzählt, eines Tages vom Ueberdrusse am einsamen Leben gequält. Er trat aus seiner Zelle hervor und flehte: „Herr, ich will meine

Seele retten, aber meine Versuchungen hindern mich. Was soll ich thun?" Da erblickte er einen Engel, der zuerst saß, dann arbeitete, zum Gebete aufstand, sich hinsetzte zum Flechtwerke, sich wieder erhob zum Beten und zuletzt sprach: „Antonius, so mache es, und du wirst deine Seele retten."

Die folgenden Scenen liegen im dritten Plane und sind darum kleiner als die drei vorhergehenden. Um dieselben symmetrisch mit den vorhergehenden zu verbinden, hat der Maler sie in die Fortsetzung der beiden Diagonalen gelegt, welche aus den Ecken des Flügelbildes durch die dritte Scene aufsteigen. Stützten die Diagonalen sich in den unteren Eckscenen auf die wuchtigen Mauermassen der Burg und des Klosters, so gipfeln sie jetzt leicht in hochgewachsenen Baumkronen, welche die beiden Scenen des dritten Planes zur Rechten und Linken gegen den Rand der Tafel abschließen.

Die rechts liegende Scene (Nr. 16) zeigt die Zelle des Heiligen am Eingange eines Waldes. Er ist herausgetreten. Wilde Thiere stürzen auf ihn ein, greifen ihn an und zerfleischen ihn mit den Krallen. Eines ist röthlich, das andere grünlich, das dritte bläulich gemalt, weil diese Farben zum Tone der Umgebung passen, die Thiere aber als Teufelslarven einer naturalistischen Behandlung keineswegs bedürfen.

Wer sich an solchen Teufelserscheinungen stößt, mag sich mit dem hl. Athanasius (Nr. 16 f. a. a. O.), dem hl. Hieronymus und mit anderen Schriftstellern auseinandersetzen. Alle, welche über das alte Mönchsleben schrieben, erzählen solche Vorkommnisse als Thatsachen.

In der gegenüberliegenden Scene (Nr. 17) tritt Antonius mit einem Altvater und zwei jungen Mönchen aus dem Waldesdickicht. Seine Begleiter schauen voll Verwunderung auf einen Zug Kameele, der ohne Führer und menschliche Leitung Körbe mit Brod, Fässer voll Wein und Ballen mit anderen Lebensmitteln herbeibringt. Die hier gemalten Kameele sind originelle Gebilde, Pferde mit langen Hälsen und kleinen Köpfen, die der Künstler nach dem Hörensagen formte. Einige Leitthiere tragen stolz ihre Schellen am Halse. Lustig traben alle den Einsiedlern entgegen. Sie ärgern den Anatomen; den Aesthetiker reizen sie zum Lächeln. Zuletzt muß man sich doch noch über die Naivität der alten Künstler freuen. Der oberste, vierte Plan enthält zwei noch kleinere Bilder (Nr. 18 u. 19). Im erstern begrüßt Antonius in schwarzer Kleidung einen greisen Einsiedler, welcher in grauem Gewande aus dem Walde hervortritt, den Abt Hilarion. Das folgende Bildchen zeigt eine wasserreiche Gegend; der Teufel tritt zu Antonius hin, den er, wie Athanasius (Nr. 67) berichtet, auch in der tiefern Einsamkeit, wohin dieser sich zurückgezogen hatte, nicht verschonte.

Das Flügelbild hat einen kleinen Aufsatz (im Schema mit 20 bezeichnet), welcher der Mitte des Schreines gegenübersteht, in der (bei 11 und 12) zwei Könige das Bild Mariä (in o) emporheben, auf das Gott der Vater mit seinen Engeln herabblickt. Der Maler setzt sich zum Bildschnitzer in Parallele und zeigt, wie zwei Engel den hl. Antonius emporheben, während zwei Teufel ihn herabzuziehen suchen. Zu dieser Darstellung hat wiederum der hl. Athanasius den Vorwurf geliefert. Er erzählt (Nr. 85): „Einstens war Antonius um 3 Uhr noch nüchtern und betete. Da kamen Engel und erhoben ihn gen Himmel. Zwei Teufel wollten ihn zurückziehen zur Erde. Die Engel fragten: ‚Warum thut ihr das?‘ Die bösen Geister antworteten: ‚Wegen seiner Sünden.‘ Da entgegneten die Engel: ‚Wißt ihr Sünden, die er beging, seit er sich Gott weihte, so nennet sie.‘ Weil die Teufel keine zu finden vermochten, mußten sie weichen."

Auf der ersten Tafel lehnen die beiden untersten Scenen sich nach den äußeren Ecken des Rahmens hin (nach 13 und 14) an ein Schloß und ein Kloster an. In ähnlicher Art erhalten die untersten Scenen der zweiten Tafel in der doppelt dargestellten Zelle des Heiligen einen Rückhalt. Die Zelle ist in symmetrischer Gleichheit einmal in der linken und ein zweites Mal in der rechten Ecke so dargestellt, daß sie sich mit der Rückwand in die Ecken des Bildes verliert. Mit der Stirnseite tritt sie schräg in das Gemälde hinein. Dieser Gleichklang beider Seiten hilft wiederum zum klaren Aufbau der neun Scenen, welche, in vier Reihen zu 2, 1, 2, 4 angeordnet, die Tafel füllen. Die fünf unteren stehen in Diagonalen, die vier oberen nebeneinander. Mit der Höhe nimmt der Maßstab ab.

In der ersten Scene kommt Antonius aus der offenen Thüre seiner Zelle. Drei hohe Frauengestalten treten vor ihn hin. Die erste trägt Kleider von Goldstoff, Pelzwerk und Purpur, eine goldene Halskette, einen hohen, mit kostbarem Geschmeide verzierten Kopfputz und zeigt allen Glanz einer Königin. Eine ihrer Begleiterinnen ist älter, die andere jünger. Beide sind weniger reich, aber doch kostbar gekleidet. Alle treten so frisch, so unschuldig und naiv auf, daß man nicht begreift, warum Antonius seine Hände zur Abwehr erhebt. Aber der in Krallen endende Fuß der vornehmsten kennzeichnet alle als Verführerinnen.

Die Scene soll also eine der vielen Erscheinungen darstellen, in denen der Teufel, nach dem Berichte des hl. Athanasius (Nr. 10, 36 u. s. w.), unter reizender Frauengestalt den strengen Einsiedler zu verwirren trachtete.

In der gegenüberliegenden Scene steht der Heilige wiederum vor seiner Zelle. Dießmal erhebt er seine Hand zum Segen. Er will sich durch das Kreuzzeichen gegen einen Teufel waffnen, der in riesiger Gestalt vor ihm aufwächst. Antonius erzählte seinen Mönchen: „Einst klopfte der Teufel an meiner Zelle. Ich trat heraus, sah einen Riesen, dessen Haupt bis zum Himmel reichte, und fragte: ‚Wer bist du?‘ Er antwortete: ‚Ich bin Satan.‘ — ‚Was willst du hier?‘ Er entgegnete: ‚Warum quälen mich Mönche und Christen? Sie lassen mir keine Ruhe. Ueberall werde ich vertrieben.‘ Ich erwiederte ihm: ‚Obwohl du ein Lügner bist, hast du hier einen Theil der Wahrheit gesprochen. Jesus wird dich ganz zu Grunde richten.‘"

In diesen beiden untersten Scenen (21 und 22) sind die Versuchungen zur Sinnlichkeit und Eitelkeit geschildert. In der zweiten Reihe folgt die Darstellung der Versuchung zur Habsucht (23). Antonius findet auf einsamem Wege ein schön gearbeitetes Goldgefäß, läßt weder Liebe noch Verlangen nach Besitz in seine reine Seele ein, stößt mit dem Stabe das Gefäß um und sieht es in Rauch aufgehen.

In der ersten Scene der dritten Reihe (24) hat Antonius sich in jenes

Höhlengrab verborgen, von dem der hl. Athanasius im 16. Kapitel erzählt. Vier Thiere stürmen auf ihn los, die im 90. Psalm als Bilder der teuflischen Angriffe genannt sind: ein Löwe, ein Drache, eine große Eidechse und ein Basilisk. Alle zerren, beißen und verwunden wiederum den Heiligen.

In der folgenden Scene (25) erscheint Antonius von Gott geheilt. Auf dem Wege zur Zelle, die freundlich aus dem Walde hervorschaut, liegt eine kleine, schwarze Gestalt im Grase, der Teufel der Unlauterkeit, welcher bittere Klage führt, daß Antonius ihn zu Boden geworfen habe. Auch diese feine Versuchung zur Hoffart mißlingt, indem der Einsiedler spottend in seine Hände klatscht[1].

Die oberste Reihe bringt vier kleine Scenen, für deren Erklärung der hl. Athanasius keinen Anhaltspunkt bietet, die also aus anderen Büchern geschöpft sind. Man sieht dort (bei 26) den vom hl. Hieronymus in einer seiner drei classischen Lebensbeschreibungen so meisterhaft erzählten Besuch des hl. Antonius beim hl. Paulus. Ein Rabe bringt ein Brod für die beiden Einsiedler, welche neben einem Felsen sitzen, worauf ein Wasserkrug steht. Gott der Vater sieht voll Liebe und Wohlgefallen vom Himmel herab und nimmt den Dank seiner Diener an. Die folgenden Bildchen sind wohl legendarische Darstellungen einer Reise des hl. Athanasius zum hl. Antonius. Der Maler betont in ihnen die Symmetrie der Anordnung. Hatte er in die unteren Ecken der beiden Tafeln je zwei feste Gebäude hingestellt, so malt er hier (27) einen See, der ein Gleichgewicht bieten soll gegen den Teich, welcher sich an der entsprechenden Stelle der ersten Tafel (18) findet. In der Mitte des Sees trägt ein Schiff einen Bischof und seine Begleiter. Einer derselben steht vorn im Schiffe, indem er seine Arme zu einem Stern erhebt. Im nächsten Bildchen (28) ist der Bischof ausgestiegen und kniet vor der Leiche des hl. Antonius, über welche der Stern sein Licht ergießt. Zwei Löwen nahen sich derselben, aus der fernen Wüste herbeieilend. Im letzten Bildchen (29) trägt ein Mönch die heiligen Ueberreste eiligst weg. Er will sie an einem unbekannten Orte begraben, damit der Bischof sie nicht nach Alexandrien entführe. Die Löwen begleiten den fliehenden Träger und wenden sich drohend gegen Athanasius um.

Im Aufsatze (30) wird der Tod des Heiligen geschildert. Man sieht den Einsiedler „seine Füße etwas ausstrecken" und auf seiner Matte mitten im Sande der Wüste verscheiden. Zwei Jünger beten neben ihm, einer mit ausgestreckten Armen, der andere mit gefalteten Händen. Gott Vater schaut von oben herab, und der Widerschein des himmlischen Lichtes verklärt das Antlitz des Sterbenden (Athanasius Nr. 115).

Die unteren Abtheilungen der geschlossenen Flügelthüren enthalten die Bilder der Altarpatrone: Antonius und Thomas auf der Evangelienseite, Magdalena und Dionysius auf der Epistelseite. Oben finden sich die Patrone

---

[1] Der hl. Athanasius erzählt (Nr. 11) eine ähnliche Geschichte. Der Maler scheint sich nach der goldenen Legende des Jakob de Voragine, Ausgabe von 1483, Nr. XXI, B gerichtet zu haben.

des Stiftes, Victor und Helena. Der Maler hat diese Heiligen nicht statuarisch, sondern malerisch dargestellt, indem er sie miteinander reden läßt, wie es Bruyn auf den Bildern des Hochaltares in verstärktem Maße thut. Um die Flächen zwischen den großen Figuren zu füllen, hat er in der obern Hälfte eines jeden Flügels je eine Scene aus dem Leben der Hauptpatrone des Altares angebracht. So sieht man auf der Epistelseite den hl. Antonius an einem Teiche, auf der Evangelienseite die büßende Magdalena, von sechs Engeln emporgetragen, damit sie die Freuden des Himmels verkoste. Neben dem Bilde des hl. Thomas kniet der geistliche Stifter dieses Altaraufsatzes, dessen Name leider nicht bekannt geblieben ist.

Die Malereien der Außenflügel scheinen eine andere Hand zu verrathen als die der innern. Der hl. Antonius trägt auf ihnen den Taustab mit den beiden Glöckchen, während er auf den inneren Bildern nur mit dem einfachen Krückenstabe erscheint.

Der Inhalt der Malereien des Antoniusaltares mit all' diesen Versuchungsgeschichten gefällt in unserer Zeit nicht mehr. Als Katholiken, ja als Christen müssen wir indessen zugeben, es widerstrebe der Vernunft nicht, daß Teufel in Larvengestalt zum Kampfe gegen Menschen auftreten, die sich in die Wüste zurückziehen, um in heroischer Tugend Gott allein zu dienen. Die heilige Schrift und andere glaubwürdige historische Zeugnisse beweisen, daß die Versuchung im Paradiese nur ein erster Akt war, dem unzählige andere folgten.

Ob einige der hier im Bilde dargestellten geistigen Kämpfe in sichtbarer Art oder in geistiger Weise stattfanden, — das zu untersuchen liegt außer dem Rahmen einer Darstellung, die sich auf die kunstgeschichtliche und culturhistorische Bedeutung der Flügelbilder zu beschränken hat. Die Malereien zeigen die drastische Richtung des Mittelalters, welches die inneren Versuchungen in äußere Erscheinungsformen zu kleiden suchte und dafür in der Geschichte des hl. Antonius einen passenden Stoff gefunden zu haben glaubte. Wer die einzelnen Scenen durchgeht, wird zugestehen, daß der Maler die Erzählung des großen Athanasius mit poetischem Geschick verwandt und in Farben gesetzt hat, und daß seine Bilder das gläubige Volk zum Kampfe gegen die Leidenschaften ermuntern mußten, weil auf diesen Flügelbildern in den Versuchungen jene Gedanken verkörpert sind, die im Herzen eines jeden Menschen ihr Echo finden.

III. Nicht lange nach Vollendung des Antoniusaltares wurde der sogen. Martyreraltar aufgestellt. Er ist der Königin der Martyrer, den Heiligen Christophorus, Erasmus, Georg und Bartholomäus und vor Allem den 10 000 Martyrern gewidmet, welche im Morgenlande gelitten haben sollen. An seinem Untersatz steht in einer ausgekehlten Leiste die Inschrift:

Servatori nro opt. max. Wesselus hotma. pptus Ressen. atq. senior in hoc templo cancus ad martyru. quas cernis memoriam dicavit iconas et [re(rum?)] et reditus auctor anno 1525].

"Unserm besten und höchsten Heilande widmete Wessel Hotmann, Propst von Rees und ältester Canonicus dieser Kirche, zu Ehren der heiligen Martyrer die Bilder, welche du siehst, und [er stattete den Altar mit Grundbesitz und Renten aus. 1525]."[1]

Der Altaraufsatz beginnt (bei I) mit dem Stammbaum Jesse, welcher durch zwölf Ahnen (1—12) bis zu Maria (13) aufsteigt. Neben Jesse

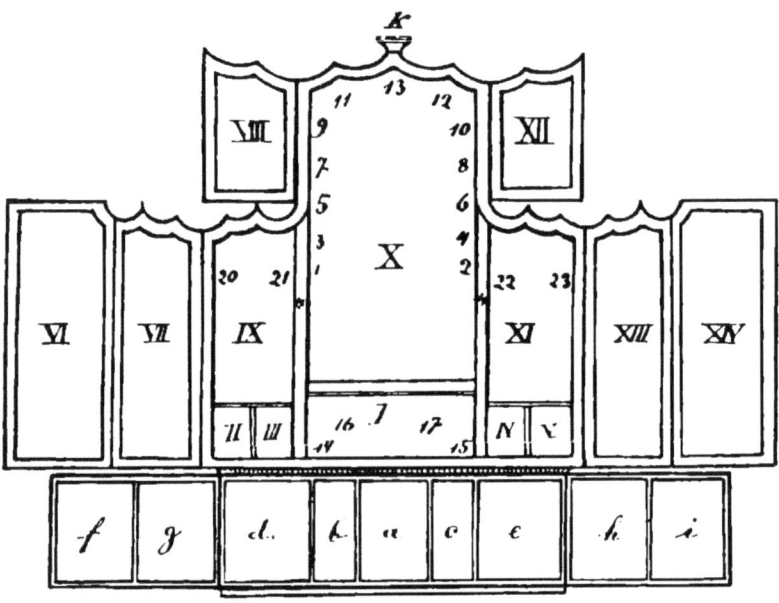

3. Schema des Martyreraltares.

stehen vier Propheten (14—17), zwei andere sind höher im Schreine angeordnet (18—19).

---

[1] Die eingeklammerten Worte sind in anderem Stile und auf andere Farbe geschrieben, vielleicht weil die Dotirung des Altares erst nach seiner Vollendung geschah. Stiftungsbriefe aus den Jahren 1524—1533 sind verzeichnet im * Rep. I. Nr. 1821. 1833. 1834. 1837. 1854; II. Nr. 545. 560. 592. Vgl. * Pels II. p. 428; * Protocolla p. 192. Ueber die 10 000 Martyrer vgl. Scholten, Cleve, S. 403 f. Ihre Legende findet sich in der Ausgabe der Lombardica historia von 1483 unter CLXXVIII. — Zu der Darstellung des auf der Säule knieenden Heilandes, die sich auf diesem Altare findet, ist der Holzschnitt des Germanischen Museums zu vergleichen. Essenwein a. a. O. Tafel 64.

Die weiteren Bildwerke des Altares zerfallen in drei, durch eine einheitliche Idee zusammengefaßte Cyklen. Der erste erscheint bei geöffnetem Schrein. In sieben größeren Gruppen, zwanzig kleineren Figuren und sechs Flügelbildern zeigt er das Leben und Leiden Christi. Schließt man die Flügel, so geben die äußeren Malereien sechs Darstellungen, welche sich auf die hl. Messe beziehen, in der Christus sein Leiden auf dem Altare erneuert. Die geschnitzten und gemalten Bilder des Untersatzes bilden den dritten Cyklus und zeigen in den Bildern der Heiligen und besonders der Martyrer, wie Christus geistiger Weise lebt und leidet. Christus ist somit der Centralpunkt, um den Alles sich gruppirt.

Die Mitte des Untersatzes füllt (im Schema bei a) eine Büste. Sie enthält Reliquien eines der 10 000 Soldaten, die unter Hadrian den Martertod erlitten haben sollen. Zu ihrer Ehre waren schon in älterer Zeit an vielen Orten, z. B. in Soest, Kirchen und Kapellen errichtet. In der zweiten Hälfte des 15. Jahrhunderts kamen ihre Reliquien nach Geldern; in Cleve baute ihnen der Herzog eine Kapelle hinter dem Chore seiner Stiftskirche; der Kölner Erzbischof Hermann IV. von Hessen († 1508) schrieb seiner Geistlichkeit vor, ihr Fest am 22. Juni zu feiern. Dadurch erklärt sich, warum das Xantener Stift ihnen wenig später einen Altar weihte und in einer Gruppe (e) darstellen ließ, wie sie von ihren Henkern theils in Dornen und spitze Pfähle geworfen, theils gekreuzigt werden. In der gegenüberliegenden Gruppe (d) drehen Henkersknechte dem heiligen Bischofe Erasmus die Eingeweide aus dem Leibe, während ein königlicher Richter von seinem Throne zusieht. Zwei Statuetten (b und c) zwischen den genannten Gruppen bringen die Bilder anderer Heiligen aus dem Soldatenstande, des hl. Victor und des hl. Georg. Wurde der hl. Erasmus als Patron jener Kranken verehrt, welche an schmerzlichen Unterleibsübeln litten, so ward der gegeißelte Heiland im 15. Jahrhundert um Befreiung von der Pest angerufen. Man sieht ihn darum auf einem der kleinen Flügel der Predella in einem sogen. Pestbilde dargestellt. Mit ausgebreiteten Armen kniet er auf einer umgestürzten Säule, während ein Engel den Purpurmantel zurückschlägt, um die fünf Wunden und die Streiche der Geißelung zu zeigen. Neben ihm kniet (bei g) die hl. Agatha, welche um Hülfe in Brustleiden angerufen ward. Auf der Epistelseite befindet sich ein anderes Bild Christi (h), vor dem der Stifter des Altares betet (i), dessen Namen in einer Inschrift steht, die ihn umgibt.

Wilhelmus Hynus hotma · cognomine dictus, canonicus eccle, ressensis ppsitusque obtulit hoc munus sanctis martyribus Chri.

„Wilhelm Hynus, genannt Hotmann († 15. März 1529), Canonicus der (Victors-) Kirche und Propst zu Rees, widmet diesen Altar den heiligen Martyrern Christi."

Auf den äußeren Flügeln der Predella sind die Bilder der hll. Magdalena, Anna, Christophorus und Helena gemalt. Eine Statue des hl. Christophorus krönt die Spitze des Altares (in k). Da der Heilige das Jesukind auf seinen Schultern trägt, endet der Aufbau im Bilde des Herrn.

Die Nebenaltäre der Victorkirche bis zum Ende des Mittelalters.

In seinem künstlerischem Takt ist das Centrum des Untersatzes durch eine feste Büste betont. Neben dieser stehen rechts und links leichtere Statuen, dann folgen auf jeder Seite je eine geschnitzte Gruppe und endlich je zwei Flügelbilder. So lösen sich die Darstellungen in dem Maße vom Material, wie sie sich aus der Mitte entfernen, sie enden zuletzt in der leichten Malerei der Landschaft.

Das Leben Christi ist in acht geschnittenen Gruppen des Schreines (II—V und IX—XI) und sechs Gemälden der Innenseite der Flügel (VI bis VIII und XII—XIV) dargestellt. Die einzelnen Bilder zeigen folgende Personen und Ereignisse:

I. Jesse mit vier Propheten,

II. Die Geburt Christi,
III. Die Beschneidung,
IV. Die Anbetung der heiligen Könige,
V. Die Opferung im Tempel.
} Das Jugendleben Christi.

VI. Die Gefangennehmung,
VII. Die Verspottung,
VIII. Ecce homo,
IX. Die Kreuztragung.
} Das Leiden,

X. Die Kreuzigung.

XI. Die Kreuzabnahme,
XII. Die Vorhölle,
XIII. Die Grablegung,
XIV. Die Auferstehung.
} das Sterben und die Verherrlichung Christi.

Im Hintergrunde der Kreuztragung zeigen kleinere Schnitzereien hier den Sündenfall, welcher Christo sein Kreuz bereitete, dort die Vertreibung aus dem Paradiese, welche er durch seinen Kreuzweg aufhebt. Hinter der Grablegung erinnern zwei kleine Gruppen an das schönste Vorbild des Kreuzesopfers, an Abraham, der mit seinem Sohne den Berg hinangeht und, oben angelangt, in bereitwilligem Gehorsam sein Opfermesser zum tödlichen Schlage erhebt. Die beiden Propheten in der Mitte des Schreines (18 u. 19) beziehen sich ebenso gut auf Christi Leiden, als auf seine Abstammung und Bestimmung, über welche die neben Jesse angebrachten (14—17) weissagten.

Auf der Rückseite seiner Flügel hat der Maler dann noch Bilder angebracht, welche an die unblutige Erneuerung des Kreuzesopfers in der heiligen Messe erinnern sollen: auf der Außenseite von VI und XIV die Vorbilder der Wandlung und Communion, das Opfer des Melchisedech und den Mannaregen, auf den Ziffern VII, VIII, XII und XIII entsprechenden äußeren Flächen die Messe des hl. Gregor. Es ist dargestellt, wie der genannte Papst bei der Feier des heiligen Meßopfers den Heiland in Mitte der Leidenswerkzeuge erscheinen sah. Diese vor und nach 1500 außerordentlich häufig vorkommende Darstellung sollte das Volk an die wirkliche Gegenwart des Herrn im heiligsten Sacramente erinnern und seiner Andacht gegen „die

"Waffen Christi" dienen, welche ja damals unter den mannigfaltigsten Formen abgebildet wurden [1].

Bezeichnen wir den Inhalt der Gemälde mit lateinischen Buchstaben, den der Schnitzereien je nach ihrer Größe mit verschiedenen deutschen Buchstaben, so läßt sich der Inhalt der Bilder und Gruppen des Martyreraltares in folgender Weise übersichtlich darstellen:

			Christophorus.				
		Ecce homo	König 11, König 9, König 7, König 5, König 3, König 1, Prophet.	Maria.	König 12, König 10, König 8, König 6, König 4, König 2, Prophet.	Vorhölle.	
Gefangennehm. Christi.	Verspottung Christi.	Kreuztragung.		Kreuzigung Christi.		Kreuzabnahme.	Grablegung Christi.	Auferstehung Christi.
		Geburt.	Beschneidung.	Jesse mit 4 Propheten	Anbetung.	Opferung.		
Christus.	Magdal. } Erasm.	Victor.		Büste.		Georg.	Martyr. { Stifter.	Christus.

Wie gedankenreich ist solch' ein mittelalterlicher Altar; wie tief im Vergleich zu so manchem flachen, an Schatten und Inhalt leeren Erzeugnisse unserer vielwissenden und sich ihrer Kenntnisse rühmenden Zeit! In der Predella ist eine Reihe von Heiligen in der verschiedensten Art durch Gemälde und Sculpturen, im Brustbilde, in Figuren und Gruppen dargestellt. Fünf Bilder verherrlichen Maria, ihre Genealogie und ihr Auftreten im verborgenen Leben, neun Scenen geben den Höhepunkt und Triumph des Leidens Christi, das Alte Testament kommt mit seinen Propheten und Vorbildern. Der ganze Reichthum der Darstellungen wird zusammengefaßt durch eine Grundidee, die des Leidens Christi in seiner Person, in seinen Heiligen und in seiner heiligen Messe. Hunderte alter Altäre und Glasgemälde sind reich und tief wie dieser Altar, ja oft noch inhaltsschwerer und bedeutender. Die legendarische Schale der mittelalterlichen Werke erscheint unserer Zeit nur zu oft ungenießbar, aber der Kern ist werthvoll und enthält fruchtbare Keime zu neuen Schöpfungen.

Anfänglich möchte man glauben, die Meister des Martyreraltares müßten in Köln gewohnt haben, weil sich im Kölnischen, z. B. in Heimersheim und Süggerath, Altäre finden, die ihm so ähnlich sind, daß sie aus derselben Werkstätte herstammen müssen. Die Deutung des

---

[1] Cahier, Caractéristiques des saints, II. p. 553 s. Essenwein, Holzschnitte Tafel 9, 13 und 44.

Monogramms S. M., das unten auf einem Flügelbilde (g) sichtbar wird, ist schwierig. Darf man an Martin Stock denken, der nach Merlo um das Jahr 1556 zu Köln in der Abtei von Groß-St.-Martin als Maler und Dichter glänzte?[1] Schon deßhalb nicht, weil Münzenberger, der beste Kenner mittelalterlicher Altäre, mit Sicherheit nachweisen zu können hofft, daß der Xantener Altar mit vielen gleichartigen aus den großen Antwerpener Werkstätten stamme.

Der Bildschnitzer hat von Anfang auf reiche Vergoldung und Malerei gerechnet. Er hat darum nur in Holz skizzirt, was die Farbe hervorheben oder zurückschieben sollte. Vor der Polychromirung hat der Maler das Holzwerk mit Kreidegrund überzogen, den er leicht roth anmalte und dann erst vergoldete. Das Innere des Schreines erscheint durch den herrschenden Goldton wie ein letzter Ausläufer der großen mittelalterlichen Goldschmiedekunst und ihrer getriebenen Platten. Um den Goldglanz der Haupttheile zu schärfen, sind Hintergrund und Futterstoffe tiefblau gehalten. Roth kommt nur wenig vor; die Fleischtheile haben ihren Ton; Leinwand und Spruchbänder sind weiß. Die Farben nehmen im Vergleich zum Golde nur geringen Raum ein, so daß dieses das Ganze beherrscht. Die Säume der Gewänder sind mit verzogenen Buchstaben, welche nur verzieren, nicht aber eine geheime Inschrift geben wollen, versehen, die Futterflächen in der feinsten Art mit Strichen und Ornamenten in fast unerschöpflichem Wechsel schattirt, meist mit Gold und Blau, selten mit Roth.

Figuren und Gruppen sind kräftig und individuell charakterisirt. Der Meister steht mitten im Flusse der Tradition und des Handwerks; dieser beherrscht ihn und erspart ihm die Arbeit der Erfindung. Trotzdem bewahrt er sich als freier Bürger seine Selbständigkeit. Er arbeitet mit Lust und Liebe an seiner Aufgabe, ohne seine Laune einzuschränken oder die etwas derben Gestalten und Manieren seiner Freunde, die er täglich sieht, als Vorbilder und Muster zu verachten.

IV. Der Marienaltar der Xantener Kirche ist in vielfacher Hinsicht seiner hohen Patronin würdig. In der Baugeschichte ist ausführlich erzählt[2], daß er ursprünglich in der Krypta stand, im Anfange des 13. Jahrhunderts in den Westbau kam und von dort in das nördliche Seitenchörchen versetzt werden sollte. Das Kapitel fand jenes Chörchen zu dunkel und wies dem Altar im Jahre 1449 einen lichtern Platz vor einer der Säulen des südlichen Seitenschiffes an, wo er noch heute

---

[1] Merlo, Nachrichten, S. 471.
[2] Baugeschichte S. 49. 53. 68. 160 f. und in diesem Hefte S. 59, 10.

steht. Die vor ihm liegenden Abtheilungen der Kirche (G und G² im Grundriß) heißen schon in der Bursarie-Rechnung von 1455 „die neue Kapelle der allerseligsten Jungfrau".

Vor dem Marienaltar steht der eben beschriebene Martyreraltar, hinter ihm ein Agathaaltar, zu seiner Rechten erhebt sich der Lettner mit dem Kreuzaltar und den beiden Altären der heiligen drei Könige und der hl. Helena. Schon daraus erhellt, daß die Aufstellung der

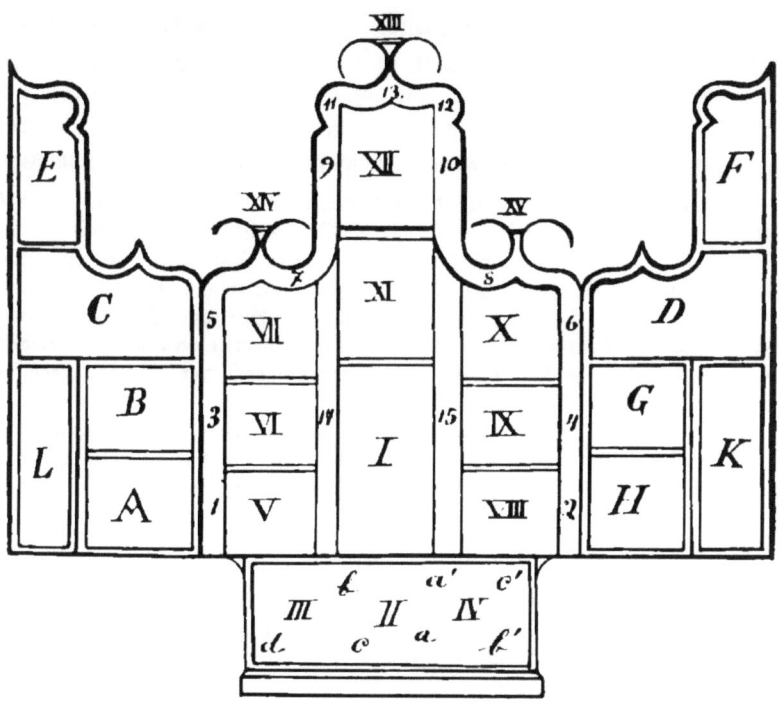

4. Schema des Marienaltares.

Altäre der Victorkirche eine durchaus willkürliche ist. Ihre Plätze sind weit mehr durch die Zeit ihrer Entstehung als durch liturgische Gründe oder die Rangordnung ihrer Patrone bestimmt. Die Unregelmäßigkeit der Anordnung tritt besonders beim Marienaltare hervor, weil er nicht im Chore steht, ja nicht einmal auf der nördlichen Frauenseite geblieben ist, auf der doch die beiden Marienbilder des Mittelschiffes, sowie die Figuren der hl. Elisabeth und der hl. Helena sich befinden.

Vergleicht man das Schema des Marienaltares in der Abbildung 4 mit dem der Altäre des hl. Antonius und der heiligen Martyrer (S. 62 u. 71), so ist der Fortschritt der Anordnung unverkennbar. Die Altarflügel erscheinen im Antoniusaltare mit ihren rechtwinkligen Ecken etwas steif, im Martyreraltare waren sie zu sehr zertheilt, hier sind sie gesammelt und abgerundet. Die Umrißlinien des Aufsatzes sind leichter und gefälliger geworden und das Innere des Schreines ist harmonischer und einheitlicher getheilt. In allen drei Altären gehen die Ahnen Christi von dem unten in der Mitte ruhenden Jesse aus, sie füllen die aufsteigenden Randverzierungen und enden oben in einem Marienbilde, aber der Stammbaum Christi steht im Antoniusaltare kaum in irgend einem Zusammenhange zu den Bildern der sechs Heiligen, welche in ihm aufgestellt sind. Dagegen einen sich alle Gruppen und Gemälde des Marienaltares in einfachem und doch großartigem Gedankengang zu einem weltumfassenden Lobe der Gottesmutter.

Im Schema S. 76 sind die bedeutenderen Schnitzereien mit I—XV bezeichnet, die kleineren mit 1—13 und a—d, die Flügelgemälde mit A—L. Den Mittelpunkt des Schreines bildete ein altes Gnadenbild der allerseligsten Jungfrau (I), das heute leider durch ein werthloses neueres ersetzt ist, weil das alte in Staub zerfiel oder weil sein Stil den Canonikern nicht mehr zusagte. Waren die Altarflügel in der Fastenzeit oder an Quatembertagen geschlossen, so konnte man sie (L und K) doch vor dem Gnadenbilde öffnen und dasselbe sichtbar machen.

Vor dem Bilde brannte Tag und Nacht eine Lampe, die bis heute nicht erloschen ist, weil man die Stiftung für ihr Licht aus den Stürmen der Revolution gerettet hat. Schon 1498 war eine Rente von zwei Goldgulden geschenkt worden, damit der Lehrer mit allen Lateinschülern von Mariä Reinigung bis zum Feste des hl. Victor jeden Abend um 5 Uhr hier das Lob Mariä singe. Im Winter fand eine ähnliche Feier nur an Sonn- und Feiertagen statt, damit die Kinder nicht an den Wochentagen im Dunkeln über die einsamen Straßen zu gehen hätten. Da in Eschweiler bei Aachen[1] im Jahre 1466 eine ähnliche Stiftung gemacht wurde zu dem Zwecke, daß der Küster (der Offermann) an allen Samstagen des Jahres, in der Fastenzeit aber täglich, nach der Vesperzeit am Muttergottesaltar „unserer lieben

---

[1] Koch, Geschichte der Stadt Eschweiler, II. S. 47. Bei Erwähnung der Xantener Schuljugend mag an die Grabschrift eines braven Stiftsgeistlichen erinnert werden, der sich besonders jener Knaben annahm, welche zum Priesterthum Anlage zeigten. Sie hängt im Umgange der Victorkirche und lautet:

Anno milleno quater et C semel X ter
I si ju(n)gat herm(m)anus smacht tumulat(ur) ·
Festo germani que(m) tollat regio celi ·
P(res)b(yte)r hic fuerat beneficia missa tenebat
Pastor egeneru(m) sed maxime clericuloru(m).

Die Inschrift ergibt den 28. Mai 1413. Ueber ihr steht die Gruppe der Kreuzigung.

Frau Lob mit seinen Schülern zu singen helfen solle", so scheint eine gleiche Einrichtung an manchen Orten bestanden zu haben. Es wäre lohnend, die Beispiele zu sammeln[1], weil sie nicht nur für die Geschichte der Marienverehrung, sondern auch für die Kenntniß der mittelalterlichen Schul-Einrichtungen Werth haben. Sangen die Lehrer mit ihren Schülern in der Kirche, dann mußten sie die Lieder vorher einüben, Gesangstunden halten und wahrscheinlich deutsche Lieder vortragen lassen. Dechant Heimerich hatte bei der Victortracht von 1464 den Refrain des von ihm gedichteten Hymnus für die Schulkinder in's Deutsche übertragen; der deutsche Volksgesang war also zu Xanten im 15. Jahrhundert in Uebung.

Das Gnadenbild steht zwischen zwei reichen Verzierungen, welche das Innere des Schreines in drei Theile zerlegen. Rechts und links sind Johannes und Magdalena (14 und 15) in kleinen Statuen aufgestellt und von je zwei Engeln begleitet, die zum Hofstaate der Gottesmutter gehören.

Unter dem Gnadenbilde schläft Jesse (in II) zwischen seinen erlauchtesten Nachkommen, David und Salomo (III und IV). Die Randleiste beginnt (bei 1 und 2) mit zwei Propheten, wie im Martyreraltar zwei Propheten die Reihe der Könige eröffnen und im Antoniusaltar zwei das Marienbild begleiten.

Den Propheten folgen zehn Könige (3—12). Mit David und Salomo bringen sie die Zahl der Vorfahren auf die typische Zwölfzahl. Dieselbe Zahl findet sich an den Altären des hl. Antonius und der heiligen Martyrer. Oben krönt ein kleines Marienbild das Ende des Stammbaumes.

Die Predella ist von der prachtvoll geschnitzten Wurzel Jesse ausgefüllt. In ihren Verzweigungen sieht man zwei kleine Könige (a und a'). Sie bringen die Zahl der Ahnen auf 14 und erinnern so an die 3 · 14 Vorfahren Christi bei Matthäus (1, 17). Neben diesen kleinen Königsbildern lehnen sich zwei Propheten (c und c') auf die Aeste; zwei Brustbilder, aus Blumen hervorwachsend, entrollen Spruchbänder, wodurch auch sie als Propheten gekennzeichnet sind (b und b'). Wie im Martyreraltar, umgeben also auch hier vier Propheten den Stammvater Jesse.

Schwer zu erklären ist das aus einem Blumenkelche hervorschauende Brustbild eines Bischofes (d). Der Kalkarer Marienaltar, welcher dem Xantener als Vorbild diente und von demselben Meister stammt, bietet den Weg zur richtigen Deutung. Neben Jesse sitzt dort Abraham, der große Stammvater Christi. An der andern Seite befindet sich eine Gestalt, welche durch ihre Priesterkleidung und durch eine vor ihr aus dem Wurzelgeflecht wachsende Traube als Melchisedech gekennzeichnet ist. Man muß demnach auch in der kleinen Bischofsfigur des Xantener Altares ein Bild des Melchisedech erkennen.

Wollte jemand in den kleinen Königsbildern (a und a') oder in den als Propheten gedeuteten Brustbildern (c und c') die Figuren Abrahams und Isaaks sehen, so würden wir keinen Einspruch erheben.

---

[1] In St. Johann Baptist zu Köln wurde 1483 eine tägliche Andacht „vur unser liever Frauwen Altair" gestiftet. Esser, Geschichte der Pfarre St. Joh. Bapt. Köln 1885. S. 36.

Im Schreine sind neben dem Gnadenbild acht tiefe Gruppen aufgestellt, welche folgende Scenen aus dem Leben der allerseligsten Jungfrau darstellen.

(V.) Der Hohepriester weist das Opfer des hl. Joachim ab und behandelt denselben wegen seiner unfruchtbaren Ehe wie einen von Gott Verstoßenen. In einer Seitenscene ist die göttliche Cassation dieses Urtheiles dargestellt, die Begegnung unter der goldenen Pforte, wo Joachim und Anna sich mittheilen, daß der Engel ihnen eine Tochter versprach.

(VI.) Die Geburt Mariä. Von geschäftigen Frauen umgeben, die das neugeborene Kind pflegen, liegt Anna in einem reichen Bett.

(VII.) Maria, von ihren Eltern Gott geopfert, steigt die Stufen des Tempels hinan.

(VIII.) Die Verkündigung durch Gabriel.

(IX.) Die Heimsuchung bei Elisabeth.

(X.) Zwei jüngere, reicher gekleidete Frauen und eine ältere folgen einem Manne, der tief herabwallendes Haupthaar und einen langen Bart trägt. Die ältere Frau hat einen Schleier, die jüngeren haben Mützen; alle drei halten Kerzen in den Händen. Auf der andern Seite steht der als Bischof gekleidete Hohepriester des Alten Bundes. Hinter ihm sieht man einen kräftigen Mann. Den Hintergrund füllt ein Altar, auf dem die Schaubrode und der siebenarmige Leuchter neben Moses sichtbar sind, der also das Allerheiligste des Tempels sinnbildet. Man hat die Gruppe als Darstellung der Vermählung Mariä angesehen, indessen ist diese Erklärung aus drei Gründen unstatthaft: einmal, weil ja die Heimsuchung und Verkündigung bei IX und VIII vorangehen, also die Zeitfolge geändert wäre; dann, weil Maria fehlt; endlich, weil die Kerzen, womit die Frauen sich nahen, bei einer Vermählung keinen Zweck haben. Die Gruppe bleibt ein ikonographisches Räthsel.

(XI.) Der Tod Mariä.

(XII.) Die Krönung der Mutter Gottes.

Auf der Innenseite der Flügel sind die sieben Freuden Mariä (A bis H) gemalt, auf der Außenseite ihre sieben Leiden, die in der Fastenzeit zur Geltung kommen, wenn der Schrein geschlossen wird. Die Anordnung im Einzelnen war folgende:

Innenseite:	Außenseite:
A. Die Verkündigung Mariä.	Die Flucht nach Aegypten.
B. Die Geburt Christi.	Christus im Tempel.
C. Die Anbetung der hl. drei Könige.	Die Kreuztragung.
D. Die Auferstehung Christi.	Die Kreuzabnahme.
E. Der auferstandene Heiland;	Der Gekreuzigte mit Magdalena;
F. Die allers. Jungfrau, welche sich über den Erstandenen freut.	Maria, Johannes und die andere Maria.
G. Die Himmelfahrt Christi.	Die Klage über Christi Leiche.
H. Die Sendung des Heiligen Geistes.	Die Grablegung.
I. Die allerseligste Jungfrau,	Der Schmerzensmann, unter dem Kreuze stehend.
K. Die hl. Anna.	Die Schmerzensmutter mit dem Schwerte im Herzen.

Auf der Mitte des Schreines thront Maria (XIII). Zur Rechten kniet (XIV) ein älterer, vornehm gekleideter Mann, hinter ihm richtet eine edle Frauengestalt sich hoch auf und weist zu dem eben genannten Marienbilde empor. Auf der andern Seite zeigt ein Engel dasselbe Marienbild einem jüngern schreibenden Manne (XV).

Ernst aus'm Weerth erklärt die drei Bilder also: „Die Handbewegung der Frau, zu der auf der Spitze des Altares befindlichen Jungfrau hinweisend, und die dorthin zum Gebete gewendeten Blicke des Mannes lassen keinen Zweifel darüber obwalten, daß der Knieende der Mutter Gottes diesen Altar aus Dankbarkeit für die Genesung eines kranken Beines, wahrscheinlich nach einem vorherigen Gelübde, stiftete."

Ueber Anlage, Technik und inhaltliche Bedeutung der beiden Marienaltäre von Kalkar und Xanten, die nach Zeit und Ausführung zusammengehören und einer „Richtung", einer Schule entstammen, urtheilt derselbe Kunstschriftsteller dann weiter:

„Kaum dürften jemals Werke in Holz geschnitzt sein, die bei so riesiger Ueberwindung technischer Schwierigkeiten, wie die Stammbaumwurzel sie darbietet, soviel großartigen Schwung und Kühnheit, soviel Wahrheit und Schönheit der Form erreichten. Dabei war keine Idee zu gestalten, kein Gedanke correct, schön und seinem Inhalte gemäß zu verkörpern; es galt nur, die Formen der Naturwelt zu beherrschen, und da das das Ideal der Richtung war, so finden wir dieselbe auch in dieser Arbeit auf ihrer Höhe."

Es ist gefährlich, gegen ein Werk mittelalterlicher Kunst den Vorwurf der Ideenarmuth und Geistlosigkeit zu erheben, doppelt gefährlich, wenn es sich um einen Altar der Kirche von Kalkar handelt. Hochgebildete Dominikaner haben großen Einfluß auf das Kunstleben jener Stadt ausgeübt und ohne Zweifel durch ihren Rath bei der Auswahl der Gruppen mitgewirkt. Die Xantener Stiftsgeistlichkeit konnte im Anfange des 14. Jahrhunderts wohl zugeben, daß die Steinmetzen an den Sockeln der Chorfiguren und über den Thürsteinen des Umganges ihrer Laune freies Spiel ließen und inhaltlich unbedeutende Bilder meißelten. Durfte sie den Schmuck ihres Marienaltares Leuten überlassen, die nicht daran gedacht haben sollen, eine „Idee zu gestalten" oder „einen Gedanken correct, schön und seinem Inhalt gemäß zu verkörpern"?

Aus'm Weerth, dessen Verdienste um die rheinische Kunstgeschichte rühmend anzuerkennen sind und dessen Ansicht hier nicht mit Nennung seines Namens bekämpft würde, wenn nicht seinem Werke eine bahnbrechende Bedeutung zukäme, sieht in der Gruppe XIV oben auf dem Marienaltare einen Mann, „der auf eine entblößte Stelle seines Beines zeige und hinter dem eine Frau in niederländischem Costüm des 16. Jahrhunderts sich befinde". Er hat weiterhin in den beiden Figuren „wahrscheinlich ein Ehepaar" erkannt, das diesen Altar „aus Dankbarkeit für die Genesung eines kranken Beines" anfertigen ließ. Seine Deutung kann jedoch schon deßhalb nicht richtig sein, weil der Mann gar keine „entblößte Stelle" an seinem Beine hat. Die Falten seines Kleides legen sich so, daß sein Knie unter ihnen hervortritt.

Weiterhin ist die Frau, welche ihn auf Maria hinweist, als Lehrerin, nicht aber als Gattin dargestellt. Durch Flügel, welche an ihrer Haube angebracht sind, wird sie als Seherin gekennzeichnet. Der Jüngling in der gegenüberstehenden Gruppe stellt den heiligen Evangelisten Johannes dar, welcher das in der Verbannung zu Patmos verfaßte Buch der Geheimen Offenbarung schreibend vor sich hinhält. Neben ihm steht ein Engel, der auf das Marienbild hinzeigt, welches den Altar krönt. Er vermittelt also dem Apostel die Offenbarung von dem mit der Sonne bekleideten Weibe, unter dessen Füßen der Mond liegt und dessen Haupt zwölf Sterne krönen.

Der Parallelismus der beiden Gruppen XIV und XV und ihre klare Beziehung zum Marienbilde (XIII) verlangt offenbar, daß der ältere knieende Mann, hinter dem die Seherin als Lehrerin steht, ein Gegenstück zum apokalyptischen Seher bilde. Der Künstler muß Inhaltreicheres bieten als ein Ehepaar, das den Altar geschenkt haben soll. Ein solches Ehepaar hätte nach der mittelalterlichen Ikonographie unten im Altare seinen Platz gefunden. Oben auf die Spitze des Altares paßt nur das Bild eines Heiligen oder einer Person, welche den Heiligen oder den Propheten gleichgestellt wird. In Wirklichkeit ist dort nichts Anderes dargestellt, als die Sibylle von Tibur, welche in einem prophetischen Bilde dem Kaiser Augustus die Gottesmutter gezeigt und ihn zur Erbauung eines Marienaltares an der Stelle der Kirche Ara coeli in Rom bewogen haben soll.

Augustus, dem eine Sibylle den kommenden Erlöser und seine Mutter zeigt, beschäftigte die niederländischen Künstler um das Jahr 1500 oft. Er findet sich z. B. auf einem Bilde eines van Eyck, das aus Ypern stammt, auf einem Flügelaltar des Rogier van der Weyden aus Middelburg, jetzt in Berlin, auf einem Gemälde des Städel'schen Instituts in Frankfurt von Dierickx. Auch in Italien war die Darstellung beliebt, wie Gemälde von Peruzzi, Garofalo und Tizian beweisen. Das alte Basrelief in der Kirche Ara coeli zu Rom ist vielleicht der erste Versuch, diesen Stoff künstlerisch zu verwerthen. In Kalkar ist Augustus mit der Sibylle zweimal dargestellt: auf dem Altar der sieben Schmerzen Mariä in einer Gruppe, die der Xantener völlig gleich ist, und auf den Flügeln des Hochaltares.

Trotz des häufigen Vorkommens des in Rede stehenden Gegenstandes ist Wolff der erste, welcher die Gruppen von Xanten und Kalkar richtig deutete. Ein Holzschnitt der Nürnberger Chronik von Schedel hat ihm das rechte Verständniß vermittelt [1].

Nachdem der Sinn der einzelnen Gruppen festgestellt ist, erscheint

---

[1] Ueber die angeführten Bilder der Sibyllen vgl. Schnaase, Kunstgeschichte, 2. Aufl. VIII. S. 125. 149. 187. 229. 421; Lübke, Kunstgeschichte, Bd. II. S. 282; Jameson, Legends of the Madonna, p. 196 ss.; Wolff, Kalkar, S. 28; Aus'm Weerth, Kunstdenkmäler, I. S. 28 und 44; II. S. 5; III. S. 38, wo auch Augustus und die Sibylle auf dem „Triumphbogen" zu Siersdorf als Donatoren gedeutet werden. In einem von Schlosser aus dem Niederdeutschen übersetzten Liede (Die Kirche in ihren Liedern, II. S. 137) heißt es:

die Anordnung dieses Altares großartig. Anstatt zu sagen: hier war keine Idee zu gestalten, kein Gedanke correct, schön und seinem Inhalte nach zu verkörpern, muß man eingestehen, wir haben hier einen Ideenreichthum, welcher der kunstvollen äußern Form vollkommen entspricht.

Die Poesie des mittelalterlichen Mariencultes sammelt die ganze Welt um ihre Königin, die Vertreter der Heiden, der Juden und der Christen. Augustus und die Sibylle, Jesse und seine Nachkommen, Johannes und sein Engel vereinigen sich, um Maria zu verherrlichen. Zu ihrem Lobe beruft der Künstler den Kaiser von Rom, die Könige von Juda, die Sibylle von Tibur, die Propheten des Alten Bundes, Apostel und Engel. Er zeigt, wie die Zeugen des Alten und Neuen Bundes übereinstimmen und der eine Geist der Prophetie Alle und Alles hinleitet auf Christus und seine Mutter.

Die geschnitzten Gruppen des Schreines preisen Maria's Leben, die Innenflügel erzählen von ihren Freuden und die Außenseite von ihren Leiden. Kann man durch die Verbindung von Malerei und Plastik auf dem kleinen Raum eines Altares einen großartigern Ideenkreis eröffnen, Künstlern eine gehaltreichere Aufgabe bieten?

Der Inhalt der auf dem Marienaltare dargestellten Bildwerke läßt sich übersichtlich zusammenstellen in einer Tabelle, welche sich auf der folgenden Seite findet und worin die Gemälde wiederum mit lateinischen Lettern bezeichnet sind, die kleineren Figuren aber auch im Druck kleiner erscheinen.

Welche Meister haben diesen nach Inhalt und Darstellung so hervorragenden Altar verfertigt? Eine genaue Untersuchung der Schnitzereien des Schreines und der Predella zeigt eine verschiedene Behandlung und Auffassung. Die Blätter sind am Wurzelstock um Jesse, David und

---

Von Sternenglanz eine Krone	In himmelschöner Wonnen,
Die trägt sie wohlgethan:	Bekleidet mit der Sonnen;
Es sah sie auf dem Throne	Ihr Fußschemel war der Mond.
Der Fürste Oktavian	

P. Dreves theilte mir folgendes Gedicht aus dem Codex Pragensis M. VI. B. 24 mit:

Octaviano	Signantem	Defluit
Imperatore Romano	Orbis creatorem.	Et struit
Parit puella	Romae pacis templum	Tiberi;
Solis clausa cella	Destruitur,	Vineti
Ulnis ferens infan-	Quo innuitur	Engeddi
tem	Rumpi profana;	Vis floruit.
Jubilantem	Rivus divus olei	

Statt parit lies: paret = apparet, statt Tiberi: Tiberim.

Salomon besser stilisirt, als bei der im Rande aufsteigenden Reihe der Könige. Die Ornamente der Gewölbe sind über der Abweisung Joachims und der Geburt Mariä (V und VI) gothisirende Fächergewölbe, die Deckenverzierungen über den anderen Gruppen, sowie die übrigen Ornamente nehmen immer mehr Renaissanceformen an. Der Faltenwurf ist in den Gruppen V, VI, VII, X, XI und XII alterthümlicher, als in VIII und IX, wo die Gewänder theils bewegt flattern, theils, wie in den Figuren der Umrandung, eng am Leibe anliegen und die Glieder durchscheinen lassen. Wenigstens zwei Meister sind hier thätig gewesen, vielleicht noch mehr. Das kann nicht auffallen, sobald man den Altar als Werk einer Werkstätte ansieht, in der mehrere Künstler in Freiheit thätig waren. Es scheint nun sicher, daß der Marienaltar von Xanten gleich dem Marienaltar zu Cleve und dem Kalkarer Altar der sieben Freuden vom Meister Heinrich Douvermann geschnitzt ist.

Mester Henrick die beeldensnyder arbeitete 1510—1515 am Marienaltare von Cleve, der nur drei Gruppen hat. Aus dem Untersatz wächst der Stammbaum Jesse in der Kehle des Schreines bis zur Spitze des Ganzen auf.

Von Cleve zog Douvermann um 1515 nach Kalkar. Dort verfertigte er seinen zweiten Marienaltar, der schon reicher wurde. Das Innere erhielt sieben Gruppen. Die Sibylle und der Verfasser der Geheimen Offenbarung kamen auf den obern Rand. Um 1536 stellte Douvermann seinen dritten Marienaltar in Xanten auf. Die Gruppen sind auf acht erhöht, zeigen aber Scenen, die von denen des Kalkarer Altares verschieden sind. Der dortige Altar war nämlich ausschließlich den sieben Schmerzen Mariä gewidmet, während der Xantener das Leben, die Freuden und die Leiden der Gottesmutter umfaßt.

Daß der Meister sich mit der Zeit weiter entwickelte und technische Fortschritte machte, liegt auf der Hand. Gerade in dieser Hinsicht ist das vergleichende Studium der drei Altäre belehrend. Im Untersatz seiner Altäre trennen sich die Blätter immer mehr vom Wurzelstocke, die Gewänder verlieren Schnitt und Faltenwurf des gothischen Stiles. Im Altare von Cleve herrscht die Gothik noch, die Renaissance siegt in Xanten.

Douvermann hatte nach Ausweis der Xantener Rechnungen einen Sohn Johann, der schon im Jahre 1536 wie sein Vater „statuarius" (Bildhauer) genannt wird. Derselbe wird also am Altare von Xanten mitgearbeitet haben. Da die strenger stilisirten Theile höhere Meisterschaft beweisen, dürfen sie wohl dem Vater, die übrigen dem Sohne zugeschrieben werden.

Die drei von Douvermann hergestellten Altäre sind ohne Farbe geblieben. Man hat behauptet, die Polychromie fehle auf solchen Altären, weil das Geld nicht ausgereicht habe, und hat darum vor einigen Jahrzehnten die Mittel beigebracht, um den Clever Marienaltar in Farbe zu setzen, „was sein Stil durchaus fordere".

Freilich kam die Polychromirung im 16. Jahrhundert sehr hoch zu stehen, weil man sie Künstlern anvertraute und Gold oder theure Farben nicht sparte. Es ist aber kaum glaublich, daß fast zur selben Zeit in Cleve, Kalkar und Xanten nach Herstellung der Altäre das Geld zur Bemalung gefehlt habe. Gar viele Altäre jener Zeit sind nie in Farbe gesetzt worden; der Xantener Altar aber hat eine theilweise Bemalung, welche zeigt, daß man für immer auf weitere Färbung verzichten wollte. Die Lippen der in ihm dargestellten Personen sind roth angemalt und die Augensterne durch dunkle Flecken angedeutet[1]. Endlich zeigt das kräftigere Material, Eichenholz statt des früher gebräuchlicheren Lindenholzes, daß dessen Naturfarbe zur Geltung kommen sollte.

Viele Bildhauer jener Zeit setzten sich in Gegensatz zu den Malern, wollten selbständige Werke schaffen und huldigten einer neuen Richtung, welche dem reichen Farbenwechsel der gothischen Polychromie widerstrebte. Unbedingt lobenswerth war diese Neuerung nicht, aber die Douvermann'schen Altäre würden doch durch eine Polychromie leiden. Es steht darum zu hoffen, daß der Xantener Marienaltar nicht durch eine „Restauration" in ein fremdes, buntes Kleid eingezwängt werde.

Nur die einfacheren Gruppen der Verkündigung und der Heimsuchung, welche nicht mehr als zwei Personen enthalten, sind an dem in Rede stehenden Altar aus einem Holzstocke hergestellt. Meist sind einzelne Theile der Gruppen, oft einzelne Personen für sich geschnitzt und mit Pflöckchen auf die aufsteigende Bodenfläche befestigt, aber nicht angeleimt. Hintergrund, Seitenwände und Deckendecorationen über den Gruppen sind immer aus besonderen Stücken gearbeitet. So sind z. B. in der Gruppe der Abweisung Joachims

---

[1] Kurfürst Moritz von Sachsen beauftragte den Künstler, welcher sein Grabmal zu Freiberg herstellen sollte, „daß man an den Bildern nur die Augen und Mäuler mit ihren natürlichen Farben anstreichen und sonst gar nichts mit Farben daran schmieren solle, außerhalb was vergüldet werden muß", damit nicht „das gantze werck verstellet und verunadelt würde" (Kunstchronik, 1884/85. S. 8).

Die Nebenaltäre der Victorkirche bis zum Ende des Mittelalters.

wenigstens fünf verschiedene, nur lose nebeneinander gesetzte Theile zu unterscheiden (je einer für die Figuren zur Seite, je einer für die beiden Mittelfiguren und einer für den Altar), welche in die selbständig gearbeitete Umgebung hineingestellt sind. Diese Theilung der Arbeit erleichterte dem Künstler seine Aufgabe, erlaubte ihm tiefes und vollrundes Ausschneiden, ersparte viel Material und schützte vor dem Reißen, das bei größeren Holzblöcken so schwer zu vermeiden ist.

Die Flügelgemälde des Marienaltares sind jünger als die Schnitzereien. Aus den bei Pels erhaltenen Nachrichten ergibt sich, daß sie von Rudolph Loesen aus Antwerpen um 1555 gemalt wurden, der 36 Goldgulden, ungefähr 75 Xantener Mark, als Honorar erhielt.

Der Name eines Malers aus Antwerpen eröffnet eine weite Aussicht; denn er zeigt ein neues Kunstcentrum an, das neben Köln und Wesel oberhalb Xanten, und neben Harlem, Cleve und Kalkar am untern Rheinlaufe, dem Stifte seine Kunsterzeugnisse sandte. Bereits Seite 75 ist desselben Erwähnung gethan.

1513—1529 hatte Antwerpen durch Meister Adrian van Overbeck die bedeutenden Altäre der hl. Anna und des hl. Joseph für das nicht weit von Xanten liegende Kempen geliefert und so eine Concurrenz gegen Kalkar eröffnet. Die Baurechnungen werden zeigen, wie es die Oberhand gewinnt und der Kirche des hl. Victor eine Reihe von Altären und Bildern sendet[1].

V. Die beiden oben beschriebenen Altäre der 10 000 Martyrer und der Mutter Gottes sind reich mit Gruppen ausgestattet und steigen hoch

---

[1] Ueber die Malereien des Marienaltares schreibt *Pels II. p. 85: „Pro pictura duarum januarum altaris B. M. V. solvit Mag. Rudolphus de Wesalia 36 goltg. anno 1557." Dagegen gibt Scholten (Baurechnungen, S. VIII) die Notiz: „Anno 1553 pictae sunt tabulae altaris B. Mariae virginis per Rudolphum de Antverpen condictum Loesen, existente magistro fabricae Everardo Maess." Da Maeß sowohl 1553 als 1557 Fabrikmeister war, läßt sich aus seiner Amtsverwaltung die richtige Jahreszahl nicht ermitteln. Möglicherweise wurden die Flügel 1553 bestellt und 1557 mit dem Gelde den in Rudolph von Wesel der Victorkirche schenkte, bezahlt. Vielleicht ist aber auch die Nachricht bei Pels zu emendiren in: solvitur Mag. Rudolpho, so daß Loesen von Antwerpen sich um 1557 in Wesel aufgehalten hätte. Die Contracte über die Altäre von Kempen sind in den Annalen des historischen Vereins für den Niederrhein XXV. S. 208 ff. abgedruckt und erläutert. Für die frühen Beziehungen des Kapitels zu Antwerpen sprechen zwei Stellen der Thesaurarie-Rechnungen. 1462. „Feci per Nicolaum Kremer Antverpiae comparari tapeta ante summum altare in choro reponenda 13 flor. Ren." — 1584. „Curavi per Bernardum Duyden civem Antverpiensem 8 ulnas root gebluympt karmesyn damast, quamlibet ulnam pro 3 flor. brabantinis, et flor. vd 21 stuv. brab., fac. 35 mrc."

auf. Drei spätere gothische Altäre der Victorkirche gehen auf das Sy=
stem des Antoniusaltares zurück, dessen Schrein nur Statuen enthält,
mindern aber die Zahl der größeren Statuen auf drei herab.

Abbildung 5 zeigt das Schema des ersten dieser Altäre. In seinem
innern Raume sind (bei A, B und C) die Bilder des Apostels Matthias,
des Papstes Cornelius und des Bischofes Servatius aufgestellt. Unter
dem Bilde des Hauptpatrones hat (in 1 und 2) die Verkündigung jene
Stelle eingenommen, an der Jesse in den drei vorher beschriebenen Altären
schläft. Hier ist also nicht mehr der menschliche Stammbaum Christi
betont, sondern seine wunderbare Empfängniß vom Heiligen Geiste. Auf
der Mitte des Schreines thront (bei 11) das Bild des Erlösers. Im

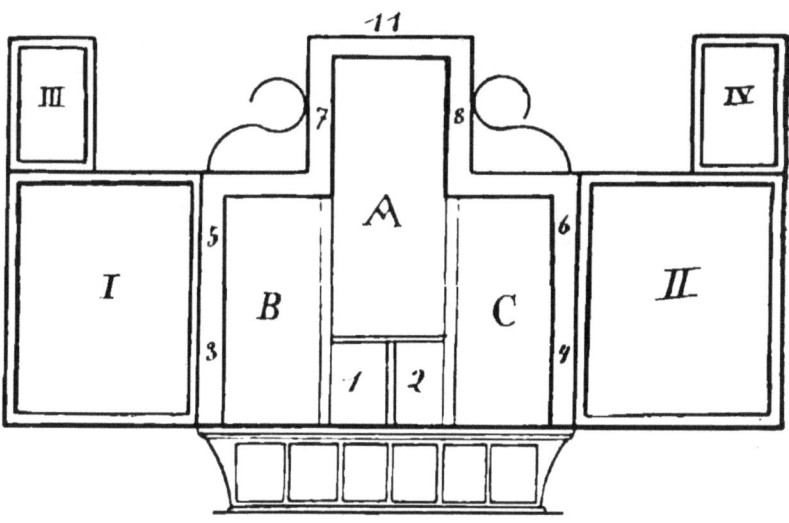

5. Schema des Matthiasaltares.

Rande (in 3—8) und an den Mittelsäulen standen zehn kleinere Statuen,
von denen sechs verloren gegangen sind. Erhalten blieben ein Bischof
(in 5), die hl. Magdalena (in 6), der hl. Jacobus (in 7) und der
hl. Rochus (in 8). Wandernde Antiquitätenhändler — Juden, sagt das
Volk — haben die immer geöffneten Kirchen des Niederrheines stark
ausgeraubt.

Das Copialbuch des Altares erzählt in der naivsten Weise, wie zwei
Stifterinnen den Altar mit Renten und Geräthen ausstatteten:

1520. „Beiltken (Sibylla) van der Schürkollick und Mechteld Ingelait,
Geschwister, gaben zwei kupferne Leuchter mit drei Armen und mit zinnernen

Die Nebenaltäre der Victorkirche bis zum Ende des Mittelalters. 87

Pfeifen, worauf man Wachskerzen setzt. Diese Leuchter sollen auf dem Altar stehen und bleiben. Außerdem schenkten sie einen kupfernen, ehedem in ihrem Zimmer befindlichen Kronleuchter (en metale hangende Kroen), der vor dem Altar hängen soll."

1523. „Was nach Vollstreckung des Testamentes der Beiltken übrig bleibt, soll für die Vollendung eines neuen Schreines auf dem neuen Altare hingegeben werden. Auch vermacht sie einen neuen Kelch mit Zubehör, Alben und Kaseln, die sie anfertigen ließ. Item hat Beiltken ihre beiden Ohrgehänge und ihren kleinen goldenen Ring geschenkt. Man soll diese Goldsachen verkaufen und vom Erlös ein Bild auf den neuen Altar machen lassen."

1525 war der Altar der Hauptsache nach vollendet, aber noch nicht geweiht. Erst 1531 wurde er polychromirt und mit Altarflügeln versehen. Darüber berichtet die Baurechnung also:

1531. „Item erstens dem Maler Theodorich (Scherre von Duisburg) für die Bemalung des Altares 30 Goldgulden, jeden zu 37 Weißlingen. Für dieß und für die Firnisirung (pro expoliatione) des Altares und des Bildes der Mathiasvikarie zahlte ich ihm auf Befehl des Herrn Dechanten, des Patrones des Altares, alles in allem 48 Mark 3 Solidi 3 Heller, die Mark zu 33 Heller.

Item beim Abschluß der Uebereinkunft über die Malereien (pro vinicopio) 13 Quart Wein, das Quart zu 28 Heller. Macht 1 Mark 3 Solidi 18 Heller.

Item für die beiden Bilder der Verkündigung der allerseligsten Jungfrau (die unten bei 1 und 2 in der Mitte des Altares stehen) dem Heinrich van Holt (dem Bildschnitzer von Kalkar) 3 Philippsgulden, den Gulden zu 32 Weißlingen, und seinem Sohne (der die Bilder brachte) 5 Weißlinge und 2 Quart Wein zu 22 Heller. Macht zusammen 4 Mark 6 Solidi 20 Heller.

Item demselben (van Holt) für das Bild des Erlösers (das bei 11 oben auf dem Schreine steht) und für zwei kleine Bilder (im Schreine) noch 2 Philippsgulden, zu 33 Weißlingen, und seinem Sohne 7 Weißlinge und 1 Quart Wein zu 20 Heller. Macht zusammen 3 Mark 16 Heller.

Die Summe der Ausgaben beträgt zusammen 57 Mark 5 Solidi 12 Heller (die bezahlt wurden durch den Fabrikmeister Gerard von Haffen)."

1544. „Item für einen Schlüssel zum Schreine (capsa) des Mathiasaltars 3½ Solidi.

Item bezahlte ich die Kiste, in welcher die von den beiden Stifterinnen dem Altare vermachten Altargeräthe liegen."

„1547 kaufte ich zur Verzierung des Mathiasaltares zwei leinene Tücher und drei Altartücher von Gebild mit Fransen für 2½ Mark."

1549. „Item bezahlte ich für einen Kelch für den Mathiasaltar 14 Mark zu Händen eines Goldschmieds von Emmerich."

Diese urkundlichen Auszüge gewähren wiederum ein sprechendes Beispiel für die Langsamkeit, mit der man noch im 16. Jahrhundert bei Ausstattung der Kirchen zu Werke ging. Der Altar ward 1520 errichtet, erst 1531 polychromirt und erst 1544 mit gemalten Flügeln versehen. Die Malereien zeigen auf der Evangelienseite (bei I), wie der hl. Matthias predigt, auf der Epistelseite (bei II), wie er gesteinigt wird. Die kleineren Bilder (III und IV) geben die Ursache seiner Erwählung, den Tod des Judas, und den Tempel, wohin der Verräther seinen Lohn wegwarf. Auf der Rückseite sind oben der hl. Cornelius und der hl. Servatius, unten der Hauptpatron mit dem hl. Petrus dargestellt. Letzterer erscheint als Patron eines Xantener Canonicus oder Dechanten, welcher als Stifter neben ihm kniet, also die Flügelbilder geschenkt hat. Das Vermächtniß der beiden Stifterinnen hat demnach nicht für den ganzen Schmuck ausgereicht, und die Flügelbilder thun dar, wie sehr mittelalterliche Werke aus dem Gemeinsinne der Zeitgenossen heranwuchsen und wie viele Factoren zusammenwirkten, um auch nur einen einfachen Altar fertigzustellen.

Die Handschriften melden nicht, ob Meister Heinrich van Holt von Kalkar, der nach den Urkunden fünf kleinere Statuen zum Altare lieferte, auch die drei großen Standbilder des Schreines fertigte. Es scheint unwahrscheinlich, weil die Falten der großen Bilder einfacher sind, als die der kleineren, obgleich auch nicht zu vergessen ist, daß derselbe Meister größere Bilder anders behandeln konnte, als kleinere. Meister van Holt hatte bereits 1514 die sieben Schlußsteine mit den „Waffen des Herrn" für die westliche Hälfte der Gewölbe des Mittelschiffes gemeißelt. Meister Theodorich Scherre von Duisburg aber, welcher den Altar in Farben setzte, begegnete uns schon bei der Versilberung der Brustbilder des Hochaltares. Die Polychromie des Matthiasaltares bietet ein wohl erhaltenes Meisterstück seiner Kunstfertigkeit und eröffnet einen nützlichen Einblick in die Grundsätze der spät-mittelalterlichen Decorationsmalerei.

Bekanntlich lehrt einer der ersten Grundsätze der guten alten Heraldik daß Metalle, d. h. Gold und Silber, für die Gelb und Weiß eintreten dürfen, den Farben Roth und Blau entgegenstehen sollen. Schwarz, Grün und Grau werden selten angewendet. Ein goldener oder silberner Schild fordert einen farbigen Inhalt, und umgekehrt will ein rother oder blauer Grund einen goldenen oder silbernen Gegenstand tragen.

Dem entsprechend war der Grund des Martyreraltares Gold, auf das Blau oder Roth kam. Im Matthiasaltar dient Blau als Grundfarbe. Sie bedeckt den Hintergrund und die Kehlleisten. Auf dem blauen Grunde sind alle Ornamente und die Trennungsglieder, welche den Schrein in drei

Theile zerlegen, vergoldet. Bei größeren Ornamenten, z. B. bei den Baldachinen über den Figuren, bleibt nur der Rand, womit sie von der Hauptfarbe absetzen, golden. Ihr Inneres wird blau oder roth. Bei den Fialen ist z. B. der Fuß roth, der Rand golden, das Innere des Leibes, welches tiefer liegt, blau, der Riese, d. h. das pyramidenförmige Haupt, blau und mit goldenen Blumen oder Krabben besetzt.

Damit die großen Figuren sich besser vom Hintergrunde abheben, dient bei ihnen Blau als zweite Farbe; die erste ist Roth. So beginnt die Kleidung der beiden Kirchenfürsten (B und C) mit einer weißen Albe und einer goldenen Tunicella, auf die sich ein rother Chormantel legt, dessen blaues Futter durch breite Goldborten von der rothen Außenseite getrennt ist. In ähnlicher Weise trägt die Mittelfigur über einem goldenen Kleide einen rothen Mantel mit goldenem Saume und blauem Futter. Stets wechseln also Metall und Farbe.

Soviel möglich, scheidet Gold das Rothe vom Blauen, wie blaue oder rothe Farbenpartien größere Goldflächen unterbrechen. Nach demselben Princip hat der Meister die Gewänder mit goldenen Blumen besetzt, die in bemerkenswerther Technik ausgeführt sind. Es ist nämlich auf dem rothen, blauen oder weißen Grund der Kleider zuerst ein Fünfeck aufgemalt, dessen Farbe etwas leichter ist, als die des Grundes. In diesem abgetönten Raum ist das Blumenornament in fester Masse mittelst einer Form aufgepreßt und zuletzt vergoldet worden. Um dem Golde Wechsel zu geben und ihm alles Schreiende zu nehmen, hat Meister Theodorich den Grund der Blumen nicht flach, sondern wellenförmig gebildet und die größeren Gewandflächen, welche zu vergolden waren, mit Grübchen, vertieften Tupfen, versehen.

Herrscht somit im Schreine Blau mit Gold, in den großen Figuren umgekehrt Gold mit Roth, so hat die aus sechs ziemlich flachen Abtheilungen bestehende Predella einen rothen Grund mit vergoldeten Schnitzereien. Auch die innere Seite der Altarflügel setzt sich in Harmonie zum Schrein, indem dort rothe und blaue Farbentöne herrschen, die von gelben unterbrochen werden. So schließen die Flügel durch die mehr vereinten und gemischten Farben den Altar ab. Die Außenflügel haben Weiß zur Hauptfarbe, um einfach zu erscheinen und zur Fastenzeit zu passen, in der sie den Altar schließen. Die Farbenskala ist also:

im Holzwerk: Blau, Gold, Roth oder Blau, Gold.
in den Figuren: — Gold, Roth, Gold, Blau.
in der Predella: — — Roth, Gold.
in den Flügeln: — — — Gelb, Roth und Blau.

Viele ältere Emailarbeiten zeigen ähnlichen Wechsel von Farben und Gold. So besitzt z. B. die Victorkirche einen kleinen Tragaltar, an dessen Seiten die Apostel unter Bogenstellungen sitzen, welche auf Säulen ruhen. Dort ist der Schaft der Säulen 1, 3, 5, sowie das Kapitäl und die Basis der Säulen 2, 4, 6 grün; dagegen sind die Säulen 2, 4, 6, sowie Kapitäle und Basis bei 1, 3, 5 weiß. Die Heiligenscheine sind roth bei den Aposteln, welche die Stelle 1, 3, 5 einnehmen, weiß bei 2, 4. Weiterhin ist an den

Sitzen der Apostel bei 1, 3, 5 das mittlere Stück, bei 2, 4 der Sockel und Aufsatz weiß; dagegen ist bei 2, 4 das mittlere Stück, bei 1, 3, 5 aber Sockel und Aufsatz grün.

Bei vielen mittelalterlichen Malereien, besonders bei den Bildern der alten Italiener, findet man eine ähnliche Vertheilung der Farben. In den Wandmalereien des Domchores von Frankfurt folgen sich die Farben, besonders in den Bildern hinter dem Hochaltare, in fast schematischer Weise; ebenso in vielen Miniaturen deutscher und italienischer Handschriften[1].

Maler Stummel zu Kevelaer hat die Bemalung des Xantener Matthias-altares gründlich studirt. Im Wesentlichen stimmen seine Ergebnisse mit den oben gegebenen überein. Da er als Maler die Sache von einer neuen Seite beleuchtet, dürften seine Bemerkungen für den Leser lehrreich und interessant sein. Er schreibt also:

„Die Polychromie des St.-Matthias-Altares besteht aus den Hauptfarben Roth, Blau und Gold, an einigen Stellen ist Weiß und in geringem Maße Grün gebraucht.

„Die Behandlung des Farbenmaterials ist eine verschiedene; Roth ist aus hellrothem caput mortuum mit Zusatz von Zinnober in Oel untermalt und mit Krapplack lasirt, welcher nicht matt, sondern im Glanz steht und so ein prächtiges Purpurroth bildet. Grün ist ähnlich behandelt, hellgrün untermalt und dunkel warmgrün lasirt; es befindet sich nur am Sockel der drei großen Figuren. Weiß und die helle Fleischfarbe sind glänzend und wie alles Andere auf einem durch sorgfältigstes Schleifen auf's Feinste geglätteten Kreidegrund glatt und säuberlichst aufgetragen. Alle diese Farben sind mit Oel angerieben und theils mit Harzfirnißzusätzen beim letzten Auftrage gemischt.

„Blau allein ist matt aus Leimfarbe und hat einen tiefen, leuchtenden Ton. Von diesen Pigmenten läßt sich keineswegs sagen, daß sie die Farben in ihrer größten Reinheit darstellen. Es sind volle gesättigte Töne, gemildert durch die Tiefe und Nüance des Tones und ihre daraus sich ergebende Unterordnung unter das helle Weiß und den Glanz des Goldes. Das Gold ist Glanzgold, auf Poliment aufgetragen und mit dem Achat polirt. Wo es in kleinen runden Punkten auf dem fertigen Blau und als Verzierung gepreßter Ornamente auf dem lasirten Roth aufgeklebt wurde, ist es vor diesem Aufkleben auf einem faserigen Papier als Vergoldung angebracht und als Ornament gepreßt worden.

„In der reichhaltigen Wirkung bei Anwendung von fast nur drei Farben bewährt sich der bedeutende coloristische Sinn der alten Zeit. Sehen wir uns die Art näher an, so finden wir, daß diese drei Töne als Farbenflecke der verschiedensten Größe sich so über das ganze Schnitzwerk verbreiten, daß Gold zwischen Roth und Blau den Uebergang zwischen beiden vermittelt, und daß die Größe der Farbenflecke, sich nach der Bedeutsamkeit des colorirten

---

[1] Beissel, Die Bilder der Handschrift des Kaisers Otto im Münster zu Aachen. Aachen, Barth, 1886. S. 71. 73. 79. 81 u. s. w.

Gegenstandes richtend, dort das Auge am meisten fesselt, wo der Bildhauer die bedeutsamste Form schuf, der Intention der Stiftung entsprechend.

„Die würdevolle Figur des hl. Matthias ist nicht allein an Größe den seitlichen Figuren überlegen, sondern auch durch den erhöhten Standpunkt ausgezeichnet. Sie bildet durch den großen rothen Mantel die größte zusammenhängende Fläche von Purpurroth, auf's Wirksamste unterstützt von dem goldenen Untergewand. Nur in den kleinen Umschlägen des Mantels ist das dunkle Blau verwandt, um die große Menge der warmen Farben ein wenig zu lockern. Die seitlich stehenden Heiligen, Cornelius und Servatius, haben mehr Gold als Roth, das von Weiß (Schultertuch, Albe, Schweißtuch am Krummstab) und Blau (Umschlag des Mantels) mannigfach durchschnitten wird. Sie haben zwar bedeutsame warme Farbenmassen, ordnen sich aber mit ihren kleineren Farbenflecken der Mittelfigur unter. Das schmale Fenstermaßwerk, welches den Hintergrund zu diesen Figuren bildet, ist roth, die Füllung blau; die schmalen Säulchen nebst den Rippen des blauen Gewölbes in dem die Figuren krönenden Baldachin sind golden. Der Baldachin, aus Roth, Gold und weniger Blau bestehend, macht einen warmen Gesammtton; das darunter befindliche, vorher genannte Maßwerk nebst dem Gewölbe bildet in seinen vorwiegend blauen Füllungen einen kalten Gesammtton, von dem die warmen Figuren sich wohlthuend abheben. Die warmen Figuren sind durch die blauen Innenseiten des Mantels an den blauen Hintergrund gebunden, dieser aber durch die roth und gold gefärbten, tragenden Architekturglieder mit den warmen Figuren in Verbindung gesetzt und in sich reizend und zierlich in den Farben gegliedert.

„Das Ganze macht einen einheitlichen Eindruck, weil dieselben drei Töne über Alles verbreitet sind. Solche drei Farben in gleichmäßigen Größen über eine solche Fläche verstreut, würden dem Auge keinen Ruhepunkt gewähren. Einheit und Ruhe tritt erst mit Unter- und Ueberordnung der einzelnen Farbenflecken ein. Da nur drei Töne verwandt wurden, kann nur die Größe der Farbenflecke die Unter- und Ueberordnung und damit die gewünschte Ruhe herbeiführen.

„Die gesetzmäßig gebildete Einheit mangelt den meisten Polychromien der Neuzeit, welche zu allen möglichen und unmöglichen Farben greifen und den Mangel eines Farbengedankens durch die Menge der Farben bedecken möchte. Mit der zunehmenden Menge der verschiedenen Pigmente bleibt sie im Material stecken."

VI. Dem Aufbaue des Matthiasaltares gleicht derjenige des Helenaaltares.

Aus einer Reihe von Urkunden und aus manchen Posten der Baurechnungen[1] erhellt, daß das Stiftungsvermögen dieses Altares durch den Canonicus Heinrich von Hysfeld schon im Jahre 1331 vermehrt ward. 1365 erhielt er einen Ablaßbrief, 1401 ward er an seiner jetzigen Stelle neben dem

---

[1] Ueber die Geschichte des Helena-Altares vgl. die Baugeschichte der Kirche des hl. Victor S. 27. 131. 132 f.

Lettner, an der Evangelienseite des Kreuzaltares aufgestellt, 1420 durch einen Balkenbruch theilweise zerstört. 1458 wurde eine neue Ablaßbulle für ihn ausgestellt, und im Jahre 1518 ward sein Beneficium der Stelle des Organisten, der ein Priester sein mußte, einverleibt. Um diese Zeit entstand der heutige Aufsatz.

Viele Gründe machten den Altar zu einem der besuchtesten der Kirche. Er trug nicht nur den Namen der hl. Helena, der Gründerin und zweiten Patronin des Stiftes, sondern auch den der hl. Apollonia, welche vom christlichen Volk noch heute als Helferin gegen Zahnschmerzen angerufen wird. Außerdem war er der Altar der Schneiderzunft. In der Mitte des Aufsatzes ist darum ein Engel geschnitzt, welcher das Wappen dieser Zunft trägt. Der Engel ist an einer großen Console angebracht, welche das Bild der hl. Helena trägt. Die Heilige hält in der Linken Christi Kreuz, Lanze und Schwamm, in der Rechten aber ihr kaiserliches Scepter.

Auf der Epistelseite steht, ein wenig niedriger, der hl. Urban. Er hält einen Kelch in der Hand und ist durch Tiara und Doppelkreuz als Papst, durch ein Schwert als Martyrer gekennzeichnet. Auf der Evangelienseite sieht die hl. Apollonia zitternd, mit gefalteten Händen und erschrecktem Angesicht einen großäugigen Henker an, dessen rauhe Linke ihre Schulter umfaßt. Seine Rechte hält ein Eisen, womit er ihr die Zähne ausstößt. Die zarte Figur der Martyrin ist im Gegensatz zur wilden Gestalt des Henkers gebildet, dessen Gesichtszüge soviel Rohheit verrathen, als die Miene der Heiligen Gottergebenheit und Züchtigkeit ausdrückt. Der Henker will sie quälen; sie leidet ihre Pein willig, aber voll Schrecken.

Die wunderbare Naturwahrheit macht die Gruppe zum Kunstwerk. Als Altarbild huldigt sie zu sehr dem Naturalismus; sie erweckt Mitleid mit der Heiligen, stimmt aber wenig zur Verehrung. Die Zeit hatte viel vom höhern Sinn der Altvorderen verloren und war nicht mehr zufrieden mit Symbolen und leiser Andeutung des Martyriums, sondern wollte es in drastischeren Zügen darstellen.

Schon auf dem Martyreraltare zeigten zwei schreckliche Gruppen, wie die 10 000 Soldaten in spitze Pfähle geworfen und dem hl. Erasmus die Eingeweide aus dem Leibe gedreht wurden. Die Tendenz zur natürlichen Schilderung, die später in der holländischen Malerei solche Erfolge erzielen sollte, bewog den Meister der Antwerpener Altäre von Kempen, oberhalb der Krippe auf einem Felsenvorsprung drei Bauern zu schnitzen, welche sich im wildesten Tanze voll Ausgelassenheit im Kreise drehen, weil die Engel ihnen große Freude verkündeten. Das Volk wurde seit dem Ende des 15. Jahrhunderts roher und sinnlicher. Die Künstler mußten mehr auf die Sinne wirken. In der Apollonia-Gruppe bleibt dieser Naturalismus edel, ebenso in einer Ecce-homo-Gruppe des Kreuzganges von Xanten, welche derselben Schule angehört. Aehnliche Bilder, in denen Kraft und Energie sich mit naturalistischer Auffassung paart und worin gute Zeichnung mit meisterhafter Ausführung dramatische Darstellungen vom höchsten Interesse schufen, finden sich öfters im Münsterlande. Charakteristische Beispiele bietet der Dom von Münster in den beiden Henkern, welche auf einem Epitaphium den Herrn geißeln. Sie gehen bis an die äußerste Grenze der plastischen Kunst, jedenfalls viel weiter, als sie gehen darf, wenn sie den Charakter gebundener Würde und fester Kraft bewahren will.

In der Mitte des 17. Jahrhunderts erlitt der Helena-Altar eine durchgreifende Aenderung. Die kräftige Polychromie verschwand unter dicker weißer Oelfarbe, der Schrein erhielt einen Aufsatz und geschnitzte Seitenornamente, denen zu Liebe die alten gemalten Flügelthüren verschwanden. Die Zuthaten sind tüchtige Holzarbeiten ihrer Zeit und passen sich den älteren Theilen an. Es wäre zu bedauern, wenn eine puristische Restauration sie entfernen und vernichten wollte. Die alten Farben, womit die Statuen bemalt waren, sprengen schon jetzt die dicke Kruste der oft erneuerten Oelfarbe, schauen hier und da hervor, um an die alte bunte Pracht zu erinnern und bescheiden zu bitten, eine freigebige Hand möge die Mittel reichen, die nöthig sind, damit ein Künstler sie erneuere und in altem Glanze wiederherstelle.

VII. Der letzte der älteren Altaraufsätze trägt den Namen des hl. Martinus und des hl. Bonifatius. Er ist unter dem wackern Canonicus und Fabrikmeister Gerard Baick erbaut, welcher in seinen Rechnungen sagt:

1477. „Item dem Weihbischofe, welcher den neuen Altar des hl. Martinus neben dem Antoniusaltare weihte, 7²/₃ Mark."

1478. „Item dem Theodorich Kistemeker, welcher am neuen Altar des hl. Martinus arbeitete, 6²/₃ Solidi."

In den Jahren 1481—1485 vermehrte Baick die Einkünfte des Altares und verpflichtete in den Urkunden, die noch im Archive liegen[1], den Beneficiaten, jeden Montag, Mittwoch und Freitag an dem Altare das hl. Meßopfer zu feiern. Für jede Versäumniß solle dem zeitigen Fabrikmeister ein Groschen von Tours (grossus touronensis) gezahlt werden.

Der Altaraufsatz zeigt, wie bei den beiden vorhergehenden Altären, einen breitheiligen Schrein; doch ist die mittlere Abtheilung so breit, daß die Seitentheile auffallend schmal werden. In letztere hat man später zwei gothische Bischofsfiguren hineingezwängt. Die eine trägt eine Mitra auf dem Haupte, zwei andere liegen zu ihren Füßen. Sie stellt also den hl. Maternus dar, der die Bisthümer Köln, Trier und Tongern verwaltete. Die andere Figur, die des hl. Bonifatius, des Nebenpatrons des Altares, trägt nur ein Buch.

In der breiten mittlern Nische steht ein unbedeutendes Bild des hl. Martinus mit dem Chronogramm:

MartInVs epIsCopVs Deo ChArVs. (1717.)

---

[1] Vgl. Baugeschichte S. 109.

Ein älteres Bild, welches ehedem die Mitte füllte, wurde im vorigen Jahrhundert entfernt und auf einen unschönen Haken neben dem Altare verbannt, weil es den Heiligen als hoch zu Roß sitzenden Reitersmann darstellt, der einem Bettler die Hälfte seines Mantels reicht. Freilich ist sein steifes Pferd nicht eben natürlich gebildet, auch paßt ein solches Thier eigentlich wenig in die Mitte eines Altares. Trotzdem ist die Gruppe würdiger, als die neuere Bischofsfigur, und wird darum hoffentlich ihren frühern Platz zurückerhalten.

Auf dem Schreine hat man 1717 in eine neue Nische ein sehr altes und seltenes Bild des auferstandenen Heilandes gestellt, der seine Siegesfahne zeigt.

An der Seite des Altarschreines trägt eine Vorkragung das Bild des hl. „Ritters" Adrianus. Ein Löwe liegt zu seinen Füßen, neben ihm erblickt man Hammer und Amboß, welche ihn als Patron der Schmiede charakterisiren, deren Zunft vor diesem Altare ihre religiösen Feste feierte.

Die sechs Nischen der Predella stehen leer. Wer weiß, ob sie je gefüllt waren? Die Geschichte des Matthiasaltares hat bewiesen, daß man Altäre oft nur allmählich vollendete, je nachdem sich Wohlthäter fanden oder glückliche Umstände die Mittel beibrachten. Ein solches System hatte ohne Zweifel Schattenseiten, weil es nicht nur die Einheit gefährdete, sondern auch die Vollendung weit hinausschob, oft nie erreichen ließ; es sicherte aber dort, wo religiöses Leben und Interesse für die Ausstattung einer Kirche wach blieben, die Herstellung tüchtiger Werke, die nach Jahrhunderten ihren Werth behalten und die wechselnde Kunstmode überlebt haben.

Wie groß die Wandlungen des Geschmacks sein mögen, jedes charaktervolle Werk hat gegründete Hoffnung auf Achtung und Erhaltung. Wo ein ächter Mann mit Lust und Liebe, in ruhiger Muße, voll heiliger Begeisterung ein Kunstwerk schafft, da legt er einen Theil seines eigenen unsterblichen Wesens in dasselbe, verleiht ihm einen Abglanz jenes göttlichen Ebenbildes, das der Schöpfer seiner Seele gab. Der Künstler schafft nach seinem Gleichnisse und Ebenbilde, wie er selbst geformt ist nach dem Bilde und Gleichnisse Gottes, des ersten und größten Künstlers, der bei der Erschaffung nicht nur die ersten und höchsten Kunstwerke bildete, sondern auch alle Grundregeln der Kunst nach den ewigen Normen seiner Weisheit plastisch vorbildete und sie in seine Geschöpfe als lebendige Keime barg.

Viertes Kapitel.

Die Maler der Victorkirche und die Schule von Kalkar.

Alwin Schultz schließt sein inhaltsvolles Buch über die „urkundliche Geschichte der Breslauer Maler-Innung in den Jahren 1345 bis 1523" mit den Worten:

„Aus den speciellen Untersuchungen in den Stadtarchiven Schlesiens und noch viel mehr aus der genauen archivalischen Bearbeitung aller deutschen Malerinnungen muß sich eine Einsicht in das mittelalterliche Kunstleben gewinnen lassen, wie sie mit einer bloßen ästhetischen Kunstkritik sich nun und nimmer erlangen lassen kann. Nur dann wird man über den Zusammenhang, über die Verschiedenheiten, über so manche dunkle Partien der deutschen Kunstgeschichte Klarheit gewinnen, wenn man sich nicht scheut, auch anscheinend unbedeutenderen Erscheinungen die volle, verdiente Aufmerksamkeit zu schenken. Die so gewonnenen Resultate haben dauernden Werth; die auf dem Wege der bloßen Anschauung erreichten sind von jeder neuen Untersuchung leicht zu beseitigen. Langwierig und wenig Interessantes bietend ist allerdings der Weg, den ich hier zu wählen vorschlage, aber er hat den Vortheil, daß er zu sicheren Resultaten führt. Sind diese gewonnen, dann tritt die ästhetische Kunstforschung in ihr Recht, dann kann sie richten und bestimmen, aber dann hat sie auch ein festbegründetes Fundament. So lange das Fundament nicht fest liegt, so lange sind alle die feinen Ornamentdrechseleien vom Ueberfluß" (S. 191).

Schultz suchte die Namen der schlesischen Maler aus den dortigen Archiven mit Bienenfleiß zusammen. Schon vor ihm hatte Merlo die Kölner Schreinsbücher durchforscht und seine Ergebnisse in den „Nachrichten von dem Leben und den Werken Kölnischer Künstler" niedergelegt. Die Fortsetzung seines Werkes behandelt „die Meister der altkölnischen Malerschule" und bringt eine Menge urkundlicher Belegstellen, aus denen erhellt, daß dieser oder jener „Maler", in den Akten pictor oder „Melre" genannt, ein Haus oder eine Rente kaufte oder ablöste. Weitere Nachrichten über neu aufgefundene Maler fehlen nur zu oft. In vielen Fällen bleibt unklar, was unter pictor oder „Melre" zu verstehen sei und welche Bedeutung dem Genannten zukommt. Die Xantener Rechnungen eröffnen weitere Aussichten, indem sie nicht nur Malernamen bringen, sondern auch angeben, was diese „Maler" thaten und wie sie ihre Arbeit besorgten.

I. Der erste im Archiv von Xanten namentlich angeführte Maler tritt in der Rechnung von 1410 auf. Es heißt dort:

„Item für die Bemalung des Schreines (pro pictura cistae) im Chore, in dem die Gebeine der Heiligen von der Gesellschaft des hl. Victor enthalten sind, 3 schwere Gulden, macht 4¼ Mark.

Item dem Joh. Boemhower (Baumhauer) und seinem Gesellen (famulo), den Malern, für ihre Ausgaben (für Kost, Wohnung und (?) Materialien) während 17 Wochen 32 Mark 8 Denare.

Item für Gold, das sie zu demselben Werke kauften, 3 schwere Gulden."

Es liegt nahe, hier an den Schrein der hl. Ursula zu denken, an jenes unschätzbare Kleinod, welches Memling für die Kapelle des Johannes= hospitales zu Brügge malte, und dem Johann Boemhower einen ähnlichen Schrein zuzuschreiben, der einen Glanzpunkt des Chores des hl. Victor gebildet hätte. Da der Meister mit dem Gesellen 17 Wochen thätig war, handelte es sich jedenfalls um eine größere Arbeit. Indessen ist diese Zeit zur Herstellung guter Malereien zu kurz selbst für jene alten Künstler, welche wenig zu erfinden brauchten, weil sie sich meist an feststehende Scenen hielten, also rascher arbeiten konnten. Der Maler erhielt mit seinem Gesellen nur 4¼ Stiftsmark Lohn. Für seine Ausgaben wurden ihm nur etwa 32 Stiftsmark, im Ganzen wenig mehr als 40½ Mark bezahlt. Ein guter Geselle empfing damals für einen Sommertag ¼ Mark, also für 17 Wochen zu je 5 Arbeitstagen 21¼ Mark. Der Lohn der Maler ist demnach so gering, daß ihre Arbeit nur als Dekoration oder Vergoldung, nicht als Kunstwerk der höhern Malerei angesehen werden dürfte. Es bleibt freilich wahr, daß der Fabrikmeister oft nur einen Theil der Herstellungskosten ausgeführter Arbeiten in Rechnung bringt, weil er den Rest zu anderer Zeit bezahlte oder Geschenkgeber die Zahlung übernahmen.

Der erste, sicher als Maler im eigentlichen Sinne des Wortes be= glaubigte Meister der Victorkirche ist Meister Jodokus. Oben (S. 4) wurde erzählt, daß er im Jahre 1473 die neuen Flügel des Hochaltares malte. Ueber seine Herkunft und seinen Familiennamen schweigen die Rech= nungen. Seine Arbeit ist gleich der des Boemhower verschwunden. Das älteste Werk der Malerei, das sich in der Victorkirche erhalten hat, sind demnach die Bilder des Antoniusaltares. Ihnen folgen zwei jetzt vor den Chorstühlen hängende Tafeln.

Der Inhalt dieser Malereien, vielleicht der Flügelbilder des 1471 neu er= richteten Annaaltares, ist verschieden erklärt worden. Er bereitete Schwierig= keiten, weil auf drei Bildern der beiderseits gleichmäßig bemalten Flächen eine Mutter sich findet, in deren Nimbus der Name Maria eingeschrieben ist. Wolff gab auch hier zuerst die richtige Erklärung, indem er auf einige dem Johann Gerson zugeschriebene Verse hinwies, in denen er den Schlüssel zur richtigen Deutung erblickt. Sie lauten:

Die Maler der Victorkirche und die Schule von Kalkar.

>Anna tribus nupsit: Joachim, Cleophae Salomaeque,
>Ex quibus ipsa viris peperit tres Anna Marias,
>Quas duxere Joseph, Alphaeus Zebedaeusque.
>Prima Jesum; Jacob, Joseph cum Simone Judam
>Altera dat; Jacobum dat tertia datque Johannem.

Die Verse (versus memoriales) sind inhaltlich älter als Gersons Schriften. In der goldenen lombardischen Legende des Jakob de Voragine, die gegen das Ende des 15. Jahrhunderts durch die Buchdruckerei eine so außerordentliche Verbreitung gewann, lauten sie also:

>Anna solet dici tres concepisse Marias,
>Quas genuere viri Joachim, Cleophas, Salomeque.
>Has duxere viri Joseph, Alphaeus, Zebedaeus.
>Prima parit Christum, Jacobum secunda minorem
>Et Joseph justum peperit cum Simone Judam,
>Tertia majorem Jacobum, volucremque Johannem.

Die hl. Anna soll drei Männer gehabt haben: Joachim, Kleophas und Salome. (Mit ihnen ist sie an vielen Orten, in der Gegend von Xanten sowohl auf ihrem Altare zu Kalkar, als auf dem zu Kempen dargestellt.) Von jedem Manne hatte sie eine Tochter, die Maria hieß. Ihre drei Marien erhielten als Männer: Joseph, Alphäus und Zebedäus. Die vornehmste Maria, die allerseligste Jungfrau, gebar Jesum; die zweite Maria hatte vier Söhne, Jakobus den Jüngern, Joseph den Gerechten, der auch Barsabas hieß, Simon Zelotes und Judas Thaddäus (drei ihrer Söhne wurden also Apostel); die dritte Maria war Mutter des hl. Jakobus des Aeltern und des heiligen Evangelisten Johannes.

Die vier Bilder der beiden Flügel illustriren den Inhalt der obigen Verse. Es enthält demnach

die erste Tafel — die zweite Tafel

auf der vordern Seite:

1. Joachim und Anna, die Eltern der allerseligsten Jungfrau;
2. Maria, die Mutter Gottes, ihren Bräutigam und das Jesuskind;

auf der Rückseite:

3. die zweite Maria, die erste Schwester der Mutter Gottes, mit ihrem Manne Alphäus und ihren vier Kindern: Judas Thaddäus, Jakobus, Simon und Joseph dem Gerechten.
4. Die dritte Maria, die zweite Schwester der Mutter Gottes, mit zwei Kindern: Jakobus dem Aeltern und Johannes.

Vor Maria kniet der Donator. In einem Wappen liegen drei Fischgräten. Die Architekturtheile zeigen Renaissanceformen des sechzehnten Jahrhunderts.

Sowohl über den Meister dieser Malereien als über den der Flügelbilder des Antoniusaltares herrschen die verschiedenartigsten Ansichten. Einige weisen beide Werke dem Jan von Kalkar zu, andere halten sie für vlämisch. Scheibler, der sich zuletzt mit ihnen beschäftigt hat, schreibt:

„Die beiden Tafeln mit der Darstellung der heiligen Familien im Chore des Xantener Domes und die Flügel eines ebendort befindlichen Schnitzaltares mit der Antoniuslegende innen rühren von einem dem Dünwegge (aus Dortmund) sehr nahe stehenden westphälischen Meister her, den ich nach einem Hauptwerke, dem Altare mit der Kreuzigung in der Kirche zu Kappenberg bei Lünen, den Meister von Kappenberg nennen möchte." [1]

Ein Hinweis auf Westphalen im Allgemeinen und auf Kappenberg insbesondere ist zutreffend, weil das Kapitel von Xanten durch die Gräfin Emeza von Kappenberg viele Güter bei Dorsten erhalten hatte, durch den hl. Norbert mit den Stiftungen der Grafen von Kappenberg auf's Neue eng verbunden war und über Wesel fortwährend Bausteine für seine Kirche aus dem Münsterlande erhielt. Die Lippe, welche bei Wesel, Xanten schräg gegenüber, in den Rhein mündet, hatte damals eine hohe Bedeutung für das Cleverland. Einstens die Kriegspforte, aus welcher die Germanen in's römische Reich, aber auch die Legionen in's Herz von Deutschland eindrangen, war sie zum Thore geworden, durch das westphälische Kunst an den Rhein kam, seitdem der Herzog von Cleve sich 1444 mit der kunstsinnigen Stadt Soest verbündet und dieselbe immer mehr unter seine Botmäßigkeit gebeugt hatte. Beim regen Verkehr zwischen Cleve und Soest waren Dortmund, Dorsten, Wesel und Xanten Mittelglieder, welche an den Vortheilen der neuen Verbindung Theil nahmen. Die kölnische Kunst mußte im Lande der Herzoge von Cleve in der westphälischen einen um so gefährlicheren Nebenbuhler finden, je mehr die clevische Politik den Kurfürsten und Erzbischof von Köln von Xanten fern zu halten suchte, das ihm einstens gehört hatte und das er noch immer wieder zu gewinnen dachte. Das Kapitel konnte also leicht einen Meister berufen, der für die Kirche von Kappenberg gearbeitet hatte und mit den Malern von Dortmund in Beziehung stand. Eine eingehende Vergleichung der Malereien macht indessen unwahrscheinlich, daß dieß der Fall gewesen sei. Auch die Schnitzarbeit der Kappenberger Tafel spricht für eine Werkstatt, welche von der des Xantener Altares verschieden ist.

Selbst wenn die Flügel des Antoniusaltares und die beiden Tafeln mit den „heiligen Sippen" aus Westphalen stammten, wären beide sicher nicht von demselben Meister gemalt. Die inneren Flügel des Antoniusaltares sind viel zu fein und zart, um von der Hand des Meisters der Sippenbilder zu kommen, in denen Kleidung, Hausrath und Bautheile spätere Formen zeigen.

---

[1] Zeitschrift für bildende Kunst, Bd. 18. S. 60; Schnaase, VIII. S. 372; Kugler, Malerei, II. S. 425 und 568. — Die S. 97 erwähnten Verse in der Lombardica historia von 1483, Nr. 126, De Nativitate gloriosae Virginis Mariae, und bei Wolff, Kalkar, S. 48. — Seite 74 der Beschreibung der Victorkirche findet auf den Flügelbildern Johannes den Täufer, Zacharias u. s. w. Nicht viel glücklicher ist die Erklärung von Zehe, S. 60 f. Durandus, Rationale l. 7. c. 10. Nr. 4 und c. 33. Nr. 1, bietet eine genealogische Tabelle, die mit der des Jakob de Voragine übereinstimmt. Bei Cahier, Caractéristiques des Saints, I. p. 852 und II. p. 469, sowie in den dort citirten Stellen aus den Acta Sanctorum sind über den Werth dieser legendarischen Darstellungen weitere Untersuchungen angestellt.

Schon bei Beschreibung des Hochaltares ist erzählt, daß Bartholomäus Bruyn 1529—1535 die Flügel und 1536 Rütger Krop die Bilder der Kirchenväter für den Untersatz malte. Etwa 25 Jahre später lieferte Rudolph Loesen aus Antwerpen die Flügelbilder des Marienaltares, die jünger sind als die des Martyreraltares, älter als die des Matthiasaltares.

Von den Malern, welche bis zur Mitte des 16. Jahrhunderts für die Victorkirche arbeiteten, sind demnach nur vier namentlich bekannt: Jodocus, Bruyn, Krop, Loesen. Vielleicht verdient auch Boemhower einen Platz unter den Malern. Wie reich werden die Nachrichten, wo es sich um Decorateure, Vergolder, Anstreicher und Weißer handelt! Solche Arbeiter werden in den Urkunden mit denselben Titeln angeführt, welche der große Meister Bartholomäus Bruyn aus Köln erhält. Wie er, heißen auch sie: magister pictor, „Meister Maler". Es wird jetzt unsere Aufgabe sein, über solche Maler zweiten Ranges zu berichten und ihre kunsthistorische Stellung mit Hilfe der alten Aufzeichnungen darzulegen.

II. In einer der ältesten Baurechnungen erzählt der Fabrikmeister Heinrich von Tygel (Ziegel), wie er im Jahre 1360 wegen der Decoration des neuen 1359—1363 vollendeten Kapitelhauses einen Boten in das benachbarte Städtchen Issum sandte, um einen Maler, den magister pictor Johannes de Yssem, herbeizuholen. Dieser Meister Maler erhielt den Auftrag, die eben fertig gestellten Wände zu weißen. Schon im Jahre vorher waren 900 größere und kleinere Nägel von Köln gekommen, die zur Befestigung der Korbeln verwandt wurden, welche die Leitlinien der Gewölbemalereien heben sollten. Mit glänzender Vergoldung überzogen, warfen sie das Licht wirksamer zurück, als einfache auf den Grund gelegte Goldstreifen gethan hätten[1]. Möchte man dieses einfache und doch wirksame Mittel nachahmen, um ohne viele Kosten die Wirkung des Goldglanzes zu erhöhen und der Decoration die Flachheit zu nehmen, in die sie heute leicht verfällt.

Als die erste Ausmalung des Kapitelsaales vollendet war, langten die Glasfenster an. Der Fabrikmeister berichtet darüber:

1362. „Erstens über die Glasfenster im Kapitel, die am Tage vor dem Feste des hl. Jakobus von Köln kamen. Den Knechten, welche die genannten Fenster vom Rheine zum Kloster trugen, 21 Denare.

---

[1] Aehnliche Nägel sollen sich nach der Versicherung erfahrener Architekten in den Gewölben älterer Kirchen oft finden. Das Mittelalter hat sogar in seine Fresken vergoldete Platten für Nimbus, Stela und die Gewandverzierungen eingefügt. Die Malereien der Chorapsis der Patroklikirche von Soest (Aldenkirchen, Die mittelalterliche Kunst in Soest. Winckelmann-Programm 1875. S. 9) und das Bild der Westapsis von Oberzell auf der Reichenau (Kraus, Die Wandgemälde der St.-Georgs-Kirche, Freiburg 1884) bieten bekannte Beispiele. Auch in den Malereien der Westapsis der Essener Stiftskirche waren vergoldete Platten verwandt.

Item bem Glasermeister Jakob (vitrifici) für die Auslagen, die er auf dem Rheine für sich und seinen Gesellen (servo) von Köln bis Xanten machte, 20 Solidi.

Item demselben für die genannten Fenster 10 Mark."

Unser Meister Jakob ist 1349—1363 in Kölner Urkunden als „gelaiswortere" (glaseator) beglaubigt. Er war Schwiegersohn des 1327—1351 als Glasermeister genannten Meisters Philipp und Bruder des 1353—1366 in Köln vorkommenden[1] Glasermeisters Lubekinus. Da der 1363 vollendete Kapitelsaal nichts Anderes ist, als das nördlichere Ostchörchen, so sind die Reste alter Glasmalereien, die sich dort finden, doppelt werthvoll, weil sie Zeugniß ablegen für die Kunstfertigkeit eines der wenigen namentlich bekannten Glasmaler des Mittelalters, der zudem ein Mitglied einer großen Kölner Familie ist, welche diesen Gewerbszweig lange betrieben hat.

Im ersten der genannten Fenster stehen vier Apostel: Petrus, Paulus, Johannes und Jakobus, zwischen kleinen Engeln und Propheten, welche die Umrahmung der Architektur füllen. Im zweiten Fenster sieht man die Anbetung der heiligen drei Könige. Unter ihnen ist ein Stifter dargestellt, den die Inschrift Everardus Hagnedorne Scholasticus nennt, und der um das Jahr 1347 lebte[2].

Für die Fenster zahlte der Fabrikmeister dem Meister Jakob von Köln 10 Stiftsmark. Soviel verdiente ein Steinmetz in 40 Tagen und soviel kosteten 5 Malter Weizen. Nach unserm Geldwerthe erhielt also der Meister ungefähr 180 Mark, gewiß nicht viel für gemusterte und gemalte Fenster. Als sie eingesetzt und die vorläufig angestrichenen Wände und Gewölbekappen hinlänglich getrocknet waren, begann die Polychromirung (pictura capituli). Mit Einschluß eines an der Außenwand über der Thüre angebrachten Bildes der Geburt Christi kam sie auf $8^{1}/_{3}$ Mark zu stehen. Ueber den Lohn erhielt der Maler ungefähr $^{1}/_{6}$ Mark Handgeld. Dann kaufte der Fabrikmeister für den Kapitelsaal vier Leuchter, die $^{1}/_{3}$ Mark kosteten, ließ ihn und den Kreuzgang für $^{2}/_{3}$ Mark zweimal gründlich auswaschen und lud die Kapitulare ein, von ihrem neuen Sitzungssaal Gebrauch zu machen. Dieser Saal diente dem Kapitel, bis im Jahre 1536 der heutige Kapitelsaal an seine Stelle trat.

Im Vorübergehen sagt die Rechnung von 1400, es seien am Lettner drei „Fenster" gemacht worden, eines in der Mitte vor dem Schranke, in dem das heilige Sacrament aufbewahrt wurde, zwei an der Rückseite hinter dem Altare; sie hätten fast $2^{1}/_{4}$ Mark gekostet, und für ihre Bemalung (pictura) sei etwas mehr als 2 Mark ausgelegt worden.

Der letztere Posten zeigt, daß hier unter „Bemalung" nichts Anderes zu verstehen ist, als ein Anstrich der Gitter, welche die drei Nischen des Lettners verschlossen. Vierzig Jahre später (1440) erzählt der Fabrikmeister, „Meister Heinrich der Maler" habe für 2 Gulden ein leinenes Tuch zu den Flügelthüren der Orgel gekauft und 9 Gulden für Malereien an der Orgel,

---

[1] Merlo, Die Meister der altkölnischen Malerschule, S. 191.
[2] * Pels, II. p. 337. Everhardus Hagedorn (Scholasticus) vixit 1347.

am Grabe des hl. Victor und an den Blumen oder Giebelverzierungen (flores seu pinnacula) des Chores und der Kellerei erhalten. Für 9 Gulden = 13½ Kapitelsmark kaufte man damals 7 Kapitelsmalter Weizen, die heute 210 Mark kosten würden. Vom Lohne ist der Preis für Gold und Farben abzuziehen. Meister Heinrich hat also schwerlich die leinenen Altar=flügel mit Malereien verziert, und demnach sind auch seine Arbeiten nur die eines Vergolders und Anstreichers gewesen.

Vielleicht ist dieser Xantener Malermeister Heinrich identisch mit Meister Heinrich von Heymersheim, welcher 1456 unter die Bürger von Kalkar auf=genommen wurde, oder mit Meister Heinrich Nyelen, dem der Stadtrath von Kalkar im Jahre 1450 1½ rheinische Gulden für ein Bild des jüngsten Gerichtes gezahlt haben soll [1]. Möglicherweise ist der Xantener Meister Hein=rich und einer der genannten Kalkarer Meister eine Person mit dem Meister Heinrich, der 1463 die flache Decke des Mittelschiffs der Victorkirche erneuerte und im Chore den in den Rechnungen oftmals als „rothe Kiste" (rubea cista) bezeichneten Opferkasten neu anstrich, wofür er 9 Mark empfing. Dann erhielt er 2¼ Mark für den Neuanstrich der Bahre, auf der man im Jahre 1464 den Victor=Schrein in feierlicher Weise zum Fürstenberg trug, 1½ Mark für Auffrischung des Grabes des hl. Victor und ⅓ Mark für die neue An=

---

[1] Wolff, Nicolaikirche, S. 14 f. Nr. 2 und 3, schreibt das Gemälde des jüngsten Gerichtes, welches auf dem Rathhause von Kalkar hängt, dem Heinrich Nyelen und dem Jahre 1450 zu, während Scheibler in Lützows Zeitschrift (1883, S. 26) das=selbe in's 16. Jahrhundert versetzt. Jedenfalls ist der Preis von 1½ Gulden für ein Bild nur eine Abschlagszahlung. — Rechnung von 1440. Magistro Henrico pictori pro pictura ad organa et ad sepulchrum sancti Victoris et ad flores seu pinna-cula juxta chorum et cellarium XI flor. Ren., inclusis II flor. Ren. datis pro panno linneo ad januas organorum. — 1463. Item Theodoricus Daems habuit quatuor dies cum medio faciendo steigern (Gerüste) pro testudine dealbanda, fac. I mrc. VII½ den. Item Bartoldus pictor de Wesalia habuit tres dies cum medio, et famulus suus tres dies cum medio, dealbantes testudinem, fac. simul I mrc. IX sol. Item serratores dividentes longa ligna (zu den Gerüsten) quasi per duos dies VIII sol. V den. Item Theodoricus Daems habuit VI dies, et Jo. Viehoff trea, dealbantes testudinem, fac. simul II mrc. I sol. III½ den. Item quidam de Wesalia dealbans parietes habuit quatuor dies, fac. simul I mrc. (= 12 sol.). Item pro XII maldris calcis (zum Weißen) IV mrc. VI sol. Item magistro dicti famuli, venienti de Wesalia ad petitionem capituli pro parie-tibus dealbandis, propinati sunt III sol. IX den. Item Henrico pictori reformanti ecclesiam in summitate areae et rubeam cistam IX mrc. Zur Charakterisirung dieses Malers Heinrich diene noch folgender Posten der Rechnungen: 1459. Item Henrico pictori pingenti asseres et stipitem (Opferkasten) juxta altare trium regum VII sol. VI den. Eine Parallelstelle bietet die Rechnung von 1468: Item magistro Gerardo Christiani pingenti januam praescriptam (qua itur de ambitu ad eccle-siam) III sol. Item pictori ornanti ad hannitam VIII sol. I den. — 1471. Item Gerardo Christiani ornanti rubeam januam IV sol. VI den. Item uxori magistri Henrici pictoris pro blywit et frensen simul III sol. II den. Item pictori ornanti in choro circa reliquias pro laboribus et auro simul IX sol.

malung „des Fensters im Chore", d. i. der in der Rückwand des Lettners angebrachten Nische, worin die Hand des Schutzheiligen in einem silbernen Reliquiar aufgestellt wurde. Da der Fabrikmeister im Jahre 1471 bei der Frau des Meisters Heinrich für ¼ Mark Bleiweiß und Fransen (frensen) kaufte und dem Maler wegen Verzierung der Reliquien für Arbeitslohn und verwendetes Gold zusammen ½ Mark zahlte, muß Meister Heinrich in Xanten gewohnt und dort einen Laden gehabt haben. Trotz seines großen Titels: magister Henricus pictor, war er Anstreicher, Vergolder und Decorationsmaler.

Bedeutender scheint der Maler Theodorich von Emmerich (Theodoricus de Emderich) gewesen zu sein, der 1459 „für das Malen der zehn Gebote" 6 Mark erhielt. Tiefer stand Meister Barthold, der Maler von Wesel (magister Bartoldus, pictor de Vesalia), der im Jahre 1463 mit seinen Gesellen 3½ Tage in Xanten arbeitete. Meister und Gesellen erhielten zusammen 1¼ Mark, so daß auf jeden ein Tagelohn von je 3 Solidi kommt. Einfache Holzsäger, die mit ihnen arbeiteten, erhielten täglich etwas mehr als 2 Solidi. Der „Maler" weißte die Gewölbe der Kirche. Man muß sich also hüten, das Ausweißen gothischer Kirchen als Geschmacklosigkeit darzustellen und die Polychromie als wesentlichen Bestandtheil jedes gothischen Baues zu betonen. Meister Barthold setzte seine Arbeit in den folgenden Wochen fort. Dieselbe verlangte aber so wenig künstlerische Befähigung, daß die beiden Schreiner der Kirche, Theodorich Daems und Johann Viehoff, mit Hand anlegten. Da der Maler mit seinem Gesellen für 7 Arbeitstage 21 Solidi erhielt, die beiden Schreiner aber zusammen für 9 Arbeitstage 25¼ Solidi, so kann Barthold gesellschaftlich nicht höher gestanden haben als sie. Damit ist wiederum erwiesen, wie wenig aus den Titulaturen der Urkunden, Schreinsbücher und Rechnungen folgt, so lange nicht beigefügt ist, was und wie die Träger dieser Titel arbeiteten. Da die Schreiner mit dem Maler arbeiteten, muß die Zunftsperre damals in Xanten nicht strenge gewesen sein.

Im Jahre 1467 vergoldete ein Maler Lubbertus für fast 1½ Mark das Kreuz des von Vaick auf dem Kirchhofe vor der Westfaçade neu erbauten Beinhauses. Derselbe Fabrikmeister zahlte 1475 dem Maler Peter ⁷⁄₁₂ Mark für die Bemalung des Bildes des Erlösers, welches heute auf dem Martinusaltar steht. Es wurde am Himmelfahrtstage während des Gottesdienstes aus der Sakristei in das Chor getragen und an Stricken durch einen Gewölbering aufgezogen, hinter dem es verschwand.

Der Maler Peter könnte identisch sein mit jenem Peter, der 1492 zu Kalkar das Sacramentshäuschen und einen Theil der Kirchenwände bemalt hat. Zwischen Xanten und Wesel liegt das Dorf Ginderich, dessen schöne Kirche einen spätromanischen Thurm und frühgothische Schiffe hat. Von dort kam 1471 ein Meister Theodorich, um zwei Rosen auf dem Xantener Paradiese zu vergolden. Dieß Paradies lehnte sich an das südwestliche Ende der alten Basilika an und stand dort, wo Meister Langenberg späterhin sein Südportal erbaute. Theodorich erhielt als Arbeitslohn fast 1½ Mark. Das Gold, welches er verbrauchte, kostete mehr als 3½ Mark und kam von Köln. Die

Rosen selbst wurden nur mit 2³/₈ Mark bezahlt, waren also nur etwa halb so theuer als ihre Vergoldung. Vier Jahre später (1475) bemalte und vergoldete derselbe Meister Theodorich von Ginderich zwei Engel, welche Johann Potgieter (b. i. Topfgießer, Gelbgießer) für den Thurm und das Chor der dem Süd=portal der Victorkirche gegenüberliegenden Michaelskapelle gegossen hatte. Der Gießer erhielt etwas mehr als ¹/₂ Mark. Theodorich, welcher diese Engel und zwei Dachknäufe (pinnacula), auf denen sie standen, vergoldete, bekam für Arbeit, Gold und die übrigen Materialien fast 3 Mark, fünfmal so viel als der Guß gekostet hatte.

Im folgenden Jahre 1476 bemalte derselbe das in Kalkar für den Hoch=altar der Victorkirche angefertigte Bild des Erlösers. Hier kostete die Holz=schnitzerei 6³/₄ Mark, die Bemalung nur 2 Mark. Letztere scheint sehr einfach gewesen zu sein, da von Goldverwendung keine Rede ist. Der Fuhrmann, welcher das Bild an drei Stunden weit von Kalkar brachte, ließ sich 4¹/₄ Solibi, etwa ¹/₃ des Preises der Polychromirung, auszahlen. Ein Steinmetz verdiente damals im Winter täglich 3 Weißlinge, im Sommer 3 Solibi, den achten Theil der Kosten der Bemalung.

Im Jahre 1505 setzte der Malermeister Theodorich von Gelbern (magister Theodoricus de Gelria, pictor) acht Schlußsteine des südlichen Seitenschiffes der Stiftskirche gegen einen Lohn von etwas mehr als 7 Mark in Farbe. Die Rechnung von 1507 erwähnt dann einen Johann van Gelre, Maler in Wesel, dem der Fabrikmeister mit Bewilligung der Stifts=herren an ³/₄ Mark als Trinkgeld zahlte. Wir haben also hier zwei Ma=ler aus Gelbern, Theodorich und Johann. Vielleicht ist Theodorich von Gelbern der Vater des Johann von Gelbern, welcher sich später in Wesel niederließ [1].

---

[1] Die Thesaurarie=Rechnungen nennen 1525 und 1526 zwei weitere Maler 1520. Solvi cuidam fabro lignario Qweeck, qui ivit ad Clivis et Venloe ad videndum ibidem tegumentum (Traghimmel), sub quo portatur venerabile Sacramentum, juxta quod debet similiter fabricare, 6 alb. rot. — 1525. Solvi cuidam carpentario pro factura trium angelorum ligneorum quinque flor. horn., quemlibet valoris XI alb. rot. Solvi Ge. Queick arculario pro quodam novo coopertorio (Traghimmel), sub quo venerabile Sacramentum fuisset deferendum simul XI flor. aur. XIX alb. rot. Item solvi Jacobo statuario pro factura V statuarum (videlicet Victoris, Helenae et trium angelorum) super dicto coopertorio superponandarum simul VIII flor. horn. ad XI alb. rot. Solvi Adolpho pictori pro depictura praefati coopertorii, quinque statuarum et stipitum quibus innititur et regitur, simul X flor. Philippi. — 1526. Venit Xanctis a me vocatus quidam de Vesalia phrygio vel barbaticarius, hoc est textor ex auro et filis varias effigies exsuens, vulgariter eyn stycker, ad reparandum aliquot flores aureos pene detritos in cappa quam quondam Episcopus Ambianus donavit. Solvi pictori Antonio ratione picturae vexillorum majorum quoad utrumque latus IX ulnas continentium, item pro depictura imaginum Salvatoris et Crucifixi Domini, item sustentaculorum sacrarum reliquiarum, item tabularum variarum in armario dependentium, simul 20 flor. aur.

Eine interessante Persönlichkeit ist Meister Hermann Leuken, Maler und Glaser zu Xanten. Die Rechnungen berichten nicht nur über ihn, sondern auch über seinen Vater und seinen Sohn.

1490. „Item dem Maler Louken für seine Arbeiten in der Kirche 4½ Solidi."

1493. „Item dem Heinrich Louken für die Erneuerung der beim Baubetrieb zerbrochenen Glasscheiben und dafür, daß er den Hintergrund des Laubwerkes in schwarze Farbe setzte 1 Mark 1⅙ Solidi."[1]

1506. „Item dem Glasermeister Hermann für das Bemalen von 16 Schlußsteinen der neuen Gewölbejoche 16 hornsche Gulden, zu je 22 Stüber, macht 12 Mark 7 Solidi."

1522. „Item gab ich dem Meister Hermann Leuken für die Erneuerung der Glasfenster in der alten und neuen Sakristei und für die Bemalung der neuen Sakristei zusammen 21 hornsche Gulden, macht 13 Mark 8½ Solidi."

1527. „Item dem Meister Hermann Leukens für die Erneuerung der Glasfenster hier und da und für die Bemalung der Gewölbe unserer Kirche, soweit es mich (den Fabrikmeister Gerard von Haffen) angeht, 6 Mark 8 Denare."

1529. „Item erhielt Hermann Leuwken für die hie und da erneuerten Fenster der Kirche 3 Mark 6 Denare."

1536. „Nikolaus Lowken, der Glaser, war das Jahr hindurch in verschiedenen Arbeiten für die Kirche beschäftigt, schloß und erneuerte die zerbrochenen Fenster und half bei der neuen Orgel, 11 Solidi."

1544. „Item kaufte ich zu Köln 400 Golz (Goldblätter?), um 44 Schlußsteine (rosae) im Umgange neben dem Kapitelsaale zu vergolden. Das Gold besorgte Hermann Leuken, der Glaser, für 46 Weißlinge. Macht 1 Mark 11 Solidi. Bei der Bemalung der Schlußsteine berechnete Hermann Leuken auf jede Rose für Arbeit und die übrigen Materialien 1½ Weißling, im Ganzen 2¾ Mark."

1547. „Ich (Everard Maeß, Fabrikmeister der Victorkirche) rechnete mit dem Glaser Hermann Leuken ab. Er verdiente für Ausbessern der Kirchenfenster, besonders für die Erneuerung des Fensters des verstorbenen Propstes Ingenwinkel, 4 daler. Macht 8 Mark."

1551. „Im Auftrage der Herren vom Kapitel gab ich am Mittwoch nach Jubilate dem Hermann Leuken um Gottes willen 4 daler, weil er vom Alter gebrochen ist. Auch erließen die Herren ihm alle Kosten des zwischen dem Kapitel und dem Glaser Hermann (Leuken, seinem Sohne) geführten Processes. Macht 8 Mark."

1552. „Im Auftrage der Herren gab ich dem Glaser Hermann Leuken 1 daler um Gottes Lohn, weil er ein treuer Diener der Kirche war und jetzt vom Alter gebeugt ist. Macht 2 Mark 6 Denare."

---

[1] Der Originaltext sagt: pro denigratione fundi de loefwerk. Die Stelle erhält durch die Rechnung von 1487 eine Erklärung: Item pro terra nigra ad colorandum dat semes VI alb., fac. III sol. IV den. Item magistro Gerardo lapicidae purganti columnas de colore nigro et deformante 1½ flor. Ren. curr., fac. I mrc. VIII sol. Es hatten also die Blätter in den Gesimskehlen einen schwarzen Hintergrund, der sie wirksam hervorhob.

So scheidet Meister Hermann Leuken, der Maler und Glaser, nachdem er dem Kapitel an 50 Jahre gedient hatte, aus den Rechnungen. Es wäre leicht, die ihn betreffenden Auszüge zu vermehren. Jahr um Jahr „stopfte", d. h. erneuerte er die Kirchenfenster; hie und da vergoldete und bemalte er etwas. Vielleicht ist ein Werk von seiner Hand erhalten, das uns in den Stand setzt, seine Leistungen zu beurtheilen. Die Rechnung von 1522 berichtet, er habe die damals eben vollendete Sakristei „bemalt". Diese Sakristei wurde 1529 theilweise abgebrochen und erneuert. Wahrscheinlich hat er darum gegen 1532 die Malereien der beiden neuen Gewölbe besorgt, die heute noch sichtbar sind.

Die Kreuzgewölbe der Xantener Sakristei stützen sich auf Rippen, welche 2·4 Kappen oder sphärische Dreiecke bilden, also 3·2·4 = 24 Ecken haben. In einer Ecke ist das Wappen des Kapitels gemalt und daneben ein Bogenschütze, der mit seinem Pfeil abwärts gegen die Wand hinzielt. Ein phantasiereicher Engländer hat vor längerer Zeit die Sage veranlaßt, der Schütze ziele auf das Versteck, in dem die Schätze der Kirche lägen. Wenn das Kapitel seine Schätze vergraben oder vermauern ließ, hat es sicher nicht die Unklugheit begangen, den Ort, an den es dieselben hinterlegte, auf solche Weise kenntlich zu machen. Der Schütze wird nur ein Spiel der Künstlerlaune sein, welche die neugierigen Beschauer erschrecken wollte, ein Kind des Humors, der sich an Chorstühlen, Wasserspeiern und Gesimsträgern oft in etwas derber Weise Luft macht.

Aus jeder der 23 übrigen Ecken der Sakristeigewölbe wächst ein Rankenwerk auf, das gegen die Mitte der Kappen in einer großen Blume endet. Die Malerei einiger Gewölbe der Kirche, mit welcher Leuken im Jahre 1527 beschäftigt war, dürfte vielleicht in ähnlicher Art ausgeführt worden sein[1].

Mit großem Lob reden die Handschriften des Kapitels von magister Theodoricus Scherre, pictor de Duysborgh, „Meister Theodorich Scherre, Maler von Duisburg". Wer sollte nicht bei so hochklingenden Titeln an einen ächten Maler denken? Der Gedanke liegt um so näher,

---

[1] Ein Zettel in der Handschrift *Tack sagt: Anno 1756 visendae erant in fornice ecclesiae factarum renovationum inscriptiones antiquariis notis exaratae, quarum prima stabat supra medium chorum versus orientem hoc modo: „1453". Altera inscriptio erat locata in media fere parte testudinis super altare Venerabilis Sacramenti hoc modo: „1515". Tertia denique annotatio renovationis habebatur in eadem fornicis superficie ante decimam fenestram versus occidentalem templi frontem hoc modo: „1518". Daß las diese Jahreszahlen, als man 1756 große Gerüste aufgeschlagen hatte, um die Kirche neu zu weißen. Bei seiner geringen Kenntniß des Mittelalters hat er sich wohl beim Lesen der alten Zahlen geirrt. 1453 ist jedenfalls in 1463 zu verbessern, weil das Innere der Kirche damals erneuert wurde. Die Zahlen 1515 und 1518 beziehen sich auf den Verputz und die Bemalung der eben vollendeten westlichen Gewölbe. Leuken kann 1527 nur Gewölbe der Seitenschiffe verziert haben.

weil im Jahre 1500 ein Magister Otto Scherre Pfarrer von Tyll war und sich mit 100 Goldgulden beim Kapitel der Victorkirche eine Erbrente von 5 Gulden kaufte. Sehen wir zu, was die Rechnungen von den Arbeiten des Meisters melden. Der Fabrikmeister schreibt:

1531. „Dem Maler Theodorich gab ich für die Bemalung des Matthiasaltares 30 Goldgulden. Für die Firnissirung (pro expolitione) des Altares und des Bildes der Matthiasvikarie zahlte ich ihm im Auftrage des Herrn Dekans, des Patrons des Altares, 48 Mark 3½ Solidi."

1538. „Am 17. Juni kam der Maler Theodorich Scherre von Duisburg zu mir in mein Haus. Nach der mit den Herren vom Kapitel abgeschlossenen Uebereinkunft soll er das Gehäuse der neuen Orgel bemalen. Dafür wird er bei mir Kost, Nachtherberge und alles Nöthige sowie an Geld 32 Mark erhalten.

Er arbeitete 38 Tage an der Orgel und wohnte während der Zeit bei mir, wobei die Festtage eingerechnet sind. Ich (Everhard Maeß, Fabrikmeister) berechne dem Kapitel jeden Tag für das Essen am Mittag und Abend und für ein Frühstück nach Belieben (pro jentaculis ad placitum) je 2 Solidi. Macht 6½ Mark."

1539. „Gegen Ende dieses Jahres kamen die Herren vom Kapitel mit Meister Theodorich Scherre von Duisburg, dem Maler, überein, er solle das Zifferblatt der Thurmuhr malen. Mit Ausnahme einer 5 Fuß großen quadratischen Tafel aus Holz und Blei, welche der Fabrikmeister ihm liefern muß, soll Theodorich die Materialien stellen. Sein Lohn soll 8 Mark betragen.

Der genannte Maler Theodorich kam für die Zeit, da er malte, zu mir in's Haus zur Beköstigung. Er blieb 12 Tage. Das macht, jeden Tag zu 2 Solidi berechnet, 2 Mark."

1540. „Ich ließ von dem Maler Theodorich Scherre das Bild der allerseligsten Jungfrau Maria, welche ihren Sohn im Schooße hält (eine Pieta), bemalen, worüber die Rechnung von 1538 berichtet [daß es für 6 Mark von Heinrich Holt in Kalkar angefertigt und auf den Altar der Michaelskapelle aufgestellt wurde]. Ich gab dem Maler 7 Mark 5 Solidi."

Im Jahre 1541 polychromirte der Maler Theodorich Scherre die Statue bei der „bannyet" (d. h. auf dem Platze neben der Kellerei, östlich von der Kirche, wo die Verkündigungen geschehen). Materialien und Gold stellte der Maler; der Fabrikmeister gab die Kost, das Oel und an Geld 9½ Mark. Ich kaufte 8 Quart Leinöl, um das genannte Bild des hl. Victor bei der bannyet und andere Gegenstände zu bemalen, und zahlte für das Quart 4½ Weißling, für alles Oel mit dem Gefäß, worin es war, 1¾ Mark."

1543. „Theodorich Scherre, der Maler von Duisburg, kam zu mir in's Haus, wo ich ihn bis zum Sonntage bewirthete. Zwei Herren vom Kapitel schlossen mit ihm den Vertrag ab, er solle drei Bilder des Hochaltares bemalen [die Statuen des Erlösers, des hl. Victor und der hl. Helena, die oben auf dem Schreine stehen]. Dafür soll er 12 daler erhalten, das macht 23 Mark."

1544 versilberte Theodorich die Brustbilder der allerseligsten Jungfrau und des hl. Johannes im Hochaltar, die Meister Heinrich Douvermann, der

Bildschnitzer von Kalkar, gemacht hatte. Meister Arnt Duerkoep in Kalkar hatte die Versilberung begonnen, aber nicht vollendet. Die Schnitzarbeit kostete 5 Goldgulden, d. h. 10 Mark. Theodorich erhielt für die Versilberung 11½ Mark.

1546. „Theodorich Scherre, der Maler von Duisburg, wohnte in meinem Hause, um 96 Rosen (Schlußsteine), die unter dem Gewölbe des Umganges hängen, zu vergolden. Er bemalte auch die Thüre, welche aus dem Umgange in die Kirche führt, und die beiden Statuen [des Engels der Verkündigung und der allerseligsten Jungfrau, die neben dieser Thüre stehen]. Ich kaufte ihm 5 Quart Leinöl, das Quart zu 5 Weißlingen. Theodorich kaufte das Gold, die Farben und verschiedene Materialien für 12½ Mark. Für seine Arbeit bei Bemalung der Rosen und der andern Gegenstände erhielt er mit der Kost in meinem Hause 3 Ryders (Reitergulden), jeder zu 38 Weißlingen. Macht im Ganzen 18 Mark 3½ Solidi."

1550. Der Maler Theodorich Scherre vergoldete für das Gewölbe des Kapitelhauses neun steinerne Rosen, die Peter von Köln, Bürger von Wesel, für je 8½ Weißlinge geliefert hatte, sowie die Uhr auf dem Hause des Herrn Nikolaus Rütter. „Ich zahlte für das Gold und die übrigen nöthigen Auslagen 4 Mark 11 Solidi."

1551. „Dem Boten Johann Frank, der nach Duisburg geschickt wurde, um den Maler Theodorich Scherre zu rufen, damit derselbe das Kreuz auf dem Thurme der Michaelskapelle bemale, zahlte ich 3½ Solidi.

Der Maler Theodorich Scherre von Duisburg, den ich kommen ließ, das genannte Kreuz zu bemalen und zu vergolden, kehrte bei mir ein und blieb in meinem Hause vom 4. October bis zum Feste des heiligen Bischofes Severin (23. October). Für Ausgaben u. dergl. zahlte ich 2 Mark."

1552. „Am 8. Juli kam Theodorich Scherre, der Maler von Duisburg, vor dem Mittagessen zu mir in Kost und Logis, um die Chorgitter und die eisernen Chorthüren (cancellos et januas ferreas in choro) zu bemalen. Ich kaufte ihm zu der besagten Arbeit 2½ Pfund roeblik, das Pfund zu 1 Mark, macht 2 Mark 6 Solidi, 3 Pfund Mennig, das Pfund zu 2½ Weißlingen, 2¼ Pfund Bleiweiß (blywyt), das Pfund zu 4 Weißlingen, ½ Pfund grüner Farbe (speisgruyn) zu 8 Weißlingen und ¾ Pfund Firniß (vernis) zu 9 Weißlingen. Er arbeitete 14½ Tag und verdiente jeden Tag 6 Weißlinge. Für meine Ausgaben bei der Beköstigung sind für den Tag 4 Stüber zu berechnen. Die Ausgaben für das ganze Werk betragen also 12 Mark 2¼ Solidi."

1552. „Durch den Maler Theodorich von Duisburg ließ ich das Grabdenkmal des Herrn Theodorich Lutgeri, Vikars des Antoniusaltares, bemalen. Arnold von Tricht, Bürger von Kalkar, hatte es für 12¼ Solidi gemacht. Mit Einschluß der Kosten, die ich für den Unterhalt in meinem Hause zu tragen hatte, zahlte ich dem Maler 3 daler. Macht 6 Mark."

1553. Die Testamentsexecutoren des Canonicus Berendonck ließen durch Theodorich Scherre die Kreuzigungsgruppe vor dem Südportal der Kirche neu bemalen. Sie lieferten dazu 5 Quart Leinöl zu 1 Mark 1¾ Solidi, bezahlten die Kost und als Lohn gaben sie 14 daler. Macht 28 Mark.

1555. „Ich Everard Maeß, Fabrikmeister der Victorkirche, schloß mit Meister Theodorich, dem Maler von Duisburg, einen Vertrag ab, wonach er die drei Bilder bemalen und vergolden soll, die vor der Thüre der Kirche (am Südportale?), dem Hause des Canonicus Heinrich Ingenwinkel gegenüber stehen. Sie stellen die Heiligen Victor, Mauritius und Gereon dar und sind von Meister Arnold von Tricht für 7 daler gemacht worden. Der Maler soll 10 daler erhalten. Das macht 20 Mark."

1556. „Dem Meister Arnold Tricht von Kalkar zahlte ich für das Bild der allerseligsten Jungfrau Maria, das auf dem ehernen Leuchter im Chore steht, 2¾ Mark. Theodorich, der Maler von Duisburg, erhielt für die Vergoldung 5 Mark."

1557. „Ich kaufte für 1 Mark rothe Farbe, um die Fenster der Bibliothek anzustreichen. Item gab ich dem Maler Theodorich für seine Arbeit 1 Mark 2 Solidi. Item erneuerte derselbe Maler Theodorich das Bild des jüngsten Gerichtes über dem Thorbogen, welcher unter der Michaelskapelle herführt. Ich zahlte ihm für Oel und Arbeit 6 Solidi."

Diese Auszüge machen die sociale Stellung des „Malers" Theodorich klar. Im Jahre 1551 erhielt er neben freier Beköstigung einen Taglohn von 6 Weißlingen. Die drei ständigen Meister der Kirche, der Baumeister, der Schreinermeister und der Dachdeckermeister, bekamen je 8 Weißlinge ohne die Kost. Berücksichtigt man, daß Theodorich für jede Arbeit von Duisburg kommen mußte, nicht, wie die drei genannten Meister, fest angestellt war, noch auch wie sie jedes Jahr ein besonderes Geschenk für ein neues Kleid erhielt, so ergibt sich, daß er nicht besser gestellt war als jene Meister. Er ward also als Kunsthandwerker behandelt.

Zwei weitere Maler waren in den Jahren 1536 bis 1538 neben Scherre für die Victorkirche thätig: „Meister Georg, der Maler, ein Bürger von Xanten" (magister Georgius, pictor, oppidanus Xanctensis), und „Meister Rütger Krop, der Maler von Kalkar". Letzterer lieferte, wie schon berichtet ist, im Jahre 1536 die Bilder der vier Kirchenväter für den Hochaltar und erhielt dafür 12 Goldgulden. Ueber die Arbeiten, welche Georg und Rütger für die neue Orgel der Stiftskirche anfertigten, berichten die Baurechnungen also:

1536. „Item ich, Everhaerd Maeß, hatte mit dem Meister Georg, dem Maler und Bürger von Xanten, einen Vertrag abgeschlossen, wonach er die Bretter der neuen Orgel und das unter der Orgel hängende Wappen unseres Patrones, des hl. Victor, gegen einen Lohn von 5 Mark anstreichen soll."

1538. „Item Meister Georg der Maler, ein Bürger von Xanten, strich nach Anweisung des Orgelbauers, des Meisters Arnold Pryns, vier Bretter an der neuen Orgel an. Ich zahlte ihm dafür 1 Mark."

1538. „Item nach dem Vertrage, welchen die Herren vom Kapitel mit dem Meister Rütger Krop, dem Maler, der in Kalkar weilt (commoranti), abschlossen, zahlte ich diesem Meister 56 Goldgulden. Macht 84 Mark."

Für diese 84 Mark malte Krop die vier Flügelbilder der Orgel. Wenn sie geschlossen war, sah man rechts David, der vor der Bundeslade auf seiner Cither spielte, links Konstantin und die Erscheinung des siegverheißenden Kreuzes, auf den untern Flügeln des Positivs den heiligen Victor und die heilige Helena. Geöffnet zeigte das Werk die Geburt Christi, die Anbetung der heiligen drei Könige und zwei Propheten[1].

III. Vom städtischen Markte führt ein Weg unter der Michaels= kapelle her zum Südportale der Victorkirche. Der Durchgang ist, wie schon erwähnt (S. 29), an der Marktseite von einer runden Nische ein= gerahmt; über dem Thorbogen erweitert sie sich zu einem Gewölbe, das den innern Theil der Fläche einer Viertelskugel bildet. In dieser concaven Wölbung war von Alters her ein Bild des Weltrichters angebracht, das 1409 übermalt wurde. Allen Einflüssen der Witterung ausgesetzt, hatte es bis zum Jahre 1473 wiederum so stark gelitten, daß verschiedene Wohlthäter eine Beisteuer zur Erneuerung gaben. Im Jahre 1528 wurde das Gemälde von Neuem hergestellt. Der Fabrikmeister zahlte dem Meister und seinem Gesellen an Lohn und Trinkgeld 32 Mark, d. h. ungefähr soviel, als der Schreinermeister der Kirche in 150 Tagen verdiente, oder soviel als 16 Kapitelsmalter Weizen kosteten, nach unserm Gelde an 500 Mark. Auch dieß neue Gemälde hatte keine lange Dauer. Darum verabredete das Kapitel im Jahre 1613 einen Contract mit dem Maler Jan de Pau von Emmerich, wonach dieser für 50 Reichsthaler oder 100 clevische Thaler das Bild neu malen sollte. Die Baurechnung des genannten Jahres berichtet dann weitläufig über Ausführung und Ge= sammtkosten:

Item anno 1613 circa August hat ein Irwürdigh Capittel, einem Meler von Emmerich genandt Jan de Pau das extremum judicium under der hellen nach dem marct anverdingt zu malen, dergestalt das es der mesen gemagt werden soll, das ein Erwerdigh Capittel ehr und auch andere inwendige und auswerdige ein gefallens darahn hetten und der Mistr auch rumb und ehr het, und sol davon haben 50 richsthaler (oder 53 stuf.) und sol es uf sine Kosten ferdig machen auserhalb das gestiger, nach absolvirter arbeit hat der Maler sich beklagt, das nit kon zukommen, hat ein Irwürdigh Capittel noch 10 richsthaler zugelagt, noch bi Jan Bogel oder Jan der Meler, dar er in dr hergh (herbergh)

---

[1] *Pels, V. p. 62.

gewessen, 10 brabensser gulden (facit 3 richsthal minus 12 stuf.) noch bi den wirdt in dem gulden heuist das er da verzert vor und noch ehr das mit im contrahirt facit II daler 22 stuf. Noch vor ein kramlacken, das ehr gebrucht und bi Shūr hansen bekommen und durch lange Zeit in dem regen und bösen wetter verfaulet, davor helen Morsen 6 daler 10 stuf. vorbehalden, was suisten ahn borden, negeln und andere dagh für das gestige zu machen facit simul plus ultra 116 dal. 16 stuf.

Item M. Georg dem Maler under der hellen das gestige herunder gemegt, 1 dagh facit XIII stufer.

Schon im Jahre 1745 war das im Freien allen Einflüssen der Witterung ausgesetzte Bild wiederum so verdorben, daß das Kapitel es durch den Maler Schmit erneuern ließ [1].

Wie rührend ist dieser durch Jahrhunderte fortgesetzte Kampf gegen die Elemente, die das ernste Mahnzeichen der Gerechtigkeit Gottes so oft zu verwischen suchten, während das Kapitel es immer von Neuem in hellem Glanze hinstellt über den Eingang zu seiner Immunität und zu seiner Kirche. Die alte Sitte der romanischen Kunst, über dem Hauptportale den Weltenrichter in einer großen Steinsculptur darzustellen, hatte ohne Zweifel den Anlaß dazu gegeben, hier, wo mehr Raum zur Verfügung stand, die Darstellung zu erweitern, und die Person des thronenden Weltheilandes mit seinem Hofstaat und mit den Schaaren, die er belohnt oder verurtheilt, zu umgeben. Das Bild hat den Sturz des alten Kapitels eine Zeitlang überlebt; erst die Restauration der Mauern der Michaelskapelle zerstörte seine letzten Spuren. Sein Platz steht leer und wartet auf eine neue Malerei, welche, wie ehedem, der Stadt und der Kirche zur Ehre und Zierde, den Heiland zeigt, dessen Richterauge den Markt trifft und das Treiben der Menschen durchschaut, der aber Gnade für Recht ergehen läßt, wenn man sich voll Vertrauen ihm naht und in seiner Kirche zum Gebrauche seiner Heilsmittel sich einfindet.

IV. Ein Rückblick auf die lange Reihe der Maler, welche mit ihrem Pinsel den Glanz der Kirche des hl. Victor zu erhöhen suchten, zeigt vier meistens streng gesonderte Klassen. Den Titel: Magister pictor, d. h. „Meister Maler", führen zuerst gewöhnliche Weißer und Anstreicher; zweitens Männer, welche sich auf niedrigere Decorationsarbeiten und Vergoldung verstanden, z. B. Leuken; drittens Kunstarbeiter, welche Standbilder, Gruppen, Büsten und Altäre in Gold und Farben setzten, z. B. Duerkoep und Scherre, und endlich viertens die eigentlichen Maler, z. B. Bruyn.

---

[1] *Pels, V. p. 147 und p. 436.

Maler der ersten und zweiten Art sind für die Kunstgeschichte selten von Bedeutung; die der dritten Art sind wichtiger; nur die der vierten Art können eine Malerschule bilden. Alle gehörten als Innungsgenossen zur Malerzunft.

Finden sich in einem Archiv Maler, die zu einer Zunft gehören oder für eine Kirche arbeiteten, genannt, ohne daß eine weitere Bemerkung ihrem Namen beigefügt ist, so spricht die größte Wahrscheinlichkeit dafür, daß man es meist mit Anstreichern, seltener mit Decorationsmalern oder gar mit eigentlichen Kunstmalern zu thun habe [1].

Die Meister des Mittelalters setzten ihre Namen fast nie auf ihre Werke. Sie meinten, das Werk müsse als selbständige Schöpfung seinen Zweck erfüllen, also die Herzen erheben und erfreuen. Heute hat der Individualismus die Kunstthätigkeit zersplittert und entkräftet, so daß man zuerst fragt: „Wer hat das Bild gemalt?" Die Geschichte der Kunst ist zur Geschichte der Künstler geworden. Man freut sich, Reihen von Künstlernamen aufzufinden und aufzustellen, die gezählt, aber oft nicht gewogen werden können.

Da Kalkar in der Geschichte der Victorkirche so oft genannt wird, dürfen wohl die Ergebnisse dieses Kapitels auf die sogen. Malerschule von Kalkar angewendet werden, um wenigstens an einem Beispiele ihre Tragweite zu beleuchten.

In zwei Colonnen folgen hier die nach der Zeit ihrer Wirksamkeit geordneten Maler von Xanten und die von Kalkar. Für Kalkar stammen die Nachrichten meist aus dem verdienstvollen Buche, das Wolff über die Geschichte der Kunstschätze der dortigen Nikolaikirche verfaßt hat.

Maler in Xanten.	Maler in Kalkar.
1. Meister Jakob, Glasmaler aus Köln, 1362.	
2. Joh. Boemhower, Maler oder Vergolder, 1410.	
3. Meister Heinrich, Decorationsmaler, 1440.	1. Hektor, Maelre, 1446 als Bürger aufgenommen.
4. Theodorich von Emmerich, malt 1459 die „Tafel der zehn Gebote".	

---

[1] In der Rechnung von 1437 steht ein gewöhnlicher Anstreicher neben dem Maler Jodocus. Beiden wird der Titel pictor gegeben: Item Conrado pictori laboranti et obstruenti menias stantes sub capsa sancti Victoris de suis ad hoc requisitis VIII krumst. Item dedi Jodoco pictori LVII flor. et III kr. successive ad subsidium pretii sui.

Maler in Xanten.

5. Meister Heinrich erneuert 1463 die flache Decke der Victorkirche und führt andere Decorationsarbeiten aus. 1471 werden ihm kleinere Arbeiten übertragen.
6. Meister Barthold, der Maler von Wesel, Weißer, 1463.
7. Lubbertus, Maler, Vergolder, 1467.
8. Peter, Maler, bemalt 1475 eine Statue.
9. Konrad, Maler, Anstreicher, 1473.
10. Meister Jobocus, malt 1473 die Flügel des Hochaltares.
11. Meister Theodorich von Ginderich, Vergolder und Polychromirer, 1471—1476.
12. Meister Heinrich Louken, Anstreicher und Glasarbeiter, 1490—1493.
13. Meister Hermann Leuken, Anstreicher, Vergolder, Glaser und Decorationsmaler, 1506—1552.
14. Meister Theodorich von Gelbern, Vergolder, 1505.
15. Meister Johann von Gelbern, Maler von Wesel, in Xanten, 1507.
16. Adolph, polychromirt 1525 einen Traghimmel mit Statuen.
17. Antonius, malt 1526 Fahnen.
18. Meister Barth. Bruyn, malt 1529 bis 1535 die Flügel des Hochaltares.
19. Meister Arnt Duerkoep, Vergolder, 1533—1544.
20. Meister Theodorich Scherre von Duisburg, Vergolder und Decorateur, 1531 bis 1557.

Maler in Kalkar.

2. Heinrich von Heimersheim, „Maler", Bürger von Kalkar, 1456.
3. (?) Heinrich Nyelen, vollendet angeblich 1450 ein Bild des Gerichtes für das Rathhaus v. Kalkar.
4. Nolben aus Rees, malt 1483 an der Orgel.
5. Rütger Kloempener, bemalt 1486—1487 ein Gewölbe u. polychromirt eine Statue.
6. Johann Neberholt, bemalt 1489 ein Gewölbe.
7. Meister Peter, bemalt 1492 in Kalkar b. Chorwände u. polychromirt b. Sacr.-Häuschen.
8. Matthäus, streicht 1499 zwei Kirchthüren mit Oelfarbe an und sollte die Flügel des Hochaltares „malen".
9. Hermann, polychromirt einen Engel, 1540.
10. Gerhard, Maolre [1].
11. Johann Joest (Jan von Kalkar I.), malte 1505 bis 1508 die Flügel des Hochaltares von Kalkar.
12. Arnt Duerkoep, bemalte 1503 bis 1519 die Orgelflügel.
13. Johann Stephan (Stevens, Jan von Kalkar II.) zu Neapel. Bei Vasari

---

[1] Scholten (Cleve, S. 408) meint, Gerhard sei nur Secretär des Herzogs von Cleve gewesen, während Wolff (Kalkar, S. 15) aus dem Titel Maelre auf den Malerberuf des Genannten schließt. Da nach den Forschungen von De Laborde (Les ducs de Bourgogne) selbst der berühmte Maler Johann van Eyck bei verschiedenen hohen Herren als Varlet de chambre diente, konnte Gerhard Maler und Secretär zugleich sein.

Maler in Xanten.

21. Meister Georg, Maler von Xanten, Anstreicher, 1536—1538.
22. Meister Adolph, bemalt die Berenbonck'schen Gruppen.
23. Meister Rütger Krop, malt 1536 bis 1538 am Hochaltar und an der Orgel.
24. Hermann Leuken, Sohn, Anstreicher und Glaser, 1551.
25. Rudolph Loesen aus Antwerpen, malte 1555 die Flügel des Marienaltares.
26. Jan de Pau, malte 1613 das jüngste Gericht unter der Michaelskapelle.
27. Schmit, erneuert 1745 das Bild des jüngsten Gerichtes.
28. Martin Ranz, erneuert 1761 die Malereien des Hochaltares.

Maler in Kalkar.

öfter genannt, lebte bis 1536 zu Dortrecht, dann zu Venedig, 1546 zu Neapel.

14. Rütger Krop.

Von allen „Malern", die bis jetzt in Kalkar nachgewiesen wurden, sind nur Nyelen (3?), Jan (11.), Stevens (13.) und Krop (14.) als eigentliche Künstler aufzufassen. Krop war jedenfalls ein sehr unbedeutender Meister; Nyelens Bedeutung ist zweifelhaft; Johann von Kalkar (13.) hat in Italien gelebt, kann somit zu einer Schule von Kalkar in keine Beziehung gesetzt werden; Johann Stephan oder Stevens malte freilich die Altarflügel von Kalkar, durch die er sich den Namen „Jan von Kalkar" verdiente, kehrte aber nach Vollendung seiner Arbeit nach Harlem zurück und starb dort 1519 im Alter von 59 Jahren.

Die Reihe der Anstreicher, Polychromirer und Vergolder ist in Kalkar lange nicht so groß wie in Xanten. Wäre Kalkar je im Besitze einer Malerschule gewesen, dann müßten die dortigen Archive bedeutendere Nachrichten darüber enthalten, als bis dahin aufgefunden wurden. Auch die Xantener Archivalien müßten die Kalkarer in dieser Hinsicht ergänzen. Keines von Beidem trifft zu. Es wird also das Schweigen der Urkunden zu einem gewichtigen negativen Beweis gegen die Existenz einer solchen Schule. Nimmt man hinzu, daß die angesehensten Kunstforscher schon aus der Untersuchung der Gemälde, welche man der angeblichen Schule von Kalkar zuschreiben wollte, zu erheblichen Zweifeln gegen ihr Dasein kamen, so wird man schließen müssen, daß eine Malerschule von Kalkar nie bestanden hat. Anders stellt sich die Sache für die Bildschnitzer.

Viertes Kapitel.

Der Kreis Kalkarer Bildschnitzer ist in der Kunstgeschichte noch nicht gehörig gewürdigt. Stellen wir darum hier die Bildschnitzer und Bildhauer von Kalkar nach den von Wolff gefundenen Nachrichten mit den Ergänzungen und Verbesserungen zusammen, welche sich aus dem Xantener Archiv und anderweitigen Nachrichten ergeben haben.

1. Im Jahre 1476 lieferte ein ungenannter Bildhauer von Kalkar eine Statue des Erlösers für die Victorkirche.

2. Arnold, Bildhauer (beeldensnyder), lebte 1480 bis nach 1484 zu Kalkar, 1487 in Zwolle nicht weit von Utrecht und starb 1491. Für Kalkar arbeitete er in Zwolle an einem Bild „des Leichnams Christi im Grabe".

3. Everhard von Münster (Evert van Monster) vollendete nach 1492 die von Arnold begonnene Arbeit.

4. Derick (Theodor) Boegert soll nach Wolff zwischen 1480 und 1490 den wohl erst im 16. Jahrhundert entstandenen Annaaltar zu Kalkar geschnitzt haben.

5. Loedewich verfertigte 1498—1500 das großartige Bild der Leidensgeschichte Christi im Hochaltar zu Kalkar. Er lebte dort noch 1505.

6. Peter Rysermann arbeitete 1492 in der Werkstätte des Meisters Loedewich.

7. Derick Jeger und sein Sohn lieferten 1498—1499 Ornamentschnitzereien zum Kalkarer Hochaltare.

8. Johann van Halbern (Hultern in Westphalen) arbeitete 1491 zu Zwolle bei Meister Arnold, lieferte 1498 zwei Gruppen zum Untersatz des Kalkarer Hochaltares und lebte noch 1511 zu Kalkar.

9. Wilhelm von Wesel (byldesnyder) stellte 1516 mit Kerstken von Ringenberch zu Kalkar das Sacramentshäuschen für Venray bei Venloe fertig, welches Meister Merten begonnen, an dessen Vollendung ihn aber der Tod gehindert hatte. Die genannten Meister erhielten 100 Philippsgulden zum Lohn[1].

10. Kerstken (Christian) von Ringenberch bei Wesel, die boldensnyder, arbeitete auch am Kronleuchter zu Kalkar und lieferte einige Engel zum Traghimmel der Kalkarer Kirche. Er erscheint in den Urkunden 1509—1522.

11. Heinrich Douvermann (statuarius) arbeitete 1510—1515 mit Jakob Dericks am Clever Marienaltar, 1518—1522 am Kalkarer und zuletzt am Xantener Liebfrauenaltar. Nach Xanten lieferte er auch die Büsten zum Hochaltare 1533—1544. Er stammte vermuthlich aus Dinslaken.

12. Johann Douvermann (statuarius) arbeitete mit seinem Vater zu Xanten und Kalkar.

13. Heinrich van Holt lieferte 1514 für das Mittelschiff der Victorkirche die Schlußsteine mit den Engeln, welche die Waffen Christi tragen, 1531 Bildwerke zum Matthiasaltar zu Xanten und 1538 eine Pieta für die dortige Michaelskapelle.

---

[1] Niederrheinischer Geschichtsfreund 1882, S. 77.

14. **Arnold von Tricht** (Arnt van Trycht) erneuerte 1540 den Stammbaum Christi am Muttergottesleuchter oder an einem Altare der Kalkarer Kirche und erhielt 1541 den Auftrag, für dieselbe Kirche einen Johannesaltar herzustellen. 1552 arbeitete er am Hochaltare zu Cleve. Der Victorkirche lieferte er 1551 die Steinbilder zweier der hll. drei Könige für das Mittelschiff, 1552 das Epitaphium des Vikars Theodorich Lutgeri, 1553 mehrere Baldachine für die Statuen des Mittelschiffes, 1555 drei Statuen der heiligen Thebäer Victor, Mauritius und Gereon, und 1556 ein Marienbild für den Chorleuchter. Ob der Arnold von Kalkar, welcher 1549 einen Schrein zum Xantener Hochaltar (capsa in summo altari) anfertigte, Arnold von Tricht ist, bleibt unsicher[1].

15. **Hubert von Kalkar** (sculptor) schnitzte 1552 für 4 Thaler die Verzierungen und Bilder der neuen Xantener Orgel.

16. **Nikolaus Alberts** von Kalkar fertigte 1698 die Kanzel der Franziskanerkirche in Cleve.

Ob die Kalkarer Bildschnitzer sich gegen die Bildschnitzer anderer Städte durch charakteristische Eigenart in Stil und Technik hinlänglich absondern, um als eigene Schule hingestellt zu werden, bleibt eine offene Frage. Sie wird erst dann endgültig beantwortet werden können, wenn die Durchforschung einer größern Anzahl alter Kirchenarchive und Rechnungen Vergleichungen ermöglicht. Einstweilen scheint die Frage eher zu verneinen als zu bejahen zu sein. Wahrscheinlich hat die gesteigerte Kunstthätigkeit der Stadt Kalkar in einer bestimmten Periode (ca. 1480 bis 1560) außergewöhnlich viele Bildschnitzer von außen herbeigezogen, die auch aus der Umgegend, besonders aus Xanten, Bestellungen erhielten. Mehrere dieser Künstler waren vielleicht nur gekommen, um einen Altar zu machen, ließen sich in Kalkar nieder, nahmen Bürgerrecht und gründeten eine feste Werkstätte. Zu den Meistern gehörten naturgemäß Gesellen, die ab- und zugingen, wie die Wanderlust des Mittelalters es mit sich brachte. Daß auch Lehrlinge angenommen wurden, versteht sich von selbst. Will man das Nebeneinanderbestehen von zwei oder drei Werk-

---

[1] In den Auszügen aus den Xantener Baurechnungen wird der Meister Arnold von Wicht statt Tricht genannt, weil der Herausgeber tr mit w verwechselte. Darnach hat sich Wolff (Die St. Nicolai-Pfarrkirche zu Kalkar) gerichtet, so daß er zwei Arnold aufzählt, einen „van Tricht" und einen „van Wicht" (S. 25 und 28). Ueber die Arbeiten des Arnold für den Hochaltar zu Cleve berichtet Dr. R. Scholten, Cleve, S. 411. Vgl. „Stimmen aus Maria Laach", Bd. XXIII, S. 77. Ueber Bildschnitzer zu Cleve vgl. Dr. R. Scholten, Cleve, S. 407 f. 435 f. 462 und 607 f. Heinrich Bernts, den Wolff (S. 26) unter den Bildhauern von Kalkar aufzählt, arbeitete nicht dort, sondern in Wesel. Die Holtsnyder (d. h. Säger) Peter und Wilhelm, der Kistemeker (d. h. Schreiner) Arnold und der Rathsherr Johann Boegel können nach dem oben S. 6 und 49 Gesagten nicht als Kalkarer Künstler aufgeführt werden.

stätten, d. h. von zwei oder drei Meistern mit ihren Gesellen und Lehrlingen, eine Schule nennen (es ist nicht falsch, da jeder Lehrling und Geselle als Schüler des Meisters gilt, von dem er immer lernt), so muß die Existenz einer Bildhauerschule von Kalkar zugegeben werden. Verlangt aber jemand, bevor er eine Schule anerkennen mag, daß ein bestimmter Künstlerkreis sich durch Eigenart, durch charakteristische Merkmale von den gleichartigen Meistern der Umgegend abgrenze und so die Berechtigung einer Sonderstellung nachweise, dann wird es schwer sein, die Existenz einer Bildhauerschule von Kalkar in diesem Sinne aufrecht zu erhalten. Es bleibt alsdann für Kalkar nur eine bedeutende Gruppe aus der großen Zahl jener Künstler, welche um die Wende des 15. Jahrhunderts den Niederrhein mit ihren Werken bereicherten. Hätte nicht der Bildersturm der Reformation in Holland und in den angrenzenden Ländern so viel zerstört, dann würden Kalkar und Xanten nicht wie eine glückliche Insel aus dem ehemals so blühenden Kunstrevier hervorragen, sondern eines der vielen Beispiele sein, welche sowohl die hohe Tüchtigkeit der Meister jener Zeit vor Augen stellen, wie auch den frommen Sinn des Volkes, das kein Opfer scheute, um seine Kirche mit den schönsten Altären und Statuen auszustatten [1].

---

[1] Hier möge noch ein Brief Platz finden, den Herr Leonard Korth im Kölner Stadtarchiv aufgefunden hat und der sich auf den Steinmetzen Loemer bezieht. In der Baugeschichte S. 175 f. ist ausführlich berichtet, wie Loemer als Baumeister der Victorkirche angenommen ward, aber den Erwartungen des Kapitels nicht entsprach. Der Brief zeigt, daß Loemer für die Stadt Köln arbeitete und Lieferungsverträge im 15. Jahrhundert an der Tagesordnung waren.

Johan hertoch van Cleve ind greve van der Marke.

Eirsame guede vrunde. Die eirbere deken ind capittel der kerken sent Victor bynnen onser stat Xancten hebn ons nu to kennen doin geven, woe dat eyn uwer stat borger ind ingeseten, geheyten Gerhart van Loymer steenmetzer, ter jair eyn verdinge mittem werckmester derselver kerken angesin is as van eynem deel pijler bynnen der vurschreven kercken desen sommer to setten, des doch in so korter tijt nyet bij to brengen en sall sijn as men besorgt; ind want wij dan den bouwe der vurschreven kercken seer gerne tot voortganck segen, begeren wij andechtlick van u, dat gij om galdes ind des heyligen marschalcks sent Victoers ind mede om onsen willen den vurschreven Gerhart orloff geven willen, sijn vurschreven angenomen werck to moigen vollenbrengen bis tot sent Mertens misse neistkomende, op dat die vurschreven kerck sijns affwesens halve tot geynen schaide komen en durve. Daran sullen gij ons bewijsen eyn sonder guet bevallen, dat wij ock gerne tot anderen tijden weder vur ogen heb ind bekennen sullen, ind wes hij deser

Fünftes Kapitel.
Die Nebenaltäre der Victorkirche seit dem Ausgange des Mittelalters.

I. Der Hochaltar der Victorkirche bestand um das Jahr 1000 aus einem einfachen Steintisch, den die goldene Altartafel schmückte. Als später der Victor-Schrein zu dieser goldenen Tafel auf den Altar gestellt ward, umgab man die beiden kostbaren Kunstwerke mit einem Holzschrein, der durch bemalte Flügel verschlossen wurde. Dieser Schrein wuchs an Breite und Höhe, die Malereien seiner Flügel wurden immer werthvoller und bedeutender. Man begnügte sich im 16. Jahrhundert nicht mehr mit einfachen Flügelthüren und brachte doppelte an, auf denen der Maler noch mehr Raum fand, seine Kunstfertigkeit zu entwickeln. Oeffnete man die Flügel, dann erschien der Altarbau übermäßig breit. Um der Breitenrichtung ein Gegengewicht zu geben, stellte man einen Aufsatz auf den Schrein, welcher der Höhe zu ihrem Rechte verhelfen sollte. So war der Xantener Hochaltar in Folge der Pracht und des Werthes seiner Goldschmiede-Arbeiten zum hochanstrebenden Flügelaltar geworden, in dem zuletzt die Gemälde die Hauptsache sein wollten.

Die relative Abnahme des Reichthums an Gold und Silber, die Schwierigkeit der Bearbeitung der edeln und unedeln Metalle, sowie die hohen Preise der Emailarbeiten brachten im Laufe der Zeit die groß-

---

onser begerten hyrinne genyeten sall, des begeren wij uwe beschreven antwert. Gegeven to Cleve op sent Kyliaens dach anno etc. LXXXVI°.

Adresse: An die eirsame onse guede vriende burgermeister
ind rait der stat Coelne etc.

Ueber den Baumeister Langenberg schreibt die Baurechnung von 1492: Item ad scripta capituli venit magister Johannes de Langenbergh a Colonia Xanctis et convenit cum capitulo, ut esset architectus ecclesiae. In der „Geschichte der Pfarre St. Johann Baptist in Köln. Köln, Bachem, 1885", meldet nun W. Esser (S. 34): „Ueber dem Bau (der Taufkapelle von St. Johann) findet sich auf dem Umschlage von sehr alten, vom Moder fast ganz zerfressenen Pergamentblättern am Schlusse folgende Notiz: „Item die nuwe Douffe (Taufkapelle) Sint Johan itz gemaiht ind up gesat wurden in dem mertze nach Sint Heriberti Tage anno 1489. Der Meystr der die Douffe gemaiht hant heist Meystr Johan von Langbroich ind es der allerbeste Meystr der up desse Zyt zo Colle wont." — Freilich der hier gelobte Meister heißt Langbroich, der Xantener Langenbergh, aber Vorname, Handwerk und Zeitumstände passen so gut zusammen, daß man kaum bezweifeln kann, der letzte tüchtige Baumeister der Victorkirche habe vor seiner Anstellung in Xanten die Taufkapelle der Johanneskirche zu Köln erbaut.

artige Goldschmiedekunst der romanischen Kunstepoche zum Sinken. Ihr Untergang mußte um so rascher eintreten, je mehr die Kunstfertigkeit der Steinmetzen zur Holzschnitzerei anregte, je leichter die Holzschnitzer in ihrem fügsamern Material die Goldarbeiter überflügelten, und je farbenprächtiger die Polychromie der Holzbilder gegen die kostspieligen Emailwerke in die Schranken trat. Die vergoldeten und bemalten Holzsculpturen nahmen immer mehr den Platz ein, den die metallenen Werke in den Altarschreinen geschaffen und ausgebildet hatten. Man kam zu Schnitzaltären, die in reicher Farbenpracht das Auge fesselten und erfreuten.

Von Anfang an sind aber zwei Arten geschnitzter Altäre zu unterscheiden. Die erstere knüpfte an die vergoldeten Standbilder an, welche sich auf den älteren Altären fanden, die zweite an die getriebenen Tafeln.

Für das System der Altäre, welche nur Statuen enthalten, bietet die Victorkirche vier Beispiele, die drei verschiedene Anordnungen zeigen. Im Antoniusaltare finden sich sechs nebeneinander stehende Statuen, vier größere in der Mitte und je eine kleinere an den Seiten. Die Altäre des hl. Matthias und der hl. Helena gliedern die Reihe der Statuen besser, indem sie eine in der Mitte emporheben und neben sie auf jeder Seite je eine kleinere tiefer stellen. Der Martinusaltar vereinfacht sich auf ein mittleres Bild zwischen zwei kleinen, welche nur als unbedeutende Nebenfiguren gelten (vgl. die Abbildungen 2 und 5 auf S. 62 und 86).

In den Altären, welche von den Basreliefs der Goldschmiede ausgingen, ist das Innere des Schreines meist malerisch behandelt. Um für die Gruppen Raum zu bieten, wird der Schrein durch Vertikalleisten und durch Horizontalgesimse oft in neun Fächer getheilt. Die mittleren Gruppen wachsen dann in die Höhe und heben die mittlere Abtheilung. Dadurch werden diese Altäre pyramidenförmig und entsprechen dann jenen mit Statuen ausgestatteten Schreinen, in denen die Mittelfigur stärker betont ist (vgl. die Abbildungen 3 und 4 auf S. 71 und 76).

Der Reichthum des Innern mußte folgerichtig zu höherer Verzierung des Aeußern drängen. Der obere Abschluß wurde in aufsteigende Wellenlinien gebeugt und die Spitze mit Laubwerk und Standbildern gekrönt, worin die Darstellungen des Schreines ausklingen und künstlerisch enden.

Eine Vermischung beider Systeme konnte nicht ausbleiben. So findet man oft in der Mitte eine große Statue und an den Seiten kleine Gruppenbilder, oder in der Mitte eine große Gruppe, die von Statuen umgeben wird.

Die Schnitzaltäre des spätern Mittelalters erhielten gemalte Flügel. Somit waren meist drei Künstler an jedem Altare beschäftigt, ein Bildschnitzer, ein Polychromirer und ein Maler. Das führte zur Concurrenz. Die Bildschnitzer wollten auch die innere Seite der Flügel für ihre plastischen Arbeiten in Anspruch nehmen und den Maler zwingen, der Consequenz zuliebe die Außenseite derselben Flügel mit gemalten Statuen zu verzieren. Die Maler dagegen suchten von den Flügelbildern, die man ihnen überwiesen hatte, auch in die Mitte des Schreines vorzudringen und den ganzen Altar, also auch das Mittelbild, herzustellen.

Ihre farbigen Triptychen konnten auf rasche Verbreitung hoffen, weil man schon frühe statt der metallenen Altarvorsätze und Altaraufsätze gemalte angewandt und so die Malerei mit der Bildhauerei fast in gleichem Schritte versucht hatte, die Goldschmiede und Emailleure zu ersetzen.

Ein lehrreiches Beispiel der Uebergangsformen bietet das Antipendium des Kölner Museums (Nr. 106), worin noch Metallarbeiten und Emailplatten die gemalten Figuren umrahmen. Das von dem Freiherrn von Heereman in musterhafter Weise publicirte und erläuterte Antipendium der Walpurgiskirche zu Soest ist zwar ganz von der Hand des Malers hergestellt, aber in Anordnung, Stil und Form noch stark von der alten Metalltechnik beeinflußt. Als die schönsten aller gemalten Altartriptychen, in denen die Malerei ihren Sieg und Triumph feiert, dürfen wohl das Kölner Dombild und das Genter Altarbild gelten. Letzteres zeigt noch in seinen statuarisch gehaltenen Malereien, besonders in dem untern Theile der Außenflügel, die letzten Ausklänge der Plastik, von welcher die Malerei die Verzierung des Altaraufsatzes übernahm.

Gemalte Triptychen hatten vor den ganz oder theilweise geschnitzten meist schon den Vortheil eines billigeren Preises. Gewöhnlich besaßen sie auch volle künstlerische Einheit, welche bei geschnitzten Schreinen mit gemalten Flügeln schwer zu erreichen war, weil drei Meister bei ihrer Herstellung sich betheiligen mußten, weil die Malereien naturgemäß einen andern Ton hatten, als die polychromirten oder gar die in reiner Holzfarbe gebliebenen Gruppen, und weil die gemalten Bilder oft an Größe den geschnitzten nicht gleich kamen. Sobald die Flügelbilder von einem tüchtigen Maler ausgeführt waren, wurde dem Bildschnitzer die Concurrenz auf die Dauer sehr schwer. Seine plastischen Figuren in den Hauptscenen der Mitte verloren nur zu oft ihre Bedeutung durch die leichte Malerei, die sich neben ihnen auf den Flügeln breit machte.

War dem Maler die Herstellung des mittlern Theiles übertragen, dann blieb wenig Grund zu Flügelthüren. Ihr älterer Zweck, durch Verschluß den kostbaren Inhalt des Schreines vor Dieben zu schützen, oder Staub und Sonnenstrahlen von den plastischen Bildern fernzuhalten, war weggefallen. Die Absicht, die inneren Darstellungen in der Fastenzeit und im Advent zu verdecken, um so den Altar den Festen und Stimmungen des Kirchenjahres anzupassen, wurde um so mehr vergessen und außer Acht gelassen, je weiter sich die Malerei von den früher dargestellten Gegenständen frei machte und je mehr mit dem Aufwachsen der Renaissance der Sinn für die alte Ikonographie und Liturgie abnahm. Leicht verzichtete man auf die breit ausgespannten Flügel, die den ganzen Chorschluß füllten und seinen architektonischen Unterbau verdeckten, in den Seitenschiffen aber die Durchsicht hemmten.

So entstand eine neue Altarform, die sich leicht und klar aufbaute. Im Gegensatze zu der Breiterichtung der Klappaltäre betonte sie die architektonische Anlage; in ihren Detailformen ging sie auf antike Vorbilder zurück. Zwei Säulen, die auf einem Unterbau ruhten, trugen einen Architrav, auf dem ein Giebelfeld lag. In die Mitte kam entweder eine Statue, ein Basrelief oder ein Oelgemälde. Für einen bedeutendern Altar wurde das Schema verdoppelt. Auf den Architrav wurde ein neues kleineres Säulenpaar gesetzt, das einen zweiten kleinern Architrav stützte, auf den das Giebelfeld als Abschluß folgte. Bei großen Werken verdreifachten die Altarbauer ihre Anlage. Sie erreichten dann in himmelanstrebenden Aufsätzen die Gewölbe des Chores, wodurch sie, im Gegensatz zur übertriebenen Breiterichtung, in's andere Extrem fielen.

Um Wechsel zu erreichen, stellte man oft in die Mitte des untern Stockwerkes ein Gemälde oder ein Schnitzwerk und füllte das obere umgekehrt entweder mit einer Schnitzerei oder mit einer Malerei. Die Säulen stiegen anfangs mit geraden Cannelirungen auf, erhielten dann im untern Drittel Verzierungen und wurden zuletzt schraubenförmig und mit gewundenen Ranken umkränzt; der Architrav verkümmerte zur Leiste oder zum einfachen Trennungsgesimse; das Giebeldreieck wurde zerschnitten, verbogen und mit Blumenvasen oder Engelchen besetzt.

Das ist in großen Zügen die Geschichte der Entwicklung der Altaraufsätze. Es ist jetzt im Einzelnen nachzuweisen, welche Stelle die späteren Altäre der Victorkirche in diesem Entwicklungsgange einnehmen.

II. 1. Der älteste Altar der Xantener Kirche, welcher voll und ganz der Renaissance huldigt, wurde im Jahre 1644, also verhältnißmäßig spät erbaut. Nichtsdestoweniger bieten seine etwas harten Gliederungen und sein strenger Aufbau ziemlich reine Formen. Er gibt den Grundton an und stellt das Schema auf, welches in den nächstfolgenden Altären zuerst leicht variirt, dann umgemodelt wurde.

Der Untersatz ist mit einer Inschrift verziert, die seine Patrone und Stifter nennt:

D · O · M.
SS · Catharinae · Lamberto · Martyribus · Patronis.
Everhardus · a · Stockom · Joes · Mockell.
Canonici · anno · 1644 [1].

Neben der Inschrift ist an jeder Seite ein Piedestal vorgeschoben, auf das sich je eine Säule stellt. Die Säulen sind im untern Drittel mit Blumen verziert, höher hinauf von wellig aufsteigenden Cannelirungen durchfurcht, welche bei dem kleinen Durchmesser die Höhe steigern. Sie tragen ein stark vorgezogenes Horizontalgesimse. In der Mitte befindet sich das Bild der Enthauptung der hl. Katharina, zwar durch den Staub zweier Jahrhunderte fast bis zur Unkenntlichkeit entstellt, aber doch von einer tüchtigen Meisterhand gemalt. Im Oberbau umschließt eine Nische die Statue der Patronin, deren theatralische Haltung klar zeigt, wie sehr die Malerei um 1644 das Scepter der Kunst führte. Ein zweites, kleineres Horizontalgesimse läuft über der genannten Nische des Oberbaues her, trägt das Bild der Himmelskönigin und macht so den Altar zum höchsten unter allen Seitenaltären. Er erreicht aber in richtigem Takte die Gewölbe-Anfänge nicht. Die weiße Farbe, mit der alle Theile des Altarbaues überzogen sind, und die reiche Vergoldung der hervorragenden Ornamente sind schon durch den dunklen Platz, an welchem der Altar aufgestellt ist, gerechtfertigt. Wenn eine Restauration die Bemalung auffrischte, würde der Aufbau seine alte Würde wieder erlangen und sich als gutes Werk deutscher Spätrenaissance zeigen, die hier große Verhältnisse mit klarer Anordnung gesucht und gefunden hat.

2. Neben dem eben beschriebenen Katharinaaltar, der im innern Nordchörchen (B¹ im Grundriß) an der Stelle steht, welche nach dem ältesten Plane für den Marienaltar bestimmt gewesen war, wurde zehn Jahre später im äußern Nordchörchen (D¹) der Nikolausaltar erbaut. Auf seinem Untersatz findet man folgende Inschrift:

D · O · M.
S. Nicolao Patrono
Nicolaus ab Ulft
Canonicus L(ubens) M(erito) P(osuit)
A(nno) 1654 [2].

---

[1] Die älteste Urkunde des Altars der hl. Katharina und des hl. Lambertus von 1261 im *Repertor. I. Nr. 90 ist nach der Copie des *Liber rub. bei Binterim, Diöcese III. Nr. 148, abgedruckt. — Spätere, nach 1334 ausgestellte Urkunden im *Repertor. I. Nr. 317. 783. 892; II. Nr. 216 u. s. w. Baurechnung von 1463: Gerardo Sparemeker reparanti candelabrum ad altare S. Catharinae. * Pels II. p. 77; Spenrath II. S. 19; Baugeschichte S. 49. Schon der hl. Norbert hat 1128 einen Lambertusaltar im linken Seitenschiff der alten romanischen Victorkirche geweiht.

[2] Ein Nikolausaltar stand schon in der alten romanischen Victorkirche. Er wird 1261—1344 erwähnt in den Urkunden * Rep. I. Nr. 90. 317. 333; II. Nr. 15. Baurechnung 1472: Item pro uno candelabro ferreo apud altare S. Nicolai XVIII den. Der jetzige Altar wurde im Jahre 1654 geweiht. * Pels II. p. 78 und 553.

Der Aufbau des Nikolausaltares setzt sich in Gegensatz zum Katharina=
altar und flieht die geraden Linien, die dort stark hervortraten. Statt can=
nellirter Säulen wählt der Meister des Nikolausaltares gewundene. Er hält
an drei architravartigen Parallelleisten, die sich über der Predella, über dem
Altarbilde und über der Nische des obern Aufsatzes hinziehen, die gerade ge=
zogene Horizontale fest, hat aber alle Ornamente so stark gedreht, gebogen
und gewunden, daß man bereits sieht, wie auch die letzten Horizontalen sich
bald beugen oder brechen werden. In dem angeblich von Hubert von Aachen
gemalten Altarbilde erscheint der hl. Nikolaus dem schlafenden Kaiser Kon=
stantin. Viele kleinere Engel und ein größerer mit flammendem Schwert
begleiten den Heiligen, welcher den Kaiser abschreckt, einen ungerechten Richter=
spruch gegen drei Offiziere zu unterschreiben.

Der Oberbau wiederholt in verkleinertem Maßstabe das System des
Unterbaues, setzt aber an die Stelle des Oelgemäldes eine Figur des auf
seinem Bischofssitze thronenden Altarpatrones. Sie stammt vom ältern gothi=
schen Altare. Ueber die Nische läuft eine Horizontalleiste, auf deren Ecken
sich die Reste eines Giebeldreiecks legen, dessen Mitte herausgeschnitten ist.
Sie haben ihre geraden Linien verloren und suchen sich in Krümmungen
heraufzuwinden zum Namen Jesu, der, von einem Strahlenglanz umrahmt,
den Bau endet und abschließt.

Auch die Farbe hat dieser Altar, im Gegensatz zum weiß angestrichenen
Katharinaaltare, gänzlich verschmäht. Die Rückwand tritt in gerader Linie
hinter den oberen und unteren Säulen seitlich heraus und ist mit flügelartigen
Anhängseln verziert, welche den Aufbau erleichtern und mit der Umgebung
verbinden. Fast alle späteren Altäre der Victorkirche haben solche Anhängsel
erhalten. Oft sind diese flügelartigen Ornamentstücke mit ihren Blumen=
ranken, Blättern, Schnecken und Engelköpfchen achtungswerthe Decorations=
arbeiten, in denen sich kühne Zeichnung mit kräftigem Schnitt paart.

3. Den beiden 1644 und 1654 aufgestellten Altären der hl. Ka=
tharina und des hl. Nikolaus folgte schon 1657 der jetzige Kreuz= oder
Sacramentsaltar. Das Geschick, womit er unter die hervorgekragte,
200 Jahre ältere Bühne des Lettners hineincomponirt ist, beweist, daß
verschiedene Stile sich nicht unbedingt ausschließen. Der Künstler hat
es verstanden, sein Werk, welches den Stil des 17. Jahrhunderts zeigt,
in die Nähe einer gothischen Arbeit aus dem Anfange des 15. Jahr=
hunderts zu stellen, ohne das Auge zu kränken und das ästhetische Gefühl
zu stoßen.

Der Altaraufsatz kam für 600 Gulden aus Antwerpen. Der Contract
besagt:

„Die Stücke, so Meister Johann Babis Buis von Antwerpen liefern
soll, sind diese: das Tabernakel und an beiden Seiten des Altares zwei Bilder,
von denen das eine den Glauben, das andere die Hoffnung darstellt; dann

das Bild der Maria Magdalena und vier Engelchen, zwei auf dem Tabernakel und zwei unter dem Kreuze neben Maria Magdalena. Das Leisten- und Nebenwerk soll hier in Xanten auf meine Kosten gemacht werden. Abgeschlossen zu Xanten am 17. Juni 1657."

Die Bilder des Glaubens und der Hoffnung sind aus Stein. Sie stellen sich gleich Karyatiden unter die Tragsteine, auf denen die beiden mittleren Thürmchen des Lettners ruhen. Das geistreiche Symbol der Liebe unter dem Bilde der Magdalena und die im Contract genannten Engelchen sind zerstört.

Der Erhaltung des Werkes des Antwerpener Meisters das Wort zu reden, ist schwer. Hinter seinem Altare sind nämlich die Reste des ursprünglichen Sacramentsaltares erhalten, welcher dem neuern vor 200 Jahren weichen mußte. Er darf sein älteres und ursprüngliches Recht um so mehr geltend machen, als er zum Stile des Lettners und der Kirche paßt. Trotz seiner vorzüglichen Ansprüche müßte sich jedoch zuerst herausstellen, daß der ältere Altar für den Gottesdienst der Pfarre groß genug ist und sich für die häufige Ausstellung des heiligen Sacramentes eignet.

4. Den Zeitgenossen gefiel der von Buis gelieferte Altar vor dem Lettner so wohl, daß sie ihm einen weitern Auftrag gaben. Ein mit ihm über die Errichtung eines neuen **Altares der heiligen drei Könige**[1] abgeschlossener Vertrag besagt:

„Für das Holzwerk soll der Meister 200 Reichsthaler erhalten, für das Oelgemälde in der Mitte, die Schilderei, worin die Anbetung der heiligen drei Könige vor unserm lieben Herrn sehr anbächtig und nach dem Leben repräsentirt wird, 50 Reichsthaler."

Der Altar zeigt Stil und Charakter der damals durch Rubens' Genie so berühmt gewordenen Kunst von Antwerpen. Im Jahre 1640, 18 Jahre vor Anfertigung des in Rede stehenden Altaraufsatzes, war der große Meister gestorben. Seine Werke beherrschten die Zeitgenossen so sehr, daß Buis glaubte, der Bestimmung des Vertrages, wonach er ein Bild liefern solle, „worin die Anbetung der heiligen drei Könige vor unserm lieben Herrn sehr anbächtig und nach dem Leben repräsentirt wird", am besten durch die Copie eines Bildes von Rubens entsprechen zu können. Er gab einem tüchtigen Schüler des Meisters den Auftrag, jenes Gemälde nachzuahmen, welches sich heute im Museum von Brüssel befindet, zahlte ihm aber für die Arbeit nur 50 Reichsthaler, also den vierten Theil des Preises, den er selbst für seine Holzarbeit empfangen sollte. Den Untersatz des Altares zierte er mit folgender Inschrift:

---

[1] Der Altar erscheint seit 1342 oftmals in den Stiftsurkunden. Im Anfange des 15. Jahrhunderts wurde sein Tisch neu geweiht. Wahrscheinlich kam er damals an seine jetzige Stelle. * Lib. alb. f. 22; * Helmeric. II. f. 33; * Protocolla p. 384; * Pels II. p. 84 u. 410; V. 60 s.; * De Sandt f. 14; Scholten, Auszüge S. V. Die ältesten Urkunden aus dem 14. Jahrhundert im * Repertor. I. Nr. 388 u. 455.

D · O · M.
SS · tribus · Regibus · et · ss · Apostolis.
Paulo · et · Jacobo · patronis:
Engelbertus ab Hecking(en):
thesaurarius et canonicus.
L(ubens) M(erito) P(osuit) A(nno) 1659.

Auf dem architektonisch gegliederten Unterſatz ſteht zur Rechten und Linken je eine pilaſterartige Verzierung. Vor ihr brachte Buis die kräftig ſtiliſirten Statuen der Altarpatrone, der heiligen Apoſtel Paulus und Jakobus, an. Die Pilaſter tragen einen mit Geſimsleiſten und Blumen verzierten Architrav. Auf ihm ruht ein Giebeldreieck, aus dem rechts und links große Theile ſo herausgeſchnitten ſind, daß in der Mitte ein fünfſeitiges Stück, an den Seiten aber die Ecken des Giebeldreiecks übrig bleiben. Im Mittelſtück befindet ſich das Bruſtbild des himmliſchen Vaters, der ſegnend voll ruhiger Majeſtät auf die drei heiligen Könige herabſieht, die ſeinen Sohn unten im Bilde anbeten; die ſeitlichen Reſte des Giebels laufen in Schneckenlinien aus und tragen ſpielende Engel, die den Aufbau abſchließen.

Auch mit dem Dreikönigenaltar erklärten ſich die Stiftsherren wohl zufrieden. Buis erhielt einen dritten Auftrag. Im Jahre 1659 lieferte er für 16 Reichsthaler ein 4 Fuß hohes, bunt bemaltes Bild des hl. Victor.

5. Dem Gemälde des Dreikönigenaltars ſteht das des Clemens=
altares ſehr nahe. Die Beſchreibung der Victorkirche ſagt:

„Das Bild iſt zum Theile, aber gewiß auch nur zum Theile, von Ru=
bens. Es ſtellt die Geburt Johannes des Täufers dar. Ein ganz aus=
gezeichneter Greiſenkopf iſt der des alten Zacharias, unverkennbar von Rubens' Meiſterhand, welcher auch noch zwei andere Köpfe des Bildes zuzuſchreiben ſein mögen, die Eliſabeth indeſſen nicht und der kleine Johannes noch weniger. Man findet öfter Bilder, die zum Theil von Rubens, zum Theil von dieſem oder jenem ungeſchickten Schüler gemacht ſind."

Eine genaue Unterſuchung macht es mehr als unwahrſcheinlich, daß irgend ein Theil des Bildes von Rubens gemalt ſei. Es ſtammt aus einem der vielen Ateliers, in denen damals in der Art des Rubens gearbeitet wurde. Freilich verrathen einige Theile des Gemäldes eine beſſere, andere eine ſchwächere Hand, weil faſt jeder Maler Schüler oder Gehülfen hat, die einen Theil ſeiner Bilder ausführen. Schon die Inſchrift des Altares ſpricht gegen die Autorſchaft des Rubens, weil ſie berichtet, daß der Altar 27 Jahre nach dem Tode des Malerfürſten aufgeſtellt wurde.

D · O · M.
S · Clementi · Papae · et · Martyri.
Joes · Holter · canon · et · commissarius · in · spiritualibus.
Hermannus · Cox · Arnoldus · Holter · et · Jacobus · Cox . can(oni)ci.
A · MDCLXVII · residentes · L · L(ubentes) M · M(eritis) P · P(osuerunt).

Die Stifter dachten sicherlich nicht, ihre Kirche mit einem Bilde des Rubens zu beschenken; das beweist der flache und ärmliche Altaraufsatz, welcher dem Gemälde als Rahmen dient. Er ist so unbedeutend, daß bei einer Restauration der Altäre der Victorkirche seine Erhaltung von dem Werthe abhängen wird, den man dem Mittelbilde beimißt, und den historischen Erinnerungen, die den Altar begleiten.

Die erste dieser Erinnerungen liegt schon im Namen. Der hl. Willibrord erhielt bei seinem Besuche in Rom den Namen Clemens, verbreitete darum die Verehrung dieses Heiligen und weihte am Unterrhein viele Kirchen auf dessen Namen. Späterhin, beim Beginne des 15. Jahrhunderts, suchte Wessel Schwartkop, Propst des zwischen Xanten und Cleve gelegenen Stiftes Wissel, die gesunkene Verehrung des Heiligen zu heben. Auf seine Bitte hin entschloß sich das Kapitel von Cleve, dessen Fest auf das Feierlichste zu begehen. In der Folge kam der Heilige auch zu Xanten zu höherem Ansehen, so daß 1505 eine Clemensvikarie in der Victorkirche gestiftet wurde.

Neben dem Altaraufsatze stehen die gothischen Standbilder der alten Patrone der Schusterinnung, Crispin und Crispinian. Die Gilde gab im Jahre 1498 Geld für ihren Altar. Wahrscheinlich sind die Kosten der beiden Standbilder aus diesen Beiträgen bestritten worden; denn die Statuen zeigen den Stil der Zeit um 1500[1]. Den Handwerkern der Stadt Xanten sind diese alten Denkmäler der Frömmigkeit ihrer Standesgenossen mit Recht lieb und werth. Wer den Handwerkerstand zu den alten Zeiten und Gebräuchen zurückführen will, erinnere ihn an seine alten Patrone und erhalte ihm seine alten Bilder. Leicht ist ein Denkmal zerstört, aber mit ihm versinkt nur zu oft ein Stück alter Sitte und Gewohnheit in ewige Vergessenheit.

6. An der Stelle der alten Taufkapelle, am Ende der nördlichen Seitenschiffe, steht heute der Johannesaltar, dessen Einkünfte dem Rector der Stiftsschule zukamen. Sein Aufsatz entstand bald nach Errichtung des Dreikönigenaltares. Während aber Babis Buis dort den architektonischen Formen ihre Kraft ließ, hat sein Nachfolger sich von den strengen Linien losgesagt und dem Schnörkelwesen Thür und Thor geöffnet. Die Schnitzarbeiten des Altares sind nicht übel und stammen wohl von der kräftigen Hand, welche die Zuthaten des Helenaaltares mit starkem Messer aus dem knorrigen Holze herausschnitt und sich dabei nach einer tüchtigen Werkzeichnung richtete.

Am meisten lobt man das Altarbild.

---

[1] * Pels II. p. 79: Vicaria (S. Clementis) fundata 1505. Ueber die Verehrung des hl. Clemens am Rheine siehe Binterim, Diöcese I. S. 25, Anm. 3, und Scholten, Cleve, S. 291. Ueber die Spende der Schusterinnung: Janssen, Geschichte des deutschen Volkes, I. S. 340. Ueber das vorgebliche Bild des Rubens: Beschreibung der Victorkirche, S. 75.

„Es stellt die Tochter der Herodias vor, wie sie sich das eben abgeschlagene Haupt Johannes des Täufers vom Henker geben läßt; zu ihren Füßen liegt der Rumpf, von dem ein Hund, hinter ihr stehend, das Blut aufleckt. Der Kopf des Mädchens, des Henkers und des Todten sind ganz vortrefflich; das Ganze bekommt durch die eigenthümliche fahle Beleuchtung im Gefängnisse, von einem rothen Vorhange hinter dem Henker her reflectirt, einen etwas schauerlichen Charakter; es ist ein vorzügliches Bild aus der holländischen Schule von de Jager aus dem Jahre 1672." [1]

Gewiß, es ist ein „etwas schauerliches" Bild, das schlecht zu einem Altare paßt, auf dem der hl. Johannes verehrt werden soll. Die Hauptperson des Bildes, Herodias, ist bis in den Kerker herabgestiegen, um das Haupt des Vorläufers zu erhalten, obgleich das Evangelium ausdrücklich sagt (Mark. 6, 27), der König habe es ihr beim Gastmahle in einer Schüssel überreicht. Man weiß nicht, ob der in großen Linien von ihrem Haupte herabwallende Schleier sie als Königstochter oder als Tänzerin kennzeichnen soll. Jedenfalls ist ihre mangelhafte Bekleidung ein Zeichen von wenig königlichem Sinne. Der Maler versuchte zu zeigen, warum sie dem ehebrecherischen Herodes so reizend erschien. Selbst im Kerker verführt ihr Blick den Henker, des Mitleides zu vergessen, das doch die Leiche des großen Propheten zu seinen Füßen und das Haupt in seiner Hand fordern. Ist es nicht unwürdig, daß der Hund, den diese Herodias in den Kerker mitbringt, das Blut des Martyrers gierig aufleckt? Selbst wenn solches eine Thatsache wäre, gehörte es nicht auf ein Altarbild. Nun aber ist es nur ein Sensationsmittel, das der Maler erfand, um eine Kerkerscene möglichst roh und anscheinend natürlich wahr darzustellen. Wenn der Künstler bei irgend einem Bilde Alles thun soll, um es zu heben und zu adeln, dann muß es beim Altarbilde geschehen, das Andacht und Verehrung wecken soll.

Neben dem beschriebenen Gemälde stehen die Statuen der Patrone des Altares, des Vorläufers und des Evangelisten Johannes. In der Nische des obern Theiles, über dem Altarbilde, befindet sich ein gothisches Marienbild; noch höher schließt eine Schüssel mit dem Haupte des Täufers den Gipfel des Altares. Die Predella ist in netzförmig gewölbte Nischen gegliedert, in denen zwei kleine gothische Holzgruppen übrig blieben, die in lebendiger Darstellung die Geburt Christi und die Anbetung der Könige zeigen. Die drei Hirten und die drei Engel, welche auf das neugeborene Kind herabsehen, erinnern an den Zahlensymbolismus der ältern Kunst, während die Bewegung der Gruppen und die höfische Eleganz, mit der einer der Könige sich der Krippe naht, die neuere Zeit laut bekunden. Stil und Ausführung legen es nahe, diese Gruppen einem Meister der Künstlerschaft von Kalkar zuzuschreiben. Er hat sie wahrscheinlich mit den übrigen gothischen Bildwerken des Altares um das Jahr 1492 geschnitzt. Daß um diese Zeit etwas für den Altar-

---

[1] Beschreibung der Victorkirche, S. 75; vgl. Zehe, S. 63. Ueber die alte Johanneskapelle vgl. Baugeschichte, S. 61. 122 und 180. Die Ablaßbulle von 1492 im *Repertor. II. Nr. 403.

aufsatz geschehen sei, beweist ein großer, bunt verzierter Ablaßbrief des genannten Jahres im Archiv; denn solche reich ausgestatteten Aktenstücke wurden meist bei Erneuerung der Altäre oder Kirchen ausgestellt, auf die sie sich beziehen.

Der Meister, welcher im Jahre 1672 einen neuen Altaraufsatz baute, hat die älteren gothischen Sculpturen in geschickter Weise benutzt und verwerthet. In der Anordnung richtete er sich nach dem Altare der heiligen drei Könige. Der Anschluß an einen frühern Altar und die Verwendung der älteren Bildwerke machen es wahrscheinlich, daß der Altaraufsatz in Xanten oder in der nächsten Umgegend entstand. Er ist eine tüchtige Schreinerarbeit; das Kunsthandwerk war also gegen Ende des 17. Jahrhunderts am Niederrheine keineswegs erstorben.

7. Die hl. Barbara wird meistens mit einem Thurme abgebildet, weil sie um des Namens Jesu willen in's Gefängniß, nach der Ansicht des Mittelalters in ein Thurmverließ, geworfen wurde und deßwegen als Patronin der Thürme galt. In Xanten war ihr der nordwestliche Thurm geweiht. Darum steht der Barbaraaltar vor diesem Thurme im Seitenschiffe[1].

Der Altar ist ein Erbe des Remigiusaltares, welcher 1128 vom hl. Norbert geweiht wurde. Schon 1385 waren die hl. Barbara und der hl. Georg dem hl. Remigius als Patrone beigegeben. Das ergibt sich aus einer Urkunde dieses Jahres, in welcher ein Glöckner, dem sein Amt die hl. Barbara als Patronin gab, eine Rente zur Unterhaltung einer vor dem Altare der hll. Remigius, Georg und Barbara brennenden Lampe stiftete. Da die Baurechnungen 1396 „für ein Schloß und einen Schlüssel zur Thüre der Treppe, die neben dem Barbaraaltar auf das Chor führt", 13½ Denare ansetzen, und viele Ausgaben für das Westchor und einen der Westthürme verzeichnen, so muß der Altar vordem im Westbau gestanden haben. Nach Vollendung der Seitenschiffe wurde er auf seine jetzige Stelle versetzt. An seiner Seitenwand liest man die Grabschrift des Scholasticus Vonhoff, welcher den jetzigen Aufsatz stiftete und vor den Stufen beigesetzt ist. Das Epitaphium sagt:

HaC sVb ara || IaCet sepVLtVs || GVILIeLMVsVonhoff || per annos || VIgIntI qVatVor || sCholastICVs || XantensIs. 1668, 14 7ber.

Der Mitte des Altares gereicht eine prächtige Holzfigur der hl. Barbara zur Zierde. Sein Aufbau sucht sich durch kräftige Formen der Patronin der gewaltigen Kirchthürme würdig zu erweisen. Darum ahmen die Seitenflächen neben der Mittelnische große Quadern nach. Vor ihnen stehen zwei gewundene Säulen aus Eichenholz ohne Bemalung; zwei weitere Säulen stellen sich an die Ecken des Altares. Diese vier Säulen tragen ein starkes Horizontal-

---

[1] Rentenbriefe des Barbaraaltares aus dem 14. Jahrhundert im *Repertor. I. Nr. 286. 302. 317 und besonders 681. Die Stiftungen (*Repertor. I. Nr. 2095. 2096 und 2077) aus der Zeit um 1667 stehen in Beziehung zum jetzigen Altaraufsatz. *De Sandt p. 14; *Pels II. p. 80.

gesimse, auf dessen Ecken kleine Engel neben einem Blumenkorbe spielen, der, mit Früchten und Laubgewinden gefüllt, die Mitte einnimmt. Tief aus dem Eichenholz herausgeschnittene Blumengehänge umgeben die Mitte der Nische und zieren die Seiten des Altares, an denen sie flügelartig herabhängen. Ihr Meister muß eine starke Hand gehabt haben, die zur kriegerischen Zeit paßte, worin er lebte.

8. Vom Barbaraaltare führen einige Schritte in den Westbau. Dort stehen drei Altäre, die ihren Aufsatz um das Jahr 1700 erhielten. Alle drei zeigen gewundene Säulen und auf deren Kapitälen ein Stück des Architravs, welcher nicht von einer Säule zur andern geraden Weges durchgehen kann, weil das Altarbild durch seine Höhe die horizontale Verbindung der seitlichen Anfänge des Architravs verhindert. Bei zweien dieser Altäre, jenen, welche den Erzmartyrern und den Apostel= fürsten gewidmet sind, ist auf das Altarbild eine ausgebogene Leiste gelegt, welche nach rechts und links in horizontaler Richtung ausgezogen ward und so auf den Architravstücken ruht. Die Meister dieser Zeit spielen mit den Formen. Statt die Säulen zu erhöhen und dadurch einen vollständigen Architrav zu ermöglichen, füllen sie den Raum, der dem Architrav zukam, durch den Bildrahmen. Als Mittelglied, das die Säulenköpfe verbindet, genügt ihnen mageres, ausgebogenes Leistenwerk.

Der Zeichner des dritten Altares biegt den Architrav, welcher dem spröden Marmor seine Entstehung verdankt, und verwandelt ihn in ein Band. Das letzte architektonische Bindeglied, welches die späteren Altar= bauten in ernstere Linien einschränkte, ist verflüchtigt. Dieser dritte Altar ist den hll. Bonifatius, Servatius, Georg, Martinus, Agnes, Ursula und ihren Genossen gewidmet [1]. Sein steinerner Tisch wurde 1463 geweiht, der Aufsatz aber stammt aus dem Jahre 1696. Für die Geschichte der Kunst und Cultur ist er nicht weniger wichtig, als mancher freilich viel werthvollere gothische Altar.

Drei Stufen heben den Aufsatz, worin zwei mit Laub umwundene Säulen das Altarbild umrahmen und auf einem Stück Architrav je einen Viertelskreis tragen, auf dessen Spitze kleine Engel triumphirend die Arme erheben und mit vollen Backen in Trompeten blasen. Die Fanfare gilt dem Hauptpatrone des Altares. Das Bild desselben, des hl. Bonifatius, ist in der Nische des Oberbaues mit Albe, Chormantel und Mitra bekleidet und trägt in der Linken einen hohen Kreuzesstab, der ihn als Glaubensboten kennzeichnet.

---

[1] Die Consecrationsurkunde des Bonifatiusaltares findet sich * Repertor. II. Nr. 292. Ueber den Vikar Kerstgens (oder Leistgens?), der den jetzigen Altar schenkte, * Pels II. p. 79, und * De Sandt p. 14.

Seine Rechte hält ein weit ausgestrecktes Schwert, welches ein Buch durchbohrt, das hoch in der Luft schwebt. Der Künstler will dadurch in Erinnerung bringen, daß die Mörder das Evangelienbuch des Glaubensboten durchstochen haben, ehe sie ihn trafen. Im Altarbilde, das sich unter dieser theatralischen Figur befindet, zeichnet sich die hl. Ursula durch königliche Tracht und durch das Gefolge ihrer mit Palmzweigen versehenen Jungfrauen aus. Hinter ihr kniet die hl. Dorothea mit ihrem Blumenkörbchen; die hl. Agnes steht mit dem Lämmchen in der Ecke der Epistelseite. In der Mitte ahmt die hl. Cäcilia auf ihrer Orgel eine Melodie nach, welche von zahlreichen, in den Wolken schwebenden Engeln auf himmlischen Instrumenten vorgespielt wird. Neben der Orgel findet sich die hl. Katharina mit Schwert und Palme, während Engel die hl. Magdalena auf einer Wolke emporheben zur heiligen Dreifaltigkeit, die oben im Gemälde thront. Die Hauptfiguren des überreich gefüllten Bildes legen schwärmerisch ihre Hand auf's Herz. Alle schauen voll Sentimentalität zum Himmel. In der Zeit, die diesen Altar entstehen sah, überwogen die Gefühle des Herzens. Dagegen tritt die ruhige, vernünftige Ueberlegung zurück, und die tiefernsten Gedanken, welche der Kunst des Mittelalters ihren Adel verliehen, werden vermißt. Wie sehr das Malerische überwiegt, zeigen zwei geschnitzte Engel, welche im Rahmen sitzen und eine Krone über dem gemalten Bild der heiligsten Dreifaltigkeit halten. Die Plastik ist nicht nur mit der Malerei vermengt, sondern zum Beiwerk erniedrigt. Die Energie und Kraft der Kunst ist dadurch aufgegeben; denn wo die Architektur und eine mit ihr eng verbundene Plastik nicht mehr regieren, ist der Verfall unvermeidlich.

10. **Der Altar der heiligen Apostel Petrus, Paulus und Johannes** hat einen etwas ruhiger und einfacher gehaltenen Aufsatz, der kecke Schwung des eben beschriebenen Altares des hl. Bonifatius fehlt ihm, aber seine beiden Oelgemälde verrathen einen strenger geschulten Künstler.

Das obere Bild zeigt den himmlischen Vater in einem Wolkenkreise. Im untern weist Christus zum Himmel empor, dessen Schlüssel er dem Petrus darreicht. Die anderen Jünger schauen staunend auf den knieenden Apostelfürsten herab. Die Composition ahmt die bekannte Tapete Raphaels nach, ist aber stark zusammengedrängt.

11. Der dritte Altar des Westbaues ist den **hll. Stephanus und Laurentius** geweiht. Schon in den Tagen des hl. Norbert hatte die alte romanische Victorkirche einen Altar der Erzmartyrer. Der jetzige Altaraufsatz ist erst 1680 vom Canonicus Cornelius Lapiere († 1693) geschenkt worden.

Zwei ältere Statuen der Altarpatrone stehen auf den seitlichen Architravstücken, die auf gewundenen Säulen ruhen. Das arg verdorbene Mittelbild zeigt, wie der hl. Laurentius auf einen glühenden Rost gelegt wird. Im

Jahre 1718 ließ der Vikar Otto Balkmann den Aufsatz neu in Farbe setzen und das folgende Chronogramm auf den Untersatz malen:

oMnIpotentI Deo In eXCeLsIs
sIne fIne gLorIa.

Der Maler hat dem Ganzen einen schwarzen Grund gegeben, die Statuen, mit Ausnahme der rothen Dalmatiken, weiß gefärbt und hie und da etwas Gold aufgetragen, das den dunkeln Ton unterbricht.

Nach demselben System ist der oben beschriebene Clemensaltar polychromirt; nur ist dort mit Rücksicht auf den rothen Grundton des Altarbildes das Holzwerk roth angestrichen. Weil in diesem Bilde Weiß als zweite Farbe auftritt, haben Rahmen, Ornamente und Figuren eine weiße Farbe, die hervorragenden Theile des Aufsatzes aber eine Vergoldung erhalten. Die Bemalung der drei 1644—1659 errichteten Altäre der hl. Katharina, der heiligen drei Könige und des allerheiligsten Sacramentes zeigt einen feinern Geschmack. Ihr weißer Grundton ist durch Vergoldungen unterbrochen. Beim Katharinaaltare ist das Gold so reichlich aufgetragen, daß es dem Weiß fast gleichkommt. Der Altar der heiligen drei Könige erhielt hie und da etwas Grün zur Verzierung der Blattornamente im Architrav. Den meisten späteren Altären blieb die reine Holzfarbe, die ja auch der kunstreiche Marienaltar bewahrt hat. Der prunkhafte Altar des hl. Bonifatius schlägt einen Mittelweg ein, die Grundfläche blieb holzfarbig, die Ornamente wurden theils vergoldet, theils auf das Bunteste blau, roth und grün bemalt. Seinen aus dünnen Brettern ausgeschnittenen und dann angenagelten oder aufgeleimten Verzierungen mußte die Farbe das Relief geben, welches kräftiger gearbeitete Altäre schon durch tiefern Schnitt und markigere Contouren besaßen.

12. Im südlichen Seitenschiffe steht der Altar der hll. Elisabeth und Agatha.

Schon eine Urkunde von 1385 redet von einer vor dem Agathaaltare brennenden Lampe, und 1436 verliehen die Väter des Concils von Basel reiche Ablässe allen, welche vor dem alten Kreuzbilde andächtig beten würden, das auf dem Altare verehrt ward[1]. Ihr Brief ist bunt ausgemalt, um an den Ablaßtagen neben dem Altare aufgehängt zu werden und durch seine Farben die Blicke des Volkes auf sich zu ziehen.

Ueber die Ausgaben bei der Weihe des Altares redet der Fabrikmeister in der Rechnung für das Jahr 1499. Er berechnet:

„Erstens für 5 Ellen Leinewand für den Weihbischof 1 gewöhnlichen Gulden und 1 Weißling. Macht 10 Solibi 5 Denare.

---

[1] Die Urkunden über die Lampe vor dem Agathaaltare und den Ablaß im * Repertor. I. Nr. 681. 1152; II. Nr. 182. Die letztere ist abgedruckt bei Spenrath III. S. 85. Aeltere, diesen Altar betreffende Urkunden von 1324—1334 im * Repertor. I. Nr. 286. 302. 310. 317; * Pels I. p. 139; II. p. 86; * De Sandt p. 14.

Item für Pergament (auf das die Consecrationsurkunde geschrieben ward) 6 Denare.

Item dem Bischofe gab ich (Johann Pitting, Fabrikmeister der Kirche) 3 Goldgulden, den Kaplänen und den Dienern 1 Goldgulden. Macht 7 Mark.

Für 31 Quart Wein, die beim Mittag- und Abendessen getrunken wurden, 2 Mark 6 Solidi 6 Denare, das Quart zu 2 Stüber.

Item gab ich noch für 4 Quart Bier, welche auf Wunsch des Weihbischofs den Steinmetzen in der Hütte vorgesetzt wurden, als der Altar geweiht war, 1 Solidus 1 Denar 4 Groschen."

Den heutigen Altaraufsatz schenkte Canonicus Herkenbosch 1681.

Vier Horizontallinien bestimmen den Aufbau. Als Grundlinie dient die Leuchterbank über dem Altartisch. Höher geht ein Gesimse unter dem Altarbilde als erste Parallele durch. Auf dasselbe stellen sich zwei gewundene Säulen, die ein architravartiges Band mit spitz hervorstechenden Profilen tragen, welches sich als drittes Horizontalglied über das Altarbild hinzieht. Ein Abschlußgesimse über dem kleinern Bilde des Oberbaues gibt die vierte strenge Linie. Das Bild des Oberbaues zeigt die hl. Agatha in rothem Kleid mit Palme und Blumenkorb. Im Hauptgemälde sinkt die Heilige vor dem Richter hin, der sie martern läßt. Schmerzlich schaut sie gen Himmel, von wo ein Engel ihr Krone und Palme bringt, während Soldaten, welche den Richter umgeben, theilnahmslos zuschauen, die Henker aber der Heiligen Standhaftigkeit bewundern.

Je zwei Säulen steigen neben den Altargemälden auf und beleben deren Rahmen. Das kleinere Bild steht zwischen zwei Viertelskreisen, den umgemodelten Resten des Giebeldreiecks, auf denen Engel sitzen und ihre Arme ausbreiten, um das Volk zur Verehrung der Heiligen einzuladen.

13. Im Jahre 1717 schenkte Canonicus Everhard von Meverden 1000 Thaler zur Erneuerung des Altares der drei heiligen Soldaten Quirinus, Mauritius und Sebastianus und der heiligen Bischöfe Fabianus und Severus. Der Dechant van Berchem und andere Stiftsherren gaben weitere Beiträge zur Herstellung des Altargemäldes.

Im Mittelbilde steht der hl. Mauritius als schmucker Ritter mit Schild und Fahne, worin ein Adler als Wappen angebracht ist. Die leicht hingeworfene Malerei entbehrt der Würde, ist aber für ihre Zeit charakteristisch. Zum Stile derselben paßt das luftige Rankenwerk, welches sich über den ganzen Aufsatz verbreitet und ihn unter den späteren Altären der Victorkirche zu dem am reichsten geschnitzten macht. In der Nische des Oberbaues thront die Figur des heiligen Bischofes Severus, der ein Weberschiffchen in der Hand hält. Wahrscheinlich hat die Weberzunft dieß Bild um das Jahr 1467 geschenkt. Die Baurechnungen besagen, daß in diesem Jahre viel für den Altar geschah, daß der Fabrikmeister 7½ Solidi für die Vorhänge des „neuen" Altares, 10½ Solidi aber für ihre Eisenstangen und für einen Opferstock neben dem Altare ausgab. Außerdem liegen im Archiv fünf Stiftungsurkunden dieses Altares aus den Jahren 1467—1477. Ehemals muß der Altar im Westbau gestanden haben. Da das Fest seiner Weihe im Jahre 1522 verlegt wurde, wird er um diese Zeit in das nördlichere Seitenschiff gekommen sein, das 1467 noch nicht existirte.

In sonderbarem Contraste zu dem kräftig stilisirten Bilde des hl. Severus stehen neben der Nische zwei Engel, ächte Gebilde des 18. Jahrhunderts, welche triumphirend ihre Arme ausbreiten.

Ueber der Nische findet man in einem meisterhaft geschnittenen elliptischen Ornamente den hl. Sebastianus zwischen Blumen, an einen Baum gebunden.

14. Kurz vor Vollendung des eben beschriebenen Altares wurde 1714 ein steinernes Tabernakel an der Evangelienseite des Chorpolygones aufgestellt, das 638 Thaler kostete. 26 Jahre später (1740) gab der Canonicus Mauritius Warte 1000 Thaler für einen neuen Aufsatz zum Altare der hll. Ludgerus, Andreas und Rochus. Die Ausführung wurde einem Meister der benachbarten Stadt Rheinberg anvertraut, der bald nachher, im Jahre 1753, den weitern Auftrag erhielt, für den Altar der hl. Anna einen Aufsatz zu liefern, welcher demjenigen des Ludgerusaltares gleich werden sollte, weil beide Altäre an zwei sich entsprechenden Säulen des Mittelschiffes aufgestellt wurden.

Laut der Rechnung empfing der Meister:
    Für das Holzwerk des Anna-Altares . . 525 Thaler,
    für die Bemalung (illuminatio) . . . . 240 „
    für die Statuen . . . . 110 „
             Preis des Ganzen . 875 Thaler.

Die Tische beider Altäre sind älter als die Aufsätze; denn schon die Baurechnung von 1497 schreibt:

„Item der Herr Heinrich Mulre ließ den Altar des hl. Ludgerus machen und kaufte deßhalb vom Fabrikmeister den Stein, der den Altartisch bildet, und andere Drachenvelder Steine. Er zahlte für diese Steine und die Arbeiten der Steinmetzen 20 Mark."

Der Tisch des Annaaltares stammt aus dem Jahre 1524. Um festen Halt zu gewinnen, wenig Platz einzunehmen und den Durchblick nicht zu hindern, schließt sich der Oberbau eines jeden dieser beiden Altäre eng an den hinter ihm stehenden Pfeiler (17 und 18 im Grundriß) an. In Folge dessen biegt sich die Mitte heraus und krümmen sich die Ecken zurück. Den Mangel eines architektonischen Aufbaues suchte der Meister durch reichen Wechsel und lebendige Profilirung zu ersetzen. So hat er zwei Decorationsstücke hergestellt, die der Zeit um 1750 in so hohem Grade zusagten, als sie unserem Geschmacke widerstreben.

Jeder der beiden Altäre hat acht Säulen, zwei Paare auf jeder Seite, die hinter einander stehen, aber doch so weit von einander entfernt sind, daß die Figur eines Heiligen zwischen ihnen Platz findet. Auf beiden Seiten des

Altares tragen die Säulen ein elliptisch gekrümmtes, verkröpftes Architravstück. Diese seitlichen Architravstücke verbreitern sich nach der Mitte hin, bis sie sich treffen. Der Aufbau geht also nicht vom Centrum, sondern von den Seiten aus, die er als Hauptsache behandelt. Das ist die letzte Consequenz jener Altarbauten, in denen ein flaches Mittelbild von starken Seitenarchitekturen eingerahmt wird. Der Meister ließ das Mittelbild ausfallen, machte die Seitenarchitekturen etwas breiter, und das neue System war fertig.

Auf die Architravstücke legte er ein stark hervortretendes Gesimse und darauf eine Gallerie, die sechsmal von Mauerstücken unterbrochen ist; hinter ihr erhebt sich eine durch Pilaster gegliederte Wand. Mit der Gallerie ist sie durch vier Schnecken verbunden, welche sich auf vier jener Mauerstücke stützen. Die beiden Mauerstücke der Mitte tragen Säulen, zu denen sich das obere Gesimse der Rückwand so hervorkröpft, daß es eine Nische bildet. Während jede der unteren Seitennischen eine Statue enthält, ist in der obern Mittelnische nur ein Basrelief angebracht.

Neben der obern Mittelnische sind Statuen aufgestellt. So hat jeder der beiden Altäre fünf Statuen. Im Unterbau des erstern befindet sich die hl. Anna zwischen ihrem Gemahl, dem hl. Joachim, und ihrem Schwiegersohn, dem hl. Joseph. Der Oberbau zeigt im Basrelief der Mitte das Lamm Gottes zwischen Engeln und daneben die Stammväter der hl. Anna, Abraham und David. Ampeln dienen auf den Seiten als Krönung, in der Mitte aber ein Auge Gottes, das auf das Lamm und auf die übrigen Heiligen des Altares herabsieht.

Im andern Altare stehen unten Andreas, Ludgerus und Rochus, oben, neben der Taube des heiligen Geistes, über welcher das Herz Gottes zwischen zwei Ampeln den Aufbau endet, Joseph und Johannes.

Beide Altäre bestehen aus einem Holzgerüst, welches mit Stuck überzogen ist. Die Säulen suchen durch ihre Bemalung als Marmor zu erscheinen, der Hintergrund ist blau angestrichen, die Vergoldung will Bronze ersetzen. Vom Architrav hängen stark wellig ausgeschnittene Vorhänge mit Quasten herab. Die langen, ausgemagerten Figuren sind ohne Fleisch und Blut, tragen Gewänder, welche zu fliegen versuchen, aber doch nur steif und ärmlich herumflattern.

Sicherlich sind diese Altäre keine Kunstwerke, aber doch charakteristische Monumente. Ihre Formen reden eine Sprache, welche dem Kundigen ebenso verständlich ist, wie der kernige Lapidarstil einer alten classischen Inschrift. Vor den hochaufwachsenden ernsten Säulen des Domes, unter seinen himmelanstrebenden Gewölben stehen sie als leichte Zeugen eines Geschlechtes, das den innern Gehalt verloren hatte und sich nur künstlich über Wasser hielt, bis es von den gewaltigen Wogen der Revolution erreicht wurde. Aechtes Kunsthandwerk war untergegangen. Der Decorateur suchte mit billiger Waare das Auge zu bestechen. Wie diese Altäre Säulen und Architrav als Schaustücke verwenden, wie sie, zu arm, um in Marmor und Bronze zu glänzen, deren Schein borgen, innen aber auf morsches Holz sich stützen, so hatten nur zu viele altererbte Einrichtungen der Zeit Kraft und Saft verloren, sie vegetirten in abgestorbenen Formen, denen inneres Leben fehlte, und mußten über kurz oder lang untergehen.

15. Der letzte Altar der alten Victorkirche ist dem heiligen Kreuz gewidmet. 1128 hatte der hl. Norbert einen Kreuzaltar geweiht, dessen Stiftungen mit dem Altare vor dem Lettner verbunden blieben. Im 15. Jahrhundert erbaute das Kapitel im südlichern Seitenchörchen einen eigenen Altar für das wunderthätige Kreuz, welches bis dahin auf dem Agathaaltare gestanden hatte. Es hatte also seitdem zwei Kreuzaltäre, den ältern im Mittelschiff (in area ecclesiae, sagt die Baurechnung von 1477), und den neuern hinter der „Gerenkammer" oder Sakristei, über dessen Ausstattung die Baurechnungen folgende Angaben enthalten:

1459. „Am Dienstag nach Pfingsten erhielt ich aus dem Opferstocke des heiligen Kreuzes bei der Sakristei 3 rheinische Gulden 7 Weißlinge. Item dem Steinmetzen Johann Bertkens 2 Weißlinge, macht 18 Denare, für den Untersatz oder den steinernen Fuß, auf dem das Kreuz im Chore der allerseligsten Jungfrau steht. Item dem Schreiner Theodorich Daems, der die Schranken (cancellum) beim Agathaaltare niederlegte und die Stufen (gradum) am dort stehenden Kreuzaltare erneuerte... Item dem Dachdecker, der die Dachfenster über dem Gewölbe (chorus) des Kreuzaltares deckte, zahlte ich jeden Tag 5 Weißlinge.

1467. Item dem Kaufmann Nikolaus für Vorhänge am Altare hinter der Sakristei 7³/₄ Solibi.

1497. Item der Schmied Gerard Wrenger fertigte für 5¹/₂ Solibi zwei eiserne Halter an der kleinen neuen Seitenthüre, durch die man beim Altare des heiligen Kreuzes in die Kirche eintritt."

Die Weihe eines Altares zu Ehren der allerseligsten Jungfrau, des heiligen Kreuzes, des hl. Servatius und des hl. Benedictus, welche im Jahre 1500 vom Weihbischofe von Köln, dem Minoriten Johann Spender aus Marburg (episcopus Cyrenensis), vorgenommen wurde, bezieht sich wohl auf den jetzigen Altarstein. Der Aufsatz entstand erst in diesem Jahrhundert, kurz bevor die Gothik ihre neue Herrschaft antrat. Er ist ein massiver Bau, den vier runde Säulen nur wenig gliedern und bei dessen Herstellung das Holz mehr gekostet haben wird als die Arbeit. Ein Schreiner hat einen Altarkasten zu Stande gebracht, in dessen Mitte das wunderbare Kreuz hinter einem Eisengitter verschlossen ist. Das Ganze zeigt sich als die Arbeit eines Mannes, der eben nur sägen, hobeln, leimen und eine Säule drechseln konnte. So ist dieser Altar ein letztes Beispiel zur Geschichte des Altarbaues, ein Grenzstein der Entwicklung. Es blieb nichts übrig als Verzweiflung oder Rückkehr zu alten Vorbildern.

Schluß.

Die Restauration der Victorkirche.

I. Riehl hat den Eindruck, welchen die Victorkirche auf ihre Besucher hervorbringt, trefflich geschildert [1]:

„Die Stadt Xanten ist neu und klein, die große alte Kirche thront in ihr wie ein königlicher Gast aus einer fremden Welt. Allein sie erhebt sich trotzdem nicht in unvermitteltem Contraste aus der neuen Umgebung; von alterthümlichen, zum Theil trümmerhaften Vor- und Nebenbauten umlagert, ist sie doch auch wieder abgeschlossen; sie ruht in sich, und der Eingang durch diese Vorgebäude mit so manchem Reste seinen künstlerischen Schmuckes versetzt uns in die Poesie der alten Zeit zurück, bevor sich noch die Kirchenthüre öffnet. Die Ruinen erzählen uns, daß das altberühmte St.-Victors-Stift in der französischen Revolution zu Grunde ging, während die Kirche selbst wunderbar erhalten wurde.

Gerade im Gegensatze zu diesen Zeugen der Zerstörung ergreift uns dann das voll und treu bewahrte Bild vergangener Tage im Innern und Aeußern der Kirche mit doppelter Kraft. Sie wurde weder durch Krieg, Raub und Brand verwüstet, noch durch den kaum minder gefährlichen blinden Restaurations- und Säuberungsfanatismus. Wie sie erwachsen ist, so steht sie da, ein ächt historisches Denkmal; denn die Geschichte ist nicht Alterthum, die Geschichte ist Werden und Wachsen. Alle kunstgeschichtlichen Epochen seit dem 13. Jahrhundert steigen vor unseren Augen empor: St. Victor ist ein wahres Museum von Kunstalterthümern, aber nicht ein absichtlich hinterher angelegtes, sondern von selbst entstanden. Und im Anschauen der Fülle großer und kleiner Denkmäler des Innern — Sculpturen, Tafel- und Glasgemälden, Teppichen, Geräthen rc. — sehen wir die Vorfahren leibhaft an uns vorüberziehen mit ihrem Glauben, Fürchten und Hoffen, Stolz und Demuth. Das ist ja die poetische Weihe der allmählich erwachsenen und sammt den bunten Zuthaten der Jahrhunderte bewahrten mittelalterlichen Kirchen, welche keine noch so correcte einheitliche Restauration, kein noch so vollendeter stilgemäßer Neubau zu gewinnen vermag. Es gibt künstlerisch bedeutendere und gibt noch besser erhaltene Kirchen als die Xantener, allein ich kenne keine, welche so schön und so vollständig erhalten zugleich wäre."

Es ist wahr, seit der Mitte des 13. Jahrhunderts sind alle Epochen der Kunstgeschichte in der Victorkirche erhalten. Das zeigt die folgende tabellarische Uebersicht:

---

[1] Riehl, Wanderbuch, 2. Abdruck, S. 125.

Schluß.

```
Bannita 1468.
Kapitelsaal MDXXX, MDL.
Kreuzgang MDXLIII, MDXLIX.
                                                                        Sakristei
                                                                        MDXIX,
                                                        MCCLXIII.       MDXXX.
                                                        Hochaltar                      V. Station
                                                        1311, 1539, 1129.              1536.
  Bibliothek        Katharinenaltar
  MI.               1644.
                    Glasgemälde 1362.   Leuchterbogen
                                        1501.                           Kreuzaltar
                                                                        1840 (?).
  Nikolausaltar     MCCCX.              Chorstühle
  1654, 1480.                           1300 (?).       (1350?)
                                                                        Matthiasaltar
                                                                        1525, 1544. MCCCLX.
  MCCCLXXX.         MCCCC.              Chortapeten
                                        1520.          (1480.)
                                                                        Agathaaltar     IV. Station
                                                                        1681.           1536.
  Antoniusaltar     MCCCCXXX.           Lettner 1402.
  1475.                                 MCCCCXXXVII.                    Marienaltar
                                                       (1480.)          1530, 1555. MCCCXLIX.
  Martinnaltar                          Helenaaltar|Pfarraltar|Dreikönigsaltar
  1717, 1477.                           1401, 1500,|1401, 1657,|1406, 1659.   Mathyreraltar   Portal
                                                                              1525.           MD.
  Mauritiusaltar | Clemensaltar         Ludgerusaltar  Annaaltar
  1717, 1467.     1657, 1498.           1493, 1740.    1524, 1753.
                                                                        MDVI.
                  MCCCCLXXXIII.         MDVII.         (1550.)
  Johannesaltar                                                         MCCCCXCVII.
  1675, 1490.
                  MCCCCXCII.            Schlußsteine
  Barbaraaltar                          1514.          (1500.)
  1663, 1480.
                                        Petrusaltar    Stephanusaltar   Grab Christi    II. Station
  Marienbild      Bonifatiusaltar       1700.          1680, 1718.      1500.           1531.
  1450.           1696.                        MDXIX. MCC.

                        Westportal
                        MCC.
                                        Victorthurm
                                        MCCCLXXXIX, MDXXX.
Barbaraturm,
vollendet MDXXII.
```

Die fünf Colonnen innerhalb der Striche entsprechen den fünf Schiffen der Kirche. Oben sind die Nebengebäude, zur Seite die Stationsgruppen vermerkt. Je zwei Querreihen vertreten den Raum eines Gewölbejoches. Jeder Name innerhalb der Kirche bezeichnet einen Altar oder einen andern Ausstattungsgegenstand. Die arabischen Ziffern geben an, wann der über ihnen vermerkte betreffende Altar oder Gegenstand entstand und aus welcher Zeit ältere oder jüngere Statuen stammen, die sich auf den Altären erhalten haben. Die lateinischen Zahlen bezeichnen das Jahr, in dem der Theil der Kirche, in den sie eingetragen sind, gebaut oder vollendet wurde. Es waren Durchschnittszahlen einzusetzen, weil der Raum zu genaueren Bezeichnungen nicht ausreichte. Die in Klammern gestellten Jahreszahlen in der vierten Colonne notiren die Entstehungszeit der Statuen des Mittelschiffes.

Die Uebersicht läßt die beiden Bauperioden klar erkennen. Die obere, östliche Hälfte ist von MCCLXIII bis MCCCCXXXVII, die untere, westliche aber von MCCCCLXXXIII bis MDXIX erbaut, die Nebengebäude folgten von MDXIX bis MDXL.

1475—1555 entstanden die sechs Altäre des hl. Antonius, der 6ll. Martyrer, der allerseligsten Jungfrau und der hl. Helena, des hl. Martinus und des hl. Matthias, der Leuchter vor dem Hochaltare, die Chortapeten, eine Reihe von Gruppen und Statuen in der Kirche und die Stationen vor dem Südportal.

1644—1717 sind nicht weniger als zwölf Altaraufsätze, 1740—1753 drei weitere aufgestellt worden.

II. Sollen bei einer Restauration der Victorkirche alle späteren Altäre entfernt werden, „weil sie nicht gothisch sind" und „weil sie nicht zum Stile der Kirche passen"? Nach Ansicht Einiger darf nur die gothische Kunst als kirchlich gelten, jene späten Altäre, die Erzeugnisse einer „unchristlichen und heidnischen" Kunst, verdienen weder Berücksichtigung noch Erhaltung. Man behauptet, sie seien des Platzes nicht werth, den sie schon allzu lange eingenommen hätten. Von denselben Stimmführern wird ein Grundprincip der Renaissance über alle Sitten und Gewohnheiten der gothischen Kunstepoche gesetzt. Sie wollen weite Räume. Darum soll der Hochaltar freigestellt werden, daß man ihn von möglichst vielen Plätzen der Kirche sehen könne; deßhalb hat der Lettner, einer der wenigen, die sich bis in unsere Zeiten erhalten haben, den Weg seiner Brüder zu gehen. Von 22 heute in der Kirche befindlichen Altären sollen wenigstens zwölf einfach abgebrochen, die zehn übrigen, mit Ausnahme des Hochaltares, sämmtlich versetzt werden. Auf die neu zu weihenden Altartische will man dann jene älteren Schreine stellen, welchen das Prädicat „gothisch" mit mehr oder weniger Recht zukommt und die darum ein Recht auf Erhaltung besitzen.

Bis jetzt haben Kirchenvorstand und Geistlichkeit bei der Restauration der Victorkirche in der anerkennenswerthesten Art das Alte geschont und gesucht, jedem Theile der Kirche und ihrer Ausstattung den Glanz und die Würde wiederzuerstatten, womit er aus der Hand seines Meisters hervorging. Man möge weitergehen und die werthlosen Reliquienkasten, die Holzstücke und Tabernakel, womit der Ungeschmack viele Altäre beladen und verunziert hat, entfernen. Mit nicht zu großen Kosten kann man nach und nach alle Altäre auffrischen und so die Kirche zum Spiegelbild deutscher Kunstthätigkeit machen, weil sie achtungswerthe Werke aus allen Perioden vom 13. bis 19. Jahrhundert aufweist.

III. Die Victorkirche hat schon viele Restaurationen erlebt. Die erste fand um das Jahr 1464 statt, als Gerard Vaick die älteren Theile der Kirche neu ausmalen, die späteren frisch weißen, vier Altäre und zwei Kapellen errichten und den Bodenbelag wieder herstellen ließ.

Die Thesaurarie-Rechnungen erzählen von manchen Veränderungen, welche wir heute bedauern. Einige Stellen derselben mögen das beweisen.

1457. „Ich ließ durch den Goldschmied Marcilius in Gegenwart der Herren (Canoniker) Everwin Dumer und Reyner Merwyck sechs alte Brustkrampen (fibulae) einschmelzen. Zwei zeigten auf der Oberfläche einen Löwen, zwei einen Adler, eine das Bild des hl. Victor und eine das der hl. Helena. Bei fünfen war die Rückseite von Kupfer. Ich erhielt aus ihnen 6 Mark 9 Loth 1 Quentchen Silber."

1520 ward eine von Vincenz von Eyl gestiftete und vom Goldschmied Conrad angefertigte Monstranz eingeschmolzen, weil sie den Kapitularen zu schwer schien. Der Goldschmied Balduin lieferte eine neue, die 8 Mark 2 Loth wog. Als Arbeitslohn erhielt er auf jede Mark Silber 8 Hornsche Gulden.

1550. „Die Kirche besaß eine Tafel, die vor Alter in vielen Stücken, besonders in ihren Bildwerken, sehr schadhaft geworden war. In den vier Ecken standen die Evangelisten um das verdorbene Mittelbild des Heilandes. Der Schreiner (arcularius) Johann Paßmann stellte die Tafel wieder her, indem er den obern und untern Rand erneuerte, die schadhaften Bildwerke aber entfernte und in's Feuer warf. Für seine Arbeit, das verwandte Holz und dergleichen erhielt er einen Thaler zu 49 Weißlingen."

1644—1717 wurden zwölf Altaraufsätze neu errichtet; die älteren, an deren Stelle sie kamen und die meist aus der gothischen Periode stammten, wurden zerstört, weil sie nicht mehr gefielen.

Durch das ganze 18. Jahrhundert wurde sodann weiter „restaurirt". 1713 belud man die gothischen, unter Vaick 1471 angefertigten Reliquienschreine mit pomphaften Inschriftstafeln, deren Text dem Historiker bedenklich erscheint und deren Last auf die leichten Chorschranken drückt und die Architektur der Kirche stört.

1714 fiel das hoch und schlank aufgebaute gothische Tabernakel. Es mußte einem andern weichen, das von einer rein gothischen Restauration sicher nicht an seinem Platze gelassen wird.

1725 wurde ein kleiner romanischer Tragaltar durch Erneuerung gründlich verdorben.

1737 verschwanden die Chorthüren, welche Johann von Goterswick im Jahre 1419 geliefert und Meister Gisbert, der beste Baumeister der Kirche, eingesetzt hatte.

Vier Jahre später (1741) wanderte manches alte Kleinod der Sakristei nach Kempen. Im Schmelztiegel eines dortigen Goldschmiedes mußte es seine veraltete Form aufgeben, um in Gestalt von Altarleuchtern zu erstehen, die der Zeitgeschmack nicht genug zu loben und zu bewundern wußte.

Immer höher stieg der Eifer des Restaurationsfiebers. 1748 und 1761 nahm eine Uebermalung den Brustbildern und den Gemälden des Hochaltares ihren unverfälschten Charakter.

1749 gab ein Goldschmied dem Victorschrein seine heutige unharmonische Gestalt. Voll Stolz schrieb er auf eine der von ihm neu eingefügten Silberplatten: „Renovatum 1749."

1757 verloren die meisten Altäre die kunstvollen Schränke und Schreine, in denen ihre Urkunden, Ablaßbullen und Geräthe aufbewahrt wurden. Die bis dahin streng geschiedenen Titel und Besitzgegenstände wurden zusammengelegt, und so geschah der erste Schritt zu jener Verschmelzung, welche den Canonikaten, Vikarien und Altären ihr individuelles Dasein raubte, um Alles in ein großes Gesammteigenthum zu vereinen, das in seiner Einfachheit leichter zu verwalten, aber auch leichter zu schädigen und zu ruiniren war.

1756 wanderte das alte Fastentuch in die Rumpelkammer. Wie die Rechnungen beweisen, hatte der Thesaurarius es 1552 durch Johann von Köln, der 1532—1562 die Gewänder der Sakristei in Stand hielt, erneuern lassen[1]. Jetzt schien es trotz seiner Bilder und Inschriften der Mode so werthlos, daß niemand an eine Erhaltung dachte. In demselben Jahre wurde die Kirche

---

[1] Die Thesaurarie-Rechnungen geben folgende wichtige Angaben über die Gewänder der Sakristei: 1460. Feci fieri in Kalker duos clipeos cum armis sancti Victoris pro 1½ flor. Ren. 1461. Item feci fieri per Hubertum Heuck in Clivis duos clipeos pro cappa praepositi Hugonis 2 mrc. (Unter clipei sind Stickereien zu verstehen.) 1464. Emi ab uxore Huberti Heuck de Clivis extremitatem unius cappae, vulgariter een boert nuncupatam, cum quibus feci reformari cappam praepositi Hugonis 20 flor. Ren. 1470. Henricus van de Kolk fecit de tabardo Conegondis Keidkens novam casulam. 1520. Solvi cuidam mulieri in Colonia de factura certarum casularum 26 flor. Colon. 1520. Donavit Ingenwinckel thesaurarius sacrario Xanctensi totam capellam, videlicet duas cappas, casulam et duas vestes ministrorum cum eorum attinentiis. Ego Conradus Ingenwinckel thesaurarius ecclesiae Xanctensis solvi cuidam mulieri moranti Coloniae, cujus nomen Jan van Remuendt (Roermond?), pro factura subducturae et ceteris requisitis praefatae capellae necnon vexillis necessariis 26 flor. Colon. 9½ alb. Der Posten bezieht sich wohl auf die mit prachtvollen Nadelmalereien versehenen Gewänder der Xantener Sakristei, von denen zwei Stickereien durch den Düsseldorfer Verein für Verbreitung religiöser Bilder allgemein bekannt gemacht worden sind. — 1526 kam, wie oben Seite 103 Anm. bemerkt ist, ein Sticker aus Wesel, um die Gewänder der Xantener Sakristei zu erneuern. Er muß die feineren Arbeiten besorgt haben, denn seit 1532 arbeitete Johann de Colonia, morans Coloniae, sehr häufig in Xanten, um die Stickereien der Sakristei zu erneuern. Seine Vorgänger waren Arnold Haenen und Goswin. 1567. Cum propter imbecillitatem magister Joannes Coloniae, sacristiae sartor, diutius laborare non valeret, magister Hermanus Haighman in ejus locum intravit. Vgl. oben S. 85 Anm.

neu geweißt. Wer vermag zu bestimmen, wie viele Arbeiten mittelalterlicher Wandmalerei damals unter dem Kalk wie unter einem Leichentuche begraben wurden? Einzelne Bilder sind hie und da wieder aufgefunden worden, aber in einem Zustande, der sie der Erhaltung nicht werth erscheinen ließ.

Die bunten Scheiben und Glasmalereien der alten Fenster, die durch den Einfluß der Jahrhunderte fast undurchsichtig geworden waren, wollten zum neuen, frischen Kalküberzug nicht passen. Die aufgeklärte Zeit konnte nicht begreifen, warum man mit alten Glasgemälden dem freundlichen Tageslicht den Eingang in das erneuerte Heiligthum der Kirche verwehren sollte. Rasch waren sie entfernt, und durchsichtiges Fensterglas erfreute an ihrer Statt das Auge. Werthvolle in den Fenstern des Chores und der Kirche erhaltene Reste zeigen, wie viel damals dem neuen Geschmack zum Opfer fiel, der „die altmodischen, unnatürlich gezeichneten und grell in Farben gesetzten Figuren" nicht länger zu ertragen vermochte. Die alten gothischen Meßgewänder schienen nicht besser gezeichnet, als die alten Fenster. Leben und Natürlichkeit fehlte ihnen. Bald waren neue angeschafft, welche den Zeitgenossen besser gefielen.

Wie weit man gegen das dritte Viertel des 18. Jahrhunderts gekommen war, beweisen die Handschriften des fleißigen Canonicus Pels. Nachdem er erzählt hat, welche Darstellungen Rütger Krop im Jahre 1537 auf die Flügel der Orgel gemalt hatte, fährt er fort:

„Als die folgende neue Orgel gemacht wurde, sind diese Schildereien (des Krop) abgenommen worden. Weil sie durch ihr Alter verschlissen und zerrissen waren, hat das Kapitel beschlossen, die jetzigen durch einen unserer Vikare, der Tack genannt wird und etwas zeichnen konnte, anfertigen zu lassen. Er nahm den Auftrag an. Es war das erste Mal in seinem Leben, daß er den Pinsel führte, um eine Schilderei anzufertigen. Ob zwar seine Bilder nicht künstlich wurden, so sind sie doch bewunderungswürdig."

Tack wurde später Pfarrer von Bynnen bei Xanten. Seine handschriftlichen Werke, welche im Archiv der Victorkirche liegen, zeigen, daß er freilich nur „etwas zeichnen konnte". Eine Probe seiner künstlerischen Auffassung möge hier mitgetheilt werden.

Nachdem Tack erzählt hat, wie nach seiner Schätzung und Ansicht das in Wirklichkeit im Jahre 1263 begonnene Chor der Victorkirche „zu Caroli Magni Zeiten oder bald nachher angefangen" worden sei, berichtet er, man habe dem um 1200 errichteten Westbau „das übrige fordertheil der Kirche 1250 oder nich viel darnach beigefügt. Dies erhellt daraus, weilen der heilig bischoff Albertus Magnus, so umb das Jahr 1270 floriret, dies Gottes haus eingesegnet". Zur Beschreibung des Baues übergehend, sagt er von den Strebepfeilern:

„Diese Pyramiden setzen dem Gebäude eine rare und Verwunderungswürdige Zierath bei und dienen nicht allein, umb an beyde seithe das lange hohe mittel-gewölbe vor allen Einfall oder abwich feste zu halten, sondern sie geben auch ab die kunstreichste aquaeductus oder wasserleitung, Massen dieselbe je drey in ihre Ordnung durch zwischen gefügte gar kunstreich elaborirte bogen aneinander geheftet sind. über diese Bogen dann laufft das Regenwasser von der obersten Gallerie durch die pyramiden allgemach transverse herunter und giesst sich also bey die unterste Gallerie durch die weithaufgesperreten Rachen der herfürspringenden grossen Löwen, bären, tygerthieren, Meerfischen etc. etc. auff die Erde, nicht anders als wen das gantze gebau eine gewaltige Fontein-maschine thüte abgeben."

Das Bemerkenswertheste an der Victorkirche war ihm also, daß sie bei starkem Regen eine Fontein-maschine sei, wie die vielen Wasserkünste, die um jene Zeit der Stolz der Fürsten und das Ideal der Künstler waren. Die Auslassungen des guten Tack sind das Echo einer Mode, die damals Alles beherrschte.

Wie in Xanten, wurden damals fast von allen rheinischen Kapiteln, ja in ganz Europa die Kirchen „erneuert". Damals ward die hohe Kunst des Mittelalters mit dem Schlagwort „gothisch" gebrandmarkt, weil man sie für wenig besser hielt, als den Geschmack der Hunnen und Gothen.

Wenn wir hören, wie dazumal im heiligen Köln, im karolingischen Münster von Aachen und an hundert Orten in und außerhalb Deutschlands ein Vernichtungskrieg gegen die Denkmale der Frömmigkeit der Vorfahren geführt ward, dann regt sich der Unwille in unserem Gemüthe. Ist dieser Unwille gerechtfertigt? In sich gewiß, weil Werke zerstört wurden, die ewige Dauer verdienten. Wird aber jemand, der auf die Anschauungen jener Zeiten sieht, keiner Entschuldigung Platz gewähren?

Wer wagt zu sagen, daß die Geistlichen des Stiftes des hl. Victor muthwillig ihre Schätze zerstörten, und daß die Bürgerschaft von Xanten ohne Verstand war, weil sie zu jedem Schritt, den die damalige „Restauration" machte, Beifall klatschte?

Canoniker und Bürger waren Kinder ihres Jahrhunderts, richteten ihren Geschmack nicht nur in Kleidung und Ausstattung ihrer Wohnung, sondern auch im Urtheil über die Ausstattung ihrer Kirche nach der Mode ihrer Zeit. Und doch thaten sie ihr Möglichstes, um ihre Kirche so schön zu machen, als sie vermochten.

War es nicht Opferwilligkeit, daß 1717 Canonicus Meverden 1000 Thaler zur Errichtung des Mauritiusaltares schenkte, daß 1740 Canonicus Marte ebenso viel gab für den neuen Annaaltar? Ein einfacher Vikar bestritt aus seinem Vermögen den größern Theil der Summe,

142 Schluß.

welche der Anstrich der Kirche im Jahre 1756 erheischte. Für das neue Tabernakel gaben opferwillige Hände 638 Thaler und zu den neuen Leuchtern sogar 1330 Thaler. Bewog nicht kirchlicher Sinn das Kapitel, im Jahre 1745 das Bild des jüngsten Gerichtes zu erneuern, das sich in dem Gewölbe über dem Durchgange der Michaelskapelle befand und vom Markte aus sichtbar war, um in ernster Predigt die zahlreichen Handelsleute zu mahnen, in Handel und Wandel der Ehrlichkeit nicht zu vergessen?

Trotz des besten Willens riß die Mode Geistlichkeit und Bürgerschaft immer weiter abwärts auf einer Bahn, die wir verurtheilen.

IV. „Die wechselnde Mode ändert Zeiten und Dinge. Was einst werthvoll schien, verliert auf die Dauer sein Ansehen. Anderes tritt an die Stelle. Es erhebt sich aus der Vergessenheit; Tag um Tag wächst das Verlangen nach ihm. Es wird gesucht, gefunden, mit Lob gepriesen und steht bei den Sterblichen in wunderbaren Ehren."

Eastlake setzte diese Worte des Lucrez an die Spitze seines Buches, in dem er mit beredter Feder erzählt, wie während dieses Jahrhunderts die Gothik in England hoffnungsreich auflebte, zur Blüthe aufwuchs und zur Herrschaft gelangte[1]. Auch in Deutschland feierte die Gothik seit den vierziger Jahren einen Triumphzug, in der bürgerlichen Baukunst wie in der kirchlichen. Hat aber die wechselnde Mode nicht auch hier in den letzten Jahrzehnten nur zu vieles verändert? Der begeisterte Versuch, ihr auch für nichtkirchliche Bauten Bürger- und Meisterrecht zu verschaffen, hat leider den erwünschten Erfolg nicht gehabt. Die Civilarchitektur richtet sich heute wiederum in fast ausnahmsloser Einheit nach den Vorbildern der Renaissance, ja selbst nach denen des Rococco, der bis vor kurzem allgemein Zopfstil genannt wurde. Ihre Bestrebungen sind auch in kirchliche Kreise wenigstens so weit eingedrungen, daß sich eine große Partei gebildet hat, die bei aller Begeisterung und Hochachtung für die mittelalterliche Kunst Einsprache gegen jene erhebt, die fortfahren wollen, alle Gegenstände aus den Kirchen zu verbannen, die nach der ersten Hälfte des 16. Jahrhunderts entstanden, also nicht mehr gothisch sind.

Die Gothik ist gewiß als die höchste constructive Leistung des Christenthums, ja der ganzen Weltgeschichte anzuerkennen. Wer sich aber hinreißen läßt, die nachgothische Kunst als unkirchlich und heidnisch zu be-

---

[1] Lucretli de rerum natura V. v. 1275 s.; Eastlake, A history of the gothic revival, London 1872.

zeichnen, verurtheilt nicht nur die Kunst des 16. bis 19. Jahrhunderts, sondern auch fast alle altchristlichen Kunstwerke.

Ist die Schönheit der Classiker und sind alle Vorzüge der vorchristlichen Cultur innerlich schlecht? Man vergesse doch nicht, daß vor der ausreichenden Verkündigung des Evangeliums alle Menschen außer den Juden Heiden waren und als Heiden ihr Heil wirken sollten und konnten, weil Heidenthum und Götzendienerei damals sich nicht nothwendig deckten.

Die altchristliche Kunst hat sich wohl noch enger an die „heidnische" angeschlossen, als dieß die Renaissance gethan hat. Es ist unglaublich, daß die Kirchenväter und das Papstthum durch Jahrhunderte eine „unkirchliche" Kunst gehegt und gepflegt haben.

Unser deutsches Vaterland hat nie aufgehört, eine kirchliche Kunst zu besitzen. Auch in der Zeit der Renaissance, selbst in der Zeit des Rococco hat wenigstens etwas vom Sinne für Schönheit und Würde des Gotteshauses in unseren Vorfahren gelebt. Die Werke ihrer Kunstthätigkeit dürfen darum nicht spurlos verschwinden und untergehen.

Jede Zeit hat ihre Kunst, und der belebende Geist Christi, des Herrn, bleibt allezeit bei seiner Kirche. Wenn auch ein Jahrhundert den christlichen Ideen einen bessern künstlerischen Ausdruck gegeben hat, als das andere, so kann doch der Geist Christi nie so kraftlos werden, daß eine in seiner Kirche lange Zeit allgemein geübte Kunstrichtung „unkirchlich und heidnisch" genannt zu werden verdient.

Die Renaissance hatte auch in ihrer Kunst viel Verkehrtes, viele Auswüchse, die das geläuterte katholische Gefühl unserer Zeit mit Recht verdammt. Aber als Katholiken dürften wir uns doch zwei- und dreimal bedenken, ehe wir eine Kunstrichtung, die heute noch in vielen katholischen Ländern hochgehalten wird, die am päpstlichen Hofe ihre Wiege aufstellte und in Rom ihre unversiegbaren Quellen zeigt, als unkirchlich verurtheilen. Nicht bloß die mediceischen Päpste, nein, alle die großen Männer, welche die Gegenreformation trugen, haben sich für diese Kunst begeistert. In Xanten sind diese Werke der „heidnischen" Kunst von den Männern errichtet, die dem Niederrhein den katholischen Glauben gewahrt haben.

Warum sollten wir auf den Ruhm verzichten, daß die Kunst der neuen Zeit fast alles Gute, das sie besitzt, aus Italien, aus Rom, von der katholischen Kirche erhalten hat?

Die Gothik ist der Ausspruch der künstlerischen Ideen des Mittelalters, die Renaissance im weitesten Sinne des Wortes ist das Kind eines spätern Geschmackes. Gewiß, der menschliche Geist kann seine unwandelbaren Grundsätze nie wechseln. Aber wie sogar in Theologie und Philosophie neue Fragen Antwort heischen und ihr Licht die alten Sätze erleuchtet, so kann auch der Geschmack auf anderen Wegen wandeln und neuer Formen sich freuen. Die Wahrheit und Schönheit bleiben ewig; aber die Form, in denen sie uns entgegentreten, und die Art, wie wir sie verkosten, muß sich ändern.

Cardinal Baronius faßte diese Wandlungen des Geschmackes in's Auge, als er auf die alte, von ihm erneuerte Kirche der hll. Nereus und Achilleus die oft belobte Bitte schrieb:

„Cardinalpriester, der du mir an dieser Titularkirche nachfolgen wirst, wie du auch immer heißen mögest, ich bitte dich um der Ehre Gottes und der Verdienste dieser Martyrer willen, entferne nichts, verkleinere nichts, ändere nichts; erhalte voll Ehrfurcht dieß wieder in Stand gesetzte alte Denkmal, dann möge Gott dir wegen der Bitte seiner Martyrer immer gnädig sein."[1]

V. Die späteren Altäre der Victorkirche können nicht unter dem Vorwande entfernt werden, sie gehörten einer „heidnischen und unkirch-

---

[1] Presbyter cardinalis successor, quisquis fueris,
Rogo te per gloriam Dei et — Per merita horum martyrum:
Nihil demito, nihil minuito nec mutato, — Restitutam antiquitatem pie servato.
Sic te Deus martyrum suorum precibus
  Semper adjuvato.

Didron, Annales XI. p. 225. Auf der Katholikenversammlung zu Aachen ward im Jahre 1879 Herrn Schulz reicher Beifall gespendet, als er sagte: „Meine Herren! Es gibt eine ganze Reihe von Leuten, die sich nicht im Stande fühlen, etwas Tüchtiges und Mustergültiges zu schaffen, und solche Leute werden vielfach Fanatiker des Herauswerfens. Herauswerfen ist ungeheuer leicht, zerstören kann jeder, aber aufbauen, das ist eben das Schwierige. Nun, meine Herren, wir müssen uns ja als Katholiken sagen: Unsere Sache ist nicht von heute und gestern; sie hat einen ehrwürdigen Stammbaum von 1800 Jahren, und unsere Vorfahren haben so viele Merkmale ihrer Pietät und Frömmigkeit uns hinterlassen, daß wir uns angesichts dieser vielen Denkmale nicht allein in einer Einheit fühlen mit den jetzt lebenden Katholiken, sondern auch in einer Einheit fühlen mit den vergangenen Jahrhunderten, die so gedacht haben, wie wir denken, die mit uns eines Glaubens, eines Strebens, einer Hoffnung sind. Wenn wir bedenken, daß von diesen Denkmälern der Frömmigkeit vergangener Jahrhunderte so viele Gebete zum Himmel emporgeschickt worden sind, dann muß unser katholisches Herz sich daran stoßen, wenn jemand kommt und wirft ohne irgend welche Gründe solche Denkmäler aus der Kirche heraus. — — Gehen Sie zum Beispiel in unsern Xantener Dom am Niederrhein. Dort sind an den Pfeilern prächtige Renaissance-Altäre, und Herr Dr. Reichensperger ist es gerade gewesen, welcher der Erhaltung dieser Altäre ein kräftiges Wort geredet hat. Man ist ihm bis heute gefolgt, und wird auch weiter hoffentlich darauf Rücksicht nehmen." Vgl. Die katholische Kirche und die Renaissance. Von J. Graus, k. k. Conservator, Obmann des kirchlichen Kunstvereins. Separatabdruck aus dem Grazer Kirchenschmuck. Freiburg, Herder, 1885.

lichen" Richtung an. Müssen sie aber nicht dennoch fallen, weil sie zum Stile des Baues nicht passen und den Durchblick durch die schöne Reihe der Pfeiler hemmen? Werden sie nicht durch den Grundsatz verurtheilt, daß in einer gothischen Kirche Alles gothisch sein soll?

Wer eine neue Kirche bauen will, errichte sie im Stile der Gothik des 13., 14. oder 15. Jahrhunderts und statte sie entsprechend aus. Das ist ein anerkennenswerthes Unternehmen. Aber das Princip: „In einer gothischen Kirche muß Alles gothisch sein", kann in seiner Allgemeinheit von keinem einsichtigen Freunde der Kunst zugegeben werden. Nur zu viele sagen: „Unsere Kirche ist gothisch, die Altäre sind es nicht." — Als Schluß folgt der einseitigste Restaurationsvandalismus.

Wo die Losung: „In einer Kirche, die in diesem oder jenem Stile erbaut ist, muß Alles zum Stile der Kirche passen", hochgehalten wird, kann von der Kunst der Vorzeit nicht viel übrig bleiben. Jeder wird romanische Denkmäler erhalten, wenn sie auch älter sind als die Kirche. Wenn man aber ältere Kunstwerke duldet, romanische Anbauten achtet und treu wieder in Stand setzt, warum sollten nachgothische ohne Weiteres rechtlos sein? Bei der letzten Restauration des Aeußern der Victorkirche hat Baumeister Cuno in conservativer Weise jeden einzelnen Theil der Kirche so wiederhergestellt, wie er war. Man hat im Chore den Stil des 13. Jahrhunderts, an der Kirche und ihren Nebengebäuden alle Phasen der Entwicklung der Gothik durch das 14., 15. und 16. Jahrhundert treu wiedergegeben. Warum sollen nicht die Altäre in der Gestalt erneuert werden, die sie vom 17., 18. und 19. Jahrhundert erhalten und fast vollständig bewahrt haben? Rechnet man es dem Baumeister als Verdienst an, daß er am Aeußern nichts neu machte, nicht „verbesserte", warum soll man dann im Innern eine revolutionäre Säuberung vornehmen und auch hier so radical aufräumen, wie es an anderen Orten leider geschehen ist?

Viele spätere Altäre der Victorkirche dürfen freilich, für sich genommen, keinen hervorragenden Werth beanspruchen, aber ein jeder von ihnen ist wie ein Ring in der Kette. Wird einer zerbrochen, dann ist der geschichtliche Zusammenhang zerstört. Bei einem Entwicklungsgang werden manche Stadien durchlaufen, die Schritte gehen nach rechts und links, verzweigen sich und kommen zusammen, halten aber eine Richtung ein, die auf ein Endergebniß hinzielt. So ist jeder dieser Altäre ein lebendiges Glied, das durch ein vorhergehendes oder folgendes seine rechte Bedeutung erhält.

Beissel, Victorkirche.

VI. Wollte jemand von den kunstgeschichtlichen Betrachtungen absehen, so müßte der historische Sinn gegen rücksichtslose Zerstörung Protest erheben. Unsere Museen sind von Denkmälern gefüllt, welche durch die Beweglichkeit der Zeiten von ihrem Boden losgerissen und regellos zusammengewürfelt wurden. Da stehen sie, losgelöst von der lebendigen Umgebung, ein Haufen von Ruinen. In Xanten hat ein conservativer Sinn bis heute den größten Theil der Denkmäler der Vorzeit bewahrt. Noch heute führt der alte Umgang aus der Kirche zum ehemaligen Kapitelsaal. Von da führt eine Treppe hinauf in's Archiv, in dem noch an 3000 Urkunden neben den Rechnungen des Kapitels liegen, die über 500 Jahre umfassen und fast alle Eingaben und Ausgaben verzeichnen. Eine Anzahl dieser Urkunden und Handschriften betrifft die Altäre.

Wer Urkunden schätzt, darf nicht vergessen, daß Altäre, Grabsteine, Statuen auch Urkunden sind, die uns Leben und Wesen unserer Vorfahren offenbaren, die von ihnen aus dem rohen Stoffe herausgearbeitet und mit freigebiger Hand ausgestattet wurden. Die seltene Reihe der Altäre der Victorkirche steht ebenbürtig neben dem seltenen Reichthum ihres Archives.

Im weiten Umkreise sind diese Altäre die einzigen, welche nicht decimirt wurden von der rücksichtslosen Hand eines ästhetischen Purismus. Schweigend ist die Revolution an ihnen vorübergegangen. Nur einer ist bis heute von der Zerstörungswuth berührt worden. Wird wiederum der eine oder andere von seiner Stelle gerückt, so muß sein Fall den Untergang der anderen unfehlbar nach sich ziehen. Bald werden selbst ihre Namen vergessen sein!

Im Sinne der Kirche ist jeder Altar ein Gott geweihter Gegenstand und das Grab heiliger Reliquien. Leider hat die Revolution uns an die Entweihung der Altäre gewöhnt. Wir hörten so oft von Freulern, welche die Reliquien aus den Altären herauswarfen, wohin sie von der weihenden Hand der Bischöfe voll Ehrfurcht geborgen waren. Nur zu häufig sahen wir zerbrochene Altarsteine, welche die Salbung verloren hatten, die sie von der hohenpriesterlichen Hand der Nachfolger der Apostel erhielten für die Darbringung des Opfers eines ewigen Bundes. In Staub und Moder, in Ecken und Winkeln findet man heute fast in jeder alten Kirche Reliquien, die werthlos wurden, weil man ihnen Siegel und Brief genommen.

Welcher Grund berechtigt zur Entweihung der alten Altäre der Victorkirche?

In anderen Kirchen konnte man sich auf Mangel an Raum berufen. Die Victorkirche ist viel zu groß für die Bedürfnisse der Pfarre. Jetzt ist sie durch ihre vielen Altäre traulich und heimisch. Man ist in ihr nie allein, auch wenn keine Seele dort betet.

Wie oft sieht man gute Leute vor diesem oder jenem Altare knieen; sie haben nach Beendigung des Gottesdienstes diesem oder jenem Heiligen ein Wort zu sagen. Das katholische Herz des Volkes liebt viele Altäre. Es hat sich durch Jahrhunderte daran gewöhnt, mit jenen Heiligen in lebendigem Verkehr zu stehen, die in seinen Kirchen auf den Altären thronen. Bei ihnen sucht es Trost, Ermunterung, Heilung und Segen; durch ihre Fürbitte erfleht es Gnade bei Gott. Dem Katholiken sind die Heiligen keine leeren Phantome der geschäftigen Phantasie, sondern wahre Personen, die mit ihren Altären und mit ihren Kirchen in lebendiger Beziehung stehen, die ein Recht haben auf die Erhaltung ihrer Gräber, ein Recht auf die Fortsetzung ihrer Verehrung und auf die Fortdauer des Dienstes, sowie des Gebetes, das mit den Altären aufhört oder weitergeht. Eine Zerstörung solcher Altäre ist ein Bruch mit der Vergangenheit und mit den Traditionen des Volkes.

Vielleicht erstehen die alten Gilden wieder und ihr kirchlicher Organismus. Vielleicht bringt die Gährung unserer Zeit die alten Zünfte in erneuter Gestalt zurück. Sie würden kommen, ihre ehemaligen Altäre wieder sehen und wiederum hinknieen und die Fahnen senken vor ihren Patronen. Die Schiffer würden sich sammeln um ihren Nikolausaltar, die Schreiner um ihren Thomasaltar, die Sticker und Schneider um den Annaaltar. Am Altare des hl. Clemens würden wir vor den Bildern der hll. Crispin und Crispinian die Schustergilde finden, am Altare der hll. Severus, Mauritius und Sebastianus die Schützen und Weber, dann die Bäcker und Brauer am Stephanusaltare, die Armen, Lahmen und Krüppel aber in der Dionysiuskapelle.

Die katholische Kirche hat immer ein reiches Leben geliebt; darum hat sie ihre Kirchen allezeit reich ausgestattet. Sie ist die Braut des Königs, die von reichem Wechsel umgeben sein will. Jede katholische Kirche wird im Laufe der Zeit größer und reicher. Schon von Anfang an ist sie groß, weil sie geweiht ist zum Hause Gottes und weil der Herr in ihr wohnt im Tabernakel. Aber je älter sie wird, besto mehr gewinnt sie, besto ehrfurchtgebietender erscheint sie. Wie der Weihrauch ihre Wände grau werden läßt, so erfüllt der geistige Duft der Gebete als belebendes Princip ihr Inneres. Neue Altäre, neue Statuen kommen zu den früheren, jedes Jahrhundert bringt seine Gabe, jedes Jahrzehnt sein Geschenk.

Die Victorkirche ist im Laufe der Jahrhunderte zum lebendigen Zeugen der Andacht und Frömmigkeit, der Freigebigkeit und Kunstthätigkeit so vieler Geschlechter geworden. Sie steht da als mächtiges Spiegelbild des religiösen Lebens, welches sich am Niederrhein seit einem Jahrtausend entwickelt hat.

Möchte es keiner unverständigen Hand erlaubt werden, die Monumente dreier Jahrhunderte wegzureißen von ihrer geheiligten Stelle! Möchte keiner von denen, die mitzureden haben, des Wortes vergessen, das schon der jüngere Plinius dem Maximus schrieb:

„Achte den Ruhm des Alters und die Zahl der Jahre, die, im Menschen ehrwürdig, an Städten und Denkmälern unverletzlich ist."

Reverere gloriam veterem et hanc ipsam senectutem, quae, in homine venerabilis, in urbibus et monumentis sacra est.